선생님들을 위한

교실 속 역사영화 읽기

선생님들을 위한
교실 속 역사영화 읽기

2019년 8월 30일 초판 1쇄 발행

글쓴이   유득순

펴낸이   권이지

디자인   이선화

제 작   동양인쇄주식회사
펴낸곳   홀리데이북스
등 록   2014년 11월 20일 제2014-000092호
주 소   서울시 금천구 가산디지털1로 168 우림라이온스밸리 B동 712호

전 화   02-2026-0545
팩 스   02-2026-0547
E-mail   editor@holidaybooks.co.kr

책값은 뒷표지에 있습니다.
잘못된 책은 바꾸어 드립니다.

ISBN 979-11-967709-1-4 93910

이 도서의 국립중앙도서관 출판예정도서목록(CIP)은 서지정보유통지원시스템 홈페이지(http://seoji.nl.go.kr)와 국가자료공동목록시스템(http://www.nl.go.kr/kolisnet)에서 이용하실 수 있습니다. (CIP제어번호 : CIP2019033081)

선생님들을 위한
교실 속 역사영화 읽기

유득순

HOLIDAYBOOKS

저자의 말

학생으로 산 세월만큼 교사라는 신분으로 살아온 세월이 길어졌지만, 시간이 지날수록 분명히 깨닫는 것은 필자가 모르는 것이 너무 많다는 사실이다. 특히 역사라는 학문은, 그리고 교육이라는 현실은 시간이 지나고 경험이 쌓일수록 되레 두려움을 커지게 하는 무언가가 있는 것 같다.

대학을 졸업하고 교단에 선 첫 해, 스스로 아는 것이 너무 없음에 좌절하며 대학원에 진학하였다. 그때의 마음을 돌이켜보면, 교사로서 더 배워야 하고 부족함을 채워야 한다는 일종의 의무감이기도 했고, 자연인으로서 치열하게 학과 생활을 했던 만큼 열심히 공부하지 않았음에 대한 자성의 선택이기도 했다.

역사라는 교과가 꽤 매력적인 학문이기도 했지만, 어떤 성과나 결과물을 만들어 내지 않아도 되었기에 역사 공부는 그 자체로 즐거움이었다. 하지만 대학원이라는 곳은 즐겁게 공부만 할 수 있는 곳이 아니었다. 졸업을 해야 했고, 학위논문이라는 결과물을 내놓아야만 했다. 연구자의 자리에 선다는 것은, 배우고 익히는 것을 좋아하던 필자에게는 고역스런 일이었다. 하지만 지도 교수님의 부끄러움이 되지 않기 위해, 필자가 현장에서 느꼈던 가장 큰 고민을 연구의 시작점으로 삼아 학위 논문을 시작했다.

'무엇을 가르쳐야 하는가?', '지금 가르치는 것이 정말 중요한 내용일까?' 초임 시절 필자에게는 이 물음이 가장 큰 화두였다. 필자는 역사에서 가장 중요한 것이 관점(세계관)이라고 생각했고, 이를 학생 스스로 생각하고 결정하고 판단하는 것이 아니라 알게 모르게 필자의 그것이 학생들에게 주입될까봐 두려웠다. 그래서 석사학위 논문의 주제를 내용 선정 문제로 잡았던 것 같다. 그리고 이 문제는 지금도 여전히 필자 스스로에게 계속해서 던지는 질문이기도 하다.

말장난처럼 느껴질지도 모르지만 필자는 공부는 좋아하나, 연구를 할 생각은 추호도 없었다. 필자 스스로의 부족함을 잘 알았기 때문일 것이다. 그럼에도 불구하고 필자가 지금까지 연구의 언저리에 머물러 있게 된 것은 세 번의 우연 같은 행운 때문이었다.

첫 번째는 모두가 원하던 하늘같은 선생님의 제자가 되는 행운을 얻어, 이문기 선생님을 지도교수로 모시게 된 일이다. 선생님의 지도를 받는 것만으로 영광이었지만, 너무 쟁쟁한 선배들을 동기로 만나는 행복 어린 시련에 봉착했다. 여차하면 필자만 졸업을 못하는 불상사가 생길 것만 같았다. 그래서 '중간은 하자'는 심정으로 논문에 뛰어들었다. 스스로의 부족함과 게으름을 뼈저리게 느끼고, 필자의 못남이 지도교수께도 누가 되었다는 생각에, 석사학위 논문을 마무리 지으면서 다짐했다. '공부는 내 길이 아니니, 다시는 내 길이 아닌 것에 마음을 두지 말자.' 이것이 스승에 대한 필자 나름의 도리라 생각했다.

2년이 지난 어느 날 밤, 선생님으로부터 전화가 걸려왔다. 내일이 입학 원서 제출 마감일이라고. 다른 말씀은 없으셨지만 그 전화 한 통으로 마음 한 편에 자리하던 부채감이 조금은 덜어지는 듯 했고 앞 뒤 재지 않고 입학 원서를 제출했다. 하지만 선생님 몰래 마음속으로 다짐했었다. "논문은 쓰지 않습니다. 저는 깜냥이 되지 않습니다."

대신 중학생과 고등학생을 가르치면서, 특히 고3 입시를 담당하면서 겪었던 답답함을 풀기 위해 필자의 수업을 바꿔보기로 했다. 학생들에게 스스로 고민하라고, 역사에 정답은 없다고 말하면서도 일방적으로 교과 내용을 강의하고 입시용 교재 풀이로 수업 시간을 채우는 자괴감을 덜고 싶었던 것이다.

저자의 말

수업에 대한 이상과 현실 사이에서 갈팡질팡하던 필자에게 휴식을 주는 놀이는 영화였다. 특히 역사를 소재로 한 영화를 보고 나면 많은 생각과 이야기를 나눌 수 있어 좋았다. 혼자 깊은 상념에 빠지는 것도, 마음이 맞는 이들과 수다 같은 편안한 토론과 논쟁을 즐기는 것도, 영화 속 역사에 대해 아는 것이 없어 인터넷과 책을 뒤지는 것도 모두 희열이 느껴지는 일이었다.

그러면서 생각했다. 아직 어린 학생이라도 영화를 통해서라면, 조금 더 쉽게 자기 생각을 말하고 역사적 사실에 대한 판단을 내릴 수 있지 않을까? 더 즐겁게 스스로 자료를 찾아보지 않을까? 이 생각으로 수업에서 역사영화를 조금 더 쉽게 활용할 수 있는 방안을 공부하기 시작했고, 「역사영화의 유형 분류와 효과적인 활용 방안」이라는 논문을 완성할 수 있었다. 하지만 이 연구를 지속할 생각도, 이것이 발전 가능성이 있는 주제라는 생각도 하지 않았다. 그저 역사영화를 수업에 활용하려는 어떤 교사에게 약간이나마 보탬이 된다면 그것으로 충분하다고 생각했다.

그러던 중, 지도 교수님의 추천으로 외국 대학의 객원 연구원으로 한 달간 초빙되는 두 번째 행운을 얻게 되었다. 선생님의 추천으로 이미 객원 연구원으로 다녀오신 선배들에 비해 아무런 학문적 성과가 없는 필자 스스로에 대한 부끄러움과 죄스러움이 컸지만, 그럼에도 추천해주신 선생님에 대한 감사함과 나름 첫 독립생활이 주는 설렘으로 외국에서의 한 달 생활을 시작하였다.

선생님과 열 명의 제자들이 함께한 4일간의 답사가 끝나고, 역사영화에 대한 강연 준비를 해야 했지만 그래도 남은 날들은 오롯이 꿈같은 휴가가 될 것이라 기대했다. 다른 건물, 다른 연구실이긴 했어도 선생님은 항상 아침 일찍 연구실로 향하셨고 오후 늦게야 연구실을 나서셨다. 퇴임을 앞 둔 노교수님이 무엇을 바라 그렇게 열심히 공부하시는지, 그저 연구가 삶이고 즐거움이신 것 같았다. 그리고 그런 선생님의 모습을 보며 객원 연구원이라는 이름으로 그곳에 있는 필자 스스로가 얼마나 부끄러웠는지 모른다. 선생님께서는 짧은 식사를 함께 하면서 늘 말씀하셨다. 세상에 논문 주제가 되지 않는 주제는 없단다. 한 번도 말씀드린 적은 없지만, 아마도 당신의 제자가 학위 논문을 겁내고 있다는 것을 아셨던 모양이다.

오랜 고민의 끝에 마음을 고쳐먹었다. 또 다시 부족한 글로 부끄러운 제자가 될지언정, 선생님의 퇴임 앞에 마음의 짐처럼 부담으로 남아있지는 말자, 그게 지금까지 가르쳐주시고 아껴주신 은혜에 보답하는 길이리라. 그래서 학위 논문을 쓰기 시작했지만 그 또한 마음과 의지만으로 되는 일은 아니었다.

어설프게나마 겨우 완성한 박사학위 논문은 결국 심사를 통과하지 못했다. 그것이 필자의 세 번째 행운이었다. 그 과정이 고통스러웠고 너무나 큰 것을 잃기도 했지만, 그만큼 많은 것들을 배울 수 있었고, 무엇보다 논문을 쓰는 일이 괴롭긴 하지만 계속 하고 싶은 일이라는 마음을 가지게 되었다. 한 학기 동안 다시 고치고 새로 쓰고를 반복하면서 「역사교육에서 역사영화의 활용에 관한 연구」라는 박사학위 논문을 완성하였다.

그리고 이 책은 그 박사학위 논문을 토대로 일부 수정·보완을 한 것이다. 지금도 감추고 싶은 부끄럽고 부족한 글이지만, 필자가 그러했듯 현장에서 역사영화를 활용하고자 하는 단 한 명의 교사에게라도 도움이 되었으면 하는 마음에 책을 출간하기로 하였다. 이론적인 부분은 최소한으로 줄이되, 학위 논문에는 미처

저자의 말

싣지 못한 수업안과 학습 활동지를 포함한 것도 바로 그런 이유에서이다.

이 책이 나오기까지 정말로 많은 분들의 도움을 받았다. 우선, 이문기 선생님이 계시지 않았다면, 그리고 필자의 지도교수가 아니셨다면 지금의 필자는 없었을 것이다. 스승으로, 학자로, 교사 동지로, 인생 선배로 항상 본이 되어주시고, 아낌없는 가르침과 삶의 지혜로 아버지처럼 이끌어주심에 한없는 존경과 감사의 마음을 드린다. 망아지 같던 학부생 시절부터 지금까지 늘 용기주시고 필자가 교사이자 연구자로 더 치열하게 고민하고 더 깊고 넓게 성장하길 바라시며 가르쳐주시고 아껴주신 남한호 선생님께 진심으로 감사드린다. 또한 필자가 포기하지 않고 한걸음 더 나아갈 수 있도록 이끌어주시고 응원해주신 주웅영 선생님, 우인수 선생님, 방지원 선생님, 권오현 선생님께 한없이 감사드린다. 필자에게 많은 관심을 가져주시고 조언해 주시는 김중락 선생님, 홍성구 선생님, 이해영 선생님, 김광규 선생님께도 감사드린다. 무엇보다 글로만 뵈었지만 후학이 조금 더 쉽게 연구의 길을 걸을 수 있게 해주신 역사교육의 선배 연구자들께 한없는 존경의 마음을 표한다.

필자가 교사로서 고민하면서 공부의 끈을 놓지 않을 수 있었던 것은 현장에서 함께 해주었던 선후배 교사들 덕분이었다. 사랑의 마음으로 필자를 아껴주시고 어제보다 조금 더 나은 사람이 되도록 모든 면에서 깊은 가르침을 주시는 유경아 선생님, 늘 묻기만 하는 필자가 귀찮을 만도 한데 초임시절부터 어려움이 있을 때마다 아낌없이 조언해주시고, 필자에게 따끔한 충고를 아끼지 않으면서도 누구보다 필자의 행보를 응원하고 도움주신 태산 같은 남정호 선생님, 넓은 아량으로 품어주시고 가장 힘들고 고통스러웠던 시절을 함께하며 의지가 되어 준 닮고 싶은 선배인 윤지양 선생님께 진심으로 감사드린다. 선배 교사로서 본이 되시고 철없는 후배를 아껴주시는 박재홍, 김돈호, 김영화, 민병섭, 양치구, 손성혁, 박지영, 문지현 선생님, 모진 선배를 잘 따라주어 늘 고맙고 미안한 역사과 후배 선생님들에게도 고마움을 전하고 싶다.

그리고 항상 좋은 직장동료들을 만날 수 있었음도 필자의 행운이었다. 늘 응원해주고 품어주신 경북여고 시절 박홍진, 이헌욱, 성유나 선생님, 대구외고 시절 윤형배, 김희운, 한규원, 서정덕, 이유미 선생님, 그리고 애정 어린 지도로 이끌어주시는 대구교육박물관 김학수 선생님께 이 지면을 빌려 감사를 드린다. 항상 고맙고 미안한 시어머니 같은 친구 승욱이, 늘 잘한다고 용기 북돋워주는 지희, 어른 같아서 늘 의지되는 재홍이, 존재만으로 힘이 되고 행복을 주는 유화. 필자의 인생에 당신들은 축복이고 행운임을 꼭 말하고 싶다.

누구보다 못나고 모난 딸을 아껴주시고 사랑해주시는 세상에서 가장 소중하고 사랑하는 어머니, 아버지께 진심으로 감사드린다. 늘 함께해주는 언니들, 아들의 역할을 감당하는 형부들께도 감사드린다. 또한 모든 것을 주관하시고 모든 것을 허락하신 하나님께 감사드린다.

마지막으로 갈수록 어려워지는 출판 여건 속에서 흔쾌히 출판을 허락해 주신 홀리데이북스 권이지 대표님과 유난히 힘들었던 원고의 편집을 맡아주신 홀리데이북스 관계자 여러분들께도 머리 숙여 감사드린다.

2019. 8.
대구에서 유득순

차 례

1. 들어가며

I. 들어가며

역사교육의 여러 문제들은 무엇을, 왜, 어떻게 가르칠 것인가로 귀결될 수 있다.[1] 여기에서 파생되는 여러 논의를 중심으로 수많은 연구자들은 역사교육의 한 단계 진보를 위한 연구를 축적하였고, 일부이나마 교과서와 교육과정 등에 반영되어 역사교육의 변화를 이끌었다고 할 수 있다. 지난 몇 년간 교육과정의 개정이나 국정화를 비롯한 역사 교과서 문제 등으로 인하여 이와 관련된 연구가 진척되고 '민주', '평화' 등이 중요한 키워드로 떠오르기도 하였으나,[2] 이를 포함한 역사교육의 모든 논의가 집중되는 곳은 궁극적으로 역사 수업일 것이다. 따라서 역사교육이 실질적으로 이루어지는 수업 현장은 역사교육의 최전방이라고 해도 과언이 아니다.

최근 발표된 역사교육의 연구 논문을 살펴보면 역사 수업에 대한 관심과 중요성이 증대되고 있음을 확인할 수 있다. 역사 수업의 내용이나 교재, 방법에 대한 연구는 말할 것도 없거니와 수업의 주체라 할 수 있는 교사와 학습자에 대한 연구가 늘어나고 있다. 우선 역사 수업의 여러 교재를 어떻게 활용·적용할 것인지, 역사 수업의 방법은 어떠해야 하는지에 대한 논의가 두드러진다.[3] 교재의 교육적 효과나 특성, 이를 어떻게 가공·제시할 것인지에 대한 문제[4]에서 더 나아가 이를 활용하고 수용하는 교사와 학습자의 인식으로 관심의 초점이 확대되고 있다.[5] 교재 자체보다 이를 활용하고 받아들이는 교사[6]나 학습자[7]에 대한 연구가 진척되는 양상을 보이는 것은 수업에 대한 인식이 변화했기 때문일 것이다.[8]

　역사 수업의 개선과 변화를 위한 연구는 수업의 외형적 측면,[9] 방법적 측면, 내용적 측면 등 다각도에서 이루어졌다.[10] 뿐만 아니라 교육과정의 개정이나 평가 방법의 변화와 같은 외부적 요인이 끊임없이 발생하여 수업의 변화와 개선을 추동하고 있다. 수년 전부터 전국의 시·도교육청은 선다형 중심의 평가를 지양하고 수행평가의 최소 반영 비율을 설정하여 과정평가 중심 체제로의 전환을 제도적으로 추진하고 있다.[11] 이에 따라 대부분의 현장 역사교사들은 평가제도의 변화에 따른 수업 방식의 변화라는 현실에 직면해 있는 상황이다.

　이러한 복합적인 상황 속에서 현장 역사교사들의 수업에 대한 인식이나 부담감은 어떻게 변화했을까? 여전히 주어진 시간 안에 주어진 내용을 모두 가르쳐야 한다는 부담감은 대부분의 역사교사들에게 오래된 체증처럼 얹혀 있는 마음의 짐일 것이다. 더구나 교사에 의해 목표-내용-방법-평가의 일관성 있는 수업 설계가 이루어지는 것이 아니라 평가가 수업의 방법을 압도해 버리고, 교사가 아닌 제도적·방법적 변화에 수업이 이끌린 현실적 상황에, 역사교육의 본질을 놓치고 있는 것은 아닌가 하는 불안감이 커지고 있지는 않을까? '역사 수업에는 모든 교수·학습 방법의 적용이 가능하고 학습 내용에 따른 다양한 교수·학습 방법의 활용은 교사의 자율성과 전문성을 인정하고 그들에게 선택권을 넘긴 것이기는 하지만 그에 따른 기회비용과 책임감의 무게는 덜어주지 못했다'는 김민정의 주장은[12] 수업에 대한 부담감을 가진 작금의 역사교사들의 상황을 가장 잘 표현하는 말이 아닐까 한다.

그럼에도 불구하고 수업의 개선과 변화에 대한 요구는 눈앞에 직면한 현실이기도 하다. 그래서 다시 기본적인 질문을 해보려고 하는 것이다. 역사 수업은 어떻게 해야 하는가? 실제로 매일의 삶 속에서 역사교사가 겪고, 참여하고, 만들어내는 수업은 어떠해야 하는가? 그리고 학습자들이 겪고, 참여하고, 만들어내는 수업은 어떠해야 하는가? 이 질문에 지금까지의 많은 연구에서 도출한 성과와 주장이 녹아들어가도록 하여 하나의 대안을 찾고자 하는 것이 이 책의 출발점이라고 할 수 있다.

역사교사들이 실질적으로 원하는 역사교육 연구의 방향은 역사 수업에 얼마나 도움이 되는가를 기준으로 현장에 적용할 수 있는 것, 수업 활동에 실제적·구체적으로 도움이 되는 것이라고 볼 수 있다.[13] 하지만 누구를 대상으로 하느냐에 따라 교육의 내용이나 방법, 목적이 달라져야 하고 수업은 상황과 환경 등에 영향을 받기 때문에[14] 역사 수업 이론을 구축하는 것은 쉬운 일이 아니다. 또한 이론이 아무리 정교하거나 현장 적합도가 뛰어나다고 하더라도 결국 수많은 변수들이 작용하는 수업 현장에서 수업을 실천하는 것은 교사이기에, 결국 수업의 문제는 다시 교사의 역량, 교수내용지식으로 환원될 수밖에 없다.

그렇기에 교사의 교수내용지식이 최대한 발휘될 수 있도록 환경을 마련하는 것이 필요하다. 모든 상황과 결정사항을 다 열어두고 이를 선택·구성하게 한다면 교사의 교수내용지식이 최대한으로 발휘될 수 있을까? 김민정의 지적처럼 이런 경우 오히려 교사들의 선택의 폭은 좁아지고 가장 무난하고 안전한 방법을 택할지도 모른다.[15] 수업에서 일정한 틀을 제공하는 것, 또는 수업 모형을 제시하는 것은 교사의 선택과 자율권을 제한하는 것이 아니라 형식적인 측면을 보조함으로써 내용 구성과 조직에 있어 더 큰 역량이 발휘될 수 있도록 하는 것이라고 볼 수 있다. 물론 수업 모형이라는 것이 자칫 절차나 기능에 초점을 맞추고 역사를 가르치는 것보다 어떤 활동을 하는가에 더 관심을 두게 할 수도 있고, 일률적인 수업 모형이나 학습 방법의 적용이 교사의 역사 인식이나 학습자의 역사 이해와 유리될 수 있다는 지적도 있지만, 특정한 수업 기법이 반드시 역사 인식과 분리되는 것은 아니다.[16] 그렇기에 '누구를 대상으로 어떤 내용을 왜 가르칠 것인가'라는 문제 인식 아래 이에 대한 수업 방법과 최소한의 절차를 개발하는 것은 교사의 역량, 교수내용지식이 더 잘 발휘되도록 도울 수 있을 것이다. 수업 모형이 최소한의 절차를 가진다고 하더라도 수업에서의 실제적인 구현은 교수내용지식에 의해 발현되기 때문이다.

한편, 역사 수업의 핵심은 내용이라고 할 수 있다. 역사 과목은 그것이 다루는 사실이 교과 내용 자체이기 때문에 역사 수업에서 내용의 중요성은 매우 크다고 할 수 있다.[17] 따라서 수업 모형이나 수업의 절차를 개발하는 과정에서 가장 중요하게 고려해야 할 요소는 수업의 내용이 될 것이다. 역사 수업의 내용을 담고 있는 것은 학습 자료이다. 학습 자료는 수업의 내용을 담고 있을 뿐 아니라 어떻게 쓰느냐에 따라 수업의 흐름과 구성, 학습자의 사고에까지 영향을 미칠 수 있는 핵심 재료이다. 따라서 교사의 교수내용지식이 최대한 발휘될 수 있게 하는 수업 모형이나 절차의 개발은 학습 자료의 활용과 밀접한 관계를 가지기 때문에 학습 자료에 대한 연구가 함께 이루어져야 할 것이다.

역사 수업을 위한 학습 자료는 무궁무진하다. 역사를 담고 있는 모든 것이 역사 수업을 위한 자료가 될 수 있다고 해도 과언이 아니다. 사료가 가장 핵심적인 자료이지만, 최근 역사학계에서는 관찬사서 외에도 비문자 자료를 비롯하여 민간의 전승, 구전 설화, 개인의 문집까지도 역사 탐구의 대상으로 삼고 있다.

역사적 내용을 담고 있는 다양한 학습 자료 가운데 필자가 주목하는 것은 영화이다. 영화는 다양한 학문과 교과에서 학습의 이해를 돕는 교재로 많이 활용되고 있다. 시중에 쏟아지는 인문 또는 과학 교양서 가운데 영화를 매개로 한 서적들이 그 사례라고 할 수 있다. 영화를 통해 현대사회의 변화와 문제, 한국 사회의 여러 현상을 살펴보기도 하고, 과학, 철학, 신화 등 여러 학문의 주제를 깊이 있게 다루기도 하는 등 모티프를 얻거나 주제를 쉽게 이해하기 위한 수단으로서 영화를 활용하고 있다.[18]

영화가 역사를 소재로 한 경우는 훨씬 더 많다. 영화관입장권 통합전산망의 역대 박스오피스(한국 영화, 공식통계 기준) 100위권 안에서 39편은 과거의 역사적 배경이나 실제 사실을 소재로 하여 만들어졌다고 볼 수 있다.[19] 천만 명 이상의 관객을 동원한 한국 영화 18편 중 역사를 소재로 한 것이 9편이다.[20] 이는 역사를 소재로 한 영화가 많이 제작되었을 뿐만 아니라 흥행에서도 좋은 성적을 거두었다는 뜻이다. 뿐만 아니라 역사 소재의 영화를 다룬 서적과 연구도 매우 많아서 다 거론하기 어려울 정도이다.

역사를 소재로 한 영화는 양적으로 풍부하여 수업에의 활용이 용이할 뿐 아니라, 보는 사람으로 하여금 소재가 된 역사적 사건에 대한 흥미를 불러 일으키고 해당 주제에 쉽게 다가갈 수 있도록 한다. 또한 역사적 내용을 담고 있거나 그 자체가 역사적 맥락 속에서 제작되어, 영화 속에 담긴 내용을 이해하기 위한 목적 뿐 아니라 영화를 하나의 사료처럼 활용할 수 있기 때문에[21] 역사 교육을 위한 학습 자료로서 의미 있다고 말할 수 있다.

무엇보다 영화는 역사의 본질적 특성과 관련하여 역사 학습의 목적을 달성하는데 유용하다고 할 수 있다. 역사는 실체적 행위[歷]를 기반으로 이루어진 사고 행위[史]의 표현[22]이며, 실체적 행위보다는 사고 행위가 본질적으로 역사학의 핵심이라고 할 수 있다. 따라서 역사 학습은 역사적 사실을 일방적으로 수용하는 것이 아니라 학습자들이 능동적·주도적으로 수업에 임하며 주제에 대해 어떤 생각을 하는지에 초점을 맞추어야 한다. 이는 역사 학습의 목적이 학습자들이 역사적으로 사고할 수 있도록 하는 것, 다시 말해 역사적 사고력이 발휘되는 것, 역사가의 사고 행위나 사고 과정을 경험하도록 하여 역사 탐구를 수행해 나가도록 하는 것에 있음을 의미한다.[23] 기왕의 연구 중에는 영화가 학습자로 하여금 역사적으로 사고하도록 하는데 유용하다는 의견이 많은 편이다.[24]

그러나 영화라는 장르의 특성상 필연적으로 허구가 삽입되기 때문에 영화가 역사 학습을 위한 적절한 학습 자료인가에 대해서는 여전히 논란이 이어지는 모양새다. 따라서 역사를 소재로 한 영화가 역사 학습을 위한 유용하고 적절한 학습 자료인지에 대해 우선적으로 살펴보아야 할 것이다.

지금까지 역사교육에서 영화를 효과적으로 활용하기 위한 방안을 논의한 연구는 많이 이루어진 편이다. 그러나 구체적으로 영화의 어떤 특성이 역사 수업에 유용한지, 학습자로 하여금 역사적으로 사고할 수 있도록 하는지에 대해서는 명확하고 구체적으로 논의되지 못한 것 같다. 따라서 학교 현장의 필요와 요구를 보다 실제적으로 반영하기 위해서는 궁극적으로 영화를 활용한 역사 수업이 어떠해야 하고, 어떻게 구현될 수 있는지에 초점을 맞춰 살펴볼 필요가 있다. 다시 말해 교사의 교수내용지식이 잘 발휘될 수 있으면서도 학습자들이 역사적으로 사고할 수 있는 '영화를 활용한 역사 수업'의 방안은 무엇이며, 그러한 수업에의 절차나 모형, 실제 수업 등이 어떻게 구성 · 개발될 수 있을 것인가 하는 문제를 살펴보아야 한다.

이 책은 하나의 학습 자료로서 역사영화를 보다 효과적으로 활용하기 위한 이론적 기반을 다지고, 역사 수업의 주체로서 역사교사와 학습자를 전제하여 실천적인 역사 수업을 구성 · 설계하고 실현해 나가는 데 그 목적이 있다. 흥미를 위해 소비되는 것이 아니라 학습자로 하여금 역사적으로 사고할 수 있도록 역사영화를 활용하는 것, 그리고 교사의 교수내용지식이 최대한 발휘될 수 있도록 하는 수업 모형의 개발과 수업 구현에 초점을 맞추고자 한다.

연구를 위해 1차적으로 선행 연구자들의 저작과 논문을 살펴보고 정리하였다. 역사영화에 대한 정보 및 영상 수집은 영화진흥위원회의 홈페이지를 비롯하여 포털사이트의 공식 영화 다운로드 서비스를 이용하였다.[25] 또한 수업 모형과 절차 개발에 필요한 역사교사 및 학습자 인식을 알아보기 위하여 면담과 인터뷰, 서면을 통한 조사 등을 병행하였다. 본 책에서는 주로 이론적 측면과 실제 수업 설계에 초점을 맞추어 살펴보도록 하겠다.

미 주

1 송상헌, 「역사교육의 원리 논고」, 『역사교육논집』 50, 2013, pp. 4~5.

2 보다 직접적인 연구는 김육훈, 「민주공화국의 시민을 기르는 역사교육 시론」, 『역사교육연구』 18, 2013. ; 방지원, 「'국민적 정체성' 형성을 위한 교육과정에서 '주체적 민주시민'을 기르는 교육과정으로 : 향후 역사교육과정 연구의 진로 모색」, 『역사교육연구』 22, 2015. ; 조한경·최승원, 「국정화 논란 및 역사교육 개선에 대한 역사교사들의 인식」, 『역사교육연구』 28, 2017. 등이 있고, 이를 수업과 연결하고자 한 연구는 김민수, 「〈동아시아사〉 관점에서 구성한 민주주의 수업: 비교사와 연관사의 관점에서 접근한 『동아시아사』 수업안」, 『역사교육연구』 19, 2014. ; 강화정, 「교학사『한국사』교과서의 현대사 서술과 민주주의 교육」, 『역사교육연구』 20, 2014. ; 황현정, 「민주주의 요소로 본 역사교육 내용 선정 원리」, 『역사교육연구』 20, 2014. ; 이해영, 「민주주의 관점으로 구성한 역사수업 탐색」, 『역사교육연구』 21, 2015. ; 이해영, 「교사들이 생각하는 민주주의 역사교육 내용 구성과 적용 가능성 탐색」, 『역사교육연구』 29, 2017. 등이 있다.

3 최상훈은 『역사교육연구』 창간호(2005년)부터 제20호(2014년)까지 게재된 논문을 검토하여 역사교육의 교재와 역사 수업의 방법을 다룬 글이 가장 많았다고 분석하였다. 최상훈, 『『역사교육연구』 게재논문의 동향과 전망」, 『역사교육연구』 22, 2015, pp. 49~50.

4 송인주·이성형, 「초등 역사교실수업에서 사료학습의 실행과 그 의미」, 『역사교육논집』 50, 2013. ; 유득순, 「역사영화의 유형 분류와 효과적인 활용 방안 - 한국사를 소재로 한 역사영화를 중심으로」, 『역사교육논집』 54, 2015. ; 정한식, 「초등학교 학생들의 비조작 자료 활용에 대한 사례 연구 - '함께 배움 다른 성장'학습 활동 사례를 중심으로」, 『역사교육논집』 65, 2017.

5 김한종, 「사료내용의 전달방식에 따른 고등학생의 역사이해」, 『역사교육』 125, 2013. ; 강선주, 「고등학생과 역사가의 역사 텍스트 독해 양상과 텍스트 독해 교수학습 전략」, 『역사교육』 125, 2013. ; 송인주, 「영화 포스터 읽기와 역사교실수업」, 『역사교육논집』 51, 2013. ; 유득순, 「역사 수업을 위한 역사영화 활용 방안 모색 - 영화〈국제시장〉에 대한 학습자의 수용 양상 분석을 중심으로」, 『역사교육논집』 62, 2017.

6 백은진, 「역사교사의 역사교육 목적에 관한 사례 연구 - 심층 면담과 수업 관찰을 중심으로」, 『역사교육』 131, 2014. ; 강선주, 「아이들의 역사 이야기꾼으로의 성장 - 중학교 교사가 추구하는 '역사가 가르쳐야 할 것'」, 『역사교육논집』 54. 2015. ; 이미미, 「교사가 파악하는 역사적 중요성과 교수·학습적 중요성 - 무엇이 중요하며, 무엇을 가르쳐야 하는가?」, 『역사교육』 139, 2016. ; 윤지양, 「수업 재구성을 통해 본 역사 교사 지식」,

『역사교육논집』62, 2017.

7 방지원, 「중·고등학생들의 현대사 인식과 역사교육」, 『역사교육』130, 2014. ; 이해영, 「역사의식조사로 본 학생들의 가치판단 탐색」, 『역사교육』131, 2014. ; 백은진, 「역사학습의 목적과 역사교사의 역사교육 목적에 대한 중고등학생들의 인식」, 『역사교육』133, 2015. ; 김광규·백은진, 「고등학생들이 역사 소논문 쓰기 활동을 통해 파악한 역사지식의 특징」, 『역사교육논집』65, 2017. ; 방지원, 「최근 역사수업에서 '학생 활동'의 양상 : '탐구'에서 '만남'으로 - 민주시민을 기르는 역사교육의 관점에서」, 『역사교육논집』65, 2017.

8 김민정은 역사 수업에 대한 연구자들의 관심이 '교사와 학생의 상호작용, 학생의 역사 이해, 교사의 역사 인식과 역사교육에 대한 관점과 수업 실행과의 관련성' 등으로 이동했음을 이야기하며, 역사 수업에 대한 접근도 효율성보다는 교사가 처한 조건과 학생과의 상호작용, 의미의 구성방식을 밝히는 방향으로 전환되었음을 말하고 있다. 김민정, 「근래의 역사 수업 연구 경향과 연구 방법에 대한 검토」, 『역사교육연구』22, 2015, pp. 165~167.

9 주웅영, 「초등 사회과 교실 역사수업의 목표 설정과 수행 표준의 기능」, 『역사교육논집』61, 2016. ; 주웅영, 「초등 사회과 교실 역사수업의 특성 - 뇌 기반 학습이론의 관점에서 접근」, 『역사교육논집』58, 2016.

10 전병철, 「역사수업 구성의 원리와 함의」, 『역사교육』126, 2013. ; 이해영, 「역사수업에 대한 학생들의 흥미연구」, 『역사교육』127, 2013. ; 김민정, 「역사 수업 이론의 진전과 적용상의 도전」, 『역사교육』131, 2014. ; 안운호, 「발전선(Line of Development) 학습이론을 통한 역사수업 사례와 활용 방안 연구」, 『역사교육』133, 2015.

11 2017년도 학업성적관리시행지침을 비교·분석하면서 정리한 각 시·도교육청의 수행평가 최소 반영비율(%)은 다음과 같다. 중·고 모두 동일한 비율은 그냥 수치로 표시하였으나 서울특별시교육청의 경우 서술형 포함 비율이며, 지침이 아닌 업무계획에서 제시하였다. 경기도교육청의 경우 중·고/고3학년의 비율을, 인천·광주·대전광역시·제주특별자치도교육청은 중/고의 비율을, 강원도교육청의 경우 중학교는 별도의 지침이 없이 고1·2/고3학년의 비율을 달리하였다. 세종특별자치시교육청은 2015년은 중(30%)/고(20%), 2016년은 중·고(30%), 2017년은 중·고(30%)/고3학년(20%)으로 비율을 결정하였다. 경상북도교육청의 경우 단위학교에 결정을 위임하였다. 한국교육과정평가원, 『창의교육 학생평가 내실화를 위한 2018학년도 시·도교육청 담당자 워크숍 자료』, 2018. p.57.

	서울	부산	경기	인천	광주	대전	울산	대구	강원	충북	충남	전북	전남	경북	경남	제주	세종
2015	45	20	30/20	40/30	-	-	30	-	-	-	20	-	-	-	-	-	30/20
2016	45	20	30/20	40/30	50/30	30/20	40	-	-	-	30	30	-	-	30	-	30
2017	45	40	30/20	40/30	50/30	30	40	30	30/20	30	30	40	40	-	30	40/30	30/20

12 김민정, 앞의 논문, 2014, p.11.

13 김한종, 「역사수업이론의 재개념화」, 『역사교육연구』 5, 2007, pp.9~10.

14 김한종, 위의 논문, 2007, p.15.

15 김민정, 앞의 논문, 2014, p.11.

16 김한종, 앞의 논문, 2007, p.23.

17 김한종, 앞의 논문, 2007, p.19.

18 메리 리치, 이종인 옮김, 『영화로 철학하기』, 시공사, 2004. ; 유재원, 『신화로 읽은 영화, 영화로 읽는 신화』, 까치, 2005. ; 장병원, 『영화로 세상읽기』, 세상여행, 2011. ; 윤진효, 『영화를 보면 세상이 보인다』, 계명대학교 출판부, 2011. ; 이종호, 『영화 속 오류: 감독의 속내 엿보기』, 과학사랑, 2015.

19 〈명량〉, 〈국제시장〉, 〈암살〉, 〈광해, 왕이 된 남자〉, 〈왕의 남자〉, 〈택시운전사〉, 〈태극기 휘날리며〉, 〈변호인〉, 〈실미도〉, 〈관상〉, 〈해적, 바다로 간 산적〉, 〈국가대표〉, 〈웰컴 투 동막골〉, 〈히말라야〉, 〈밀정〉, 〈최종병기 활〉, 〈화려한 휴가〉, 〈1987〉, 〈인천상륙작전〉, 〈범죄도시〉, 〈좋은놈, 나쁜놈, 이상한놈〉, 〈군함도〉, 〈사도〉, 〈연평해전〉, 〈덕혜옹주〉, 〈안시성〉, 〈더킹〉, 〈살인의 추억〉, 〈추격자〉, 〈공작〉, 〈바람과 함께 사라지다〉, 〈조선명탐정: 각시투구꽃의 비밀〉, 〈군도: 민란의 시대〉, 〈범죄와의 전쟁: 나쁜놈들 전성시대〉, 〈도가니〉, 〈우리생애 최고의 순간〉, 〈한반도〉, 〈조선명탐정: 사라진 놈의 딸〉, 〈역린〉 (관객순) 영화관입장권 통합전산망〉 공식통계 역대 박스 오피스 (http://www.kobis.or.kr, 검색일자: 2019. 5. 10.)

20 〈명량〉, 〈국제시장〉, 〈암살〉, 〈광해, 왕이 된 남자〉, 〈왕의 남자〉, 〈택시운전사〉, 〈태극기 휘날리며〉, 〈변호인〉, 〈실미도〉 (관객순) 영화관입장권 통합전산망〉 공식통계 역대 박스 오피스(http://www.kobis.or.kr, 검색일자: 2019. 5. 10.)

21 김순미, 「영화를 활용한 역사수업의 이론과 실제」, 『역사교육논집』 41, 2008, pp. 28~29.

22 역사가가 과거의 사실을 기록할 때 사실을 선택하는 과정에서 역사가의 사고가, 이를 다시 해석하고 밝혀내는 과정에서 또 한 번 역사가의 사고가 작동한다. 따라서 역사학의 기본 자료인 사료는 실체적 행위의 집합체라기보다는 당대 역사가의 사고 행위에 의해 선택된 사실들의 집합체이다. 현재의 역사가들이 사료나 비문자 자료를 통해 과거의 모습을 재현해 내는 것도 사고 행위의 일환으로 볼 수 있다.

23 최상훈, 「역사적 사고력의 학습 및 평가방안」, 서울대학교 박사학위논문, 2000.

24 김한종, 「역사교육의 교재」, 최상훈 외, 『역사교육의 내용과 방법』, 책과 함께, 2007, pp.198~200.

25 저작권법 제2장 저작권 제4절 저작재산권 제2관 저작재산권의 제한 제25조 학교교육 목적 등에의 이용 ①, ②, ③항에 의거하면 '고등학교 및 이에 준하는 학교 이하의 학교의 교육 목적상', '수업목적상', '공포된 저작물의 일부분을 복제·배포·공연·전

시 또는 공중송신할 수 있다.'고 하여 수업(교육)을 목적으로 상업 영화를 편집, 공연하는 것은 저작권법에 저촉되지 않는 것으로 해석하여 활용하였다. (법률 제14634호, 2017.3.21., 법제처 국가법령정보센터, http://www.law.go.kr)

Ⅱ. 이론 속으로

Ⅱ. 이론 속으로

1. 역사영화의 개념

영화를 주제로 한 기존의 역사 연구들은 영화에 대한 개념 정의 뿐 아니라 사용하는 용어에서도 차이를 보인다. 매체적 특성을 강조하는 경우 영상물, 영상자료 등으로 부르기도 하지만[26] 가장 보편적이고 대중적으로 사용하는 용어는 사극이나 시대극 또는 역사 영화 등이다.[27] 시대라는 단어 속에는 '과거, 시간'이라는 개념이 강하게 포함된 반면, 역사라는 단어 속에는 시간적 개념을 포함하여 탐구, 기록, 평가 등의 의미가 포괄될 수 있기 때문에[28] 이 책에서는 '역사영화'라는 용어로 통일하여 사용하겠다.

역사영화의 개념과 범주에 대한 논의는 이를 연구하는 이들의 수만큼이나 많고 다양하다고 해도 과언이 아닐 것이다. 연구자마다 크고 작은 차이를 보이며 개념을 정의하여, 실제 어떤 영화가 역사영화의 범주에 포함되는지 아닌지의 여부도 의견의 합치를 보기 어려운 실정이다. 그렇지만 역사영화를 학습 자료로 활용하기 위한 논의가 진척되려면 역사영화의 개념, 실제 개봉한 영화가 역사영화의 범주 안에 포함되는지의 여부를 판단하는 기준 등이 정리되어야 할 것이다.

이러한 논의를 위해서 우선, 역사와 영화가 만나는 방식에 대해 살펴볼 필요가 있다. 영화가 역사를 만나는 방식은 크게 두 가지 정도로 나눌 수 있다. 하나는 영화가 역사를 담아내는 것이고, 다른 하나는 역사가 되는 영화이다. '역사를 담아낸 영화'에 대한 연구는 영화 속에 담긴 역사적 사실을 연구하며, 영화의 내용을 실제 역사와 비교하면서 영화가 어떻게 역사를 재현하고 있는지를 주로 확인한다.[29] '역사가 되는 영화'에 대한 연구는 영화가 제작된 시대 상황이나 당대의 인식을 살피는 연구로, 영화의 구성주의적 성격이나 텍스트성에 초점을 맞추고 영화를 통한 역사 서술의 가능성을 타진하여 역사·사회적 맥락 속에서 영화를 분석하고 있다.[30]

구체적인 사례를 살펴보면, '역사를 담아낸 영화'를 다룬 책으로 연동원의 『영화 대 역사 - 영화로 본 미국의 역사』가 있다.[31] 이 책은 미국의 역사를 지리상의 발견부터 현대 할리우드 산업까지 시기별로 구분하여 각 시기를 잘 보여주는 영화 2~5편 정도를 소개한다. 영화의 내용, 제작 의도, 역사적 사실과의 비교 등을 제시하여 영화를 수업에 활용할 때 사실과의 관련성이나 오류를 짚어보는 데 유용할 것으로 보인다. 또 다른 예로 마크 C. 칸즈 등이 지은 『영화로 본 새로운 역사』가 있다.[32] 이 책은 역사적으로 중요한 인물과 사건을 다룬 영화를 통해 고대부터 현대까지의 과정을 재구성한 일종의 역사서로 볼 수 있다. 이 책의 집필에 참여한 역사가들은 영화가 당대의 사회상을 반영하고, 비록 허구적 공간에서나마 역사적 인물이나 사실을 생생하게 재현해서 보여주기 때문에 문자보다 엄청난 영향력을 지닌 전달 매체로 보았다.[33] 특히 전문 역사가들이 사료에서 찾아낸 증거에 의미를 부여하는 일을 한다면, 할리우드가 만든 역사는 사료의 공백을 메워주고 표현과 복잡함을 세련되게 해주며 영감과 즐거움을 준다고 보았다.[34] 이러한 책들은 영화를 소개하지만, 영화를 통해 그려지고 있는 당대의 역사에 대해 더 자세히 이야기하고 있다.

'역사가 되는 영화'를 다룬 대표적인 사례는 연세대 미디어아트연구소에서 발간한 『영화와 시선』 시리즈 10권이다.[35] 영화 자체를 하나의 역사·사회·문화적 현상으로 보고, 영화가 제작될 당시의 사회적 배경, 영화를 수용하는 시대의 역사적 맥락, 감독의 의도, 등장인물의 대사와 행동이 가진 의미와 표상, 다른 영화와의 비교 등 영화 자체를 낱낱이 파헤치고 있다. '영화를 가로지르는 역사'와 '영화가 기억하고 담아내고 있는 역사'를 모두 이야기하고 있는 것이다. 1권 『공동경비구역 JSA』에 수록된 내용을 보면, 영화 자체를 하나의 현상으로 보고 분석하고 있음을 알 수 있다.[36] 다른 시리즈에서도 영화를 관통하는 역사와 영화가 조망하는 역사, 이 두 가지가 접점을 이루며 다양한 논쟁과 토론이 이루어지고 있다. 실존 인물이나 사건을 다룬 『취화선』과 『살인의 추억』은 차치하고라도 1970년대 미군 기지와 양공주를 소재로 한 『수취인불명』[37]이나 1980년대 이후 한국 현대사 속 개인의 삶을 다룬 『박하사탕』[38] 등은 역사와 영화의 교차점을 직접적으로 다루고 있다. 뿐만 아니라 영화가 다루는 시대나 문화에 대한 조망, 영화를 수용하는 현 시대 및 문화에 대한 고찰이 영화 〈친구〉, 〈여고괴담〉, 〈넘버 3〉 등에서도 어김없이 드러난다. 또 다른 예인 안톤 캐스의 『히틀러에서 하이마트까지 - 역사, 영화가 되어 돌아오다』는 제2차 세계 대전을 전후한 시기에 독일에서 만들어진 영화를 분석하고 있다.[39] 당시 독일의 상황이 감독을 포함하여 영화의 제작이나 내용에 미친 영향은 무엇인지, 혹은 영화의 내용을 통해 전쟁 전후 독일의 역사·사회·문화가 지향하고 초점을 맞춘 것은 무엇인지 밝히고자 하였다.

'역사를 담아낸 영화'와 '역사가 되는 영화'를 모두 역사영화로 볼 수 있다. 또한 제작된 시점을 연구하기 위한 당대의 자료라는 측면에서 거의 모든 영화가 '역사가 되는 영화'라고 할 수 있다. 이 책은 영화에 대한 연구가 아닌 역사교육에서의 역사영화가 연구 대상이므로, '역사를 담아낸 영화', '역사를 담고 있으면서 역사가 되는 영화'로 논의의 대상을 한정하겠다.

이러한 기본적인 전제를 바탕으로 기존 연구에서 역사영화를 정의한 내용을 살펴보자. 강태웅은 일본에서의 용례를 통해 시대극을 현재가 아닌 이전 시대(구체적으로는 막부 말기 유신시대까지로 한정)를 배경으로 한 영화로, 역사영화를 철저한 고증을 거쳐 역사적 사실에 따라 재현한 것으로 구분하였다.[40] 진성철은 역사영화의 근간을 사극으로 보고, 사극은 일제시기 이전까지의 시대적 배경과 역사에 있었던 사실을 극으로 만든 것이라고 정의하였다.[41] 그는 역사적 사실에 허구가 개입하는 방식의 역사영화가 왜곡을 일으켜 관객(수용자)으로 하여금 착각과 혼란을 일으키고 역사적 사실에 대한 은폐, 미화, 정당화로 이용될 수 있음을 지적하면서, 철저한 고증과 사실을 바탕으로 역사영화가 제작되어야 함을 주장하였다.[42] 박순준은 여러 연구를 종합·정리하면서 영화에서 사실과 다른 왜곡을 찾고 사료적 가치를 인정받을 수 있는 영화만을 연구의 대상으로 삼아왔던 점을 비판하고, 허구적

요소가 많아 연구의 논의에서 주로 배제되었던 대중적 극영화에 주목할 것을 주장하였다.[43]

이러한 논의를 보면 역사영화의 개념을 정의함에 있어, '재현과 고증의 철저함'이라는 한 축과 '허구와 상상을 통한 역사적 재현의 용인'이라는 한 축이 대립하고 있음을 알 수 있다. 그런데 최용찬은 영화적 상상력이 허구에 그치는 허무맹랑한 것이 아니라 역사 자료의 부족을 메우는 역할을 하고 있음을 사례를 통해 보여줌으로써 역사영화가 역사교육이나 역사 이해의 중요한 자료가 될 수 있음을 말하고 있다.[44]

이에 역사가 가진 구성적 성격을 인정하면서 역사적 상상력과 허구가 개입할 수 있는 여지를 열어놓고 여러 연구자들의 연구를 정리하면, 역사영화란 과거의 역사적 사실과 인물을 바탕으로 고증을 거쳐 당시의 상황을 재현하는 것, 현재의 관점에서 역사를 재조명할 수 있으면서 제작 당시의 사회·문화적 조건을 반영하는 것, 역사 자료로서의 가치를 지니고 독자적인 역사 텍스트로 기능하는 것이라고 종합해 볼 수 있다.

실제 개봉한 영화들이 역사적 사실과 인물을 바탕으로 했는가는 쉽게 확인할 수 있지만, 현재의 관점에서 역사를 재조명할 수 있는 작품인지, 역사 서술을 위한 독자적인 텍스트로서 기능할 수 있는지에 대해서는 쉽게 판단 내리기가 어렵다. 즉 앞서 정리한 내용만으로는 역사영화의 범주에 포함되는 영화를 판단하기가 다소 모호할 수 있다는 의미이다.

이에 기존 연구의 내용을 바탕으로 하되, 영화의 내용만으로도 쉽게 구분할 수 있는 역사영화의 개념을 정의하고자 한다. 첫째, 역사적 배경을 가진

영화여야 한다. 역사적 배경이란 단순히 과거의 특정 시대나 사건을 배경으로 한 것만이 아니라 과거의 사건을 현재 또는 미래의 시점[45]에서 창조적으로 재구성한 것까지 포함한다. 둘째, 역사적 인물을 중심으로 한 영화여야 한다. 역사상 실존한 인물이나 실존 인물을 모델로 한 가상의 인물이 주인공이거나, 실존 인물은 아니더라도 그 시대에 존재했을 법한 전형적인 인물이 이야기를 이끌어 나가는 중심축이어야 한다. 셋째, 영화의 흐름이 맥락적으로 구성되어야 한다. 전체적인 흐름이 역사적 사건과 거의 동일하게 구성되거나 새롭게 창조된 허구의 사건이라고 하더라도 역사적 맥락 안에서 개연성을 가져야 한다는 것이다. 이상의 내용을 토대로 정의하면, 역사영화란 '역사적 배경과 인물을 토대로 역사적 맥락 안에서 구성된 영화'라고 정의할 수 있다.

그렇다면 무엇이 역사영화인지 아닌지를 어떻게 구분할 수 있을까? 일상에서 쉽게 접할 수 있는 여러 영화들이 역사영화의 범주에 포함되는지를 판단하기 위하여, 앞서 정의한 개념에서 7가지 요소를 추출하여 〈표 1〉과 같은 질문으로 바꾸어 보았다.

〈표 1〉과 같이 역사적 배경·인물·맥락이라는 세 가지 측면을 고려하면 무엇이 역사영화인지 아닌지를 보다 쉽게 가늠할 수 있을 것이다. 영화의 배경이 특정한 시대나 실제 사건을 바탕으로 하거나(역사성) 과거의 사건을 새로운 관점에서 구성하는 경우(시대성), 중심인물이 역사상 실존 인물인 경우(실존성) 뿐 아니라 가상 인물이거나(가상성) 거의 동일한 비중으로 실존 인물과 가상 인물이 함께 다루어지는 경우(혼합성)도 역사영화에 포함될 수

〈표 1〉 역사영화의 개념에 포함되는 7가지 요소

있으며, 전체적인 줄거리가 실제 역사적 사건의 흐름과 같은 경우(사(史)실성)이거나 창조된 허구의 사건이 중심이 되는 경우(창조성)도 역사영화에 포함될 수 있다.

이러한 관점에서는 역사를 소재로 한 영화의 대부분이 역사영화가 될 수 있다. 역사 왜곡 논란이 일었던 〈국제시장(2014)〉, 〈덕혜옹주(2016)〉도 역사영화로 볼 수 있다. 또한 〈한반도(2006)〉, 〈26년(2012)〉도 실제로 일어나지 않은 가상의 상황을 상정하여 영화를 시작하고 있지만 과거의 사건을 가상의 미래와 연결시키거나 새로운 관점에서 바라보도록 한다는 측면에서 역사영화의 범주에 포함시킬 수 있다. 그러나 일종의 판타지 영화인 〈전우치(2009)〉는 과거의 어느 시점을 배경으로 하고 한복을 입은 등장인물의 출연 장면이 많지만 세 가지 중 어느 한 측면에도 부합하지 않기 때문에 역사영화의 범주에 포함시키기 어렵다고 할 수 있다.

2. 역사영화의 특성과 교육적 유용성

1) 역사영화의 특성

역사영화를 교육적으로 활용하기 위해서는 역사영화에 대한 정확한 이해, 즉 그 특성에 대한 파악이 필요할 것이다. 우선, 역사영화라는 학습 자료를 교재의 분류 기준에 따라 구분해보면,[46] 형식상 비읽기(비문자) 자료, 존재 형태상 시청각 자료, 내용과 출처에 따라 1차 자료이자 2차 자료에 해당한다고 볼 수 있다. 기본적으로는 감독(제작자)에 의해 구성·재현된 과거의 시대를 담고 있기 때문에 2차 자료로서의 성격이 강하지만, 영화의 제작이 당대의 사회문화적 상황의 산물이라는 점에서 1차 자료적 성격도 가진다고 할 수 있다.[47] 가령 1971년에 개봉한 이규웅 감독의 영화 〈성웅 이순신〉과 2014년에 개봉한 김한민 감독의 영화 〈명량〉 속 이순신을 비교하여 당대의 사람들이 과거의 인물을 어떻게 인식하고 있는지를 알아본다면, 이 때의 역사영화는 1차 자료이자 2차 자료라고 할 수 있는 것이다. 보다 깊이 있게 역사영화의 특성을 파악하려면 역사영화를 둘러싸고 있는 형식과 그 안에 담긴 내용에 대한 이해가 종합적으로 이루어져야 할 것이다.

(1) 매체적 특성

역사영화를 둘러싸고 있는 형식, 전달수단으로서 영화라는 매체가 갖는 특성은 다음과 같다.

첫째, 매체로서의 영화는 시각적 측면이 두드러진다. 시각 이미지는 말이나 글에 비해 어떤 일이 일어났던 당시의 상황이나 특정 순간의 모습, 인물의 외형 등을 훨씬 더 선명하고 구체적으로 보여준다. 그래서 시각 이미지가 담고 있는 내용을 더 쉽게 이해할 수 있고, 더 오래 기억할 수 있도록 한다. 과거의 상황을 보여주는 시각 이미지의 대표적인 사례로는 사진이나 그림 등이 있다. 이것들은 역사적 사실이 일어났던 당시의 상황이나 특정 순간의 사건을 생생하게 전달하고,[48] 문헌 자료에는 드러나지 않던 인간의 감정들을 확인하게 하며, 기존 문헌을 통해 알려진 것마저도 새롭게 바라볼 수 있게 한다.[49] 사진이나 그림에 비해 영상은 시각적 구체화가 더 뚜렷할 뿐 아니라 청각적 요소까지 포괄한다.

과거의 모습을 직접적으로 보여주는 사진이나 영상 등의 1차 자료는 그 제작 역사가 그리 길지 않은 편이며, 탐구의 대상이 되는 시대를 다 포괄하지도 못한다. 역사영화는 과거에 '만들어진' 과거에 대한 자료는 아니지만 과거를 '보여주는' 과거에 대한 자료, 즉 과거에 대한 2차 사료적 시각 자료이다. 문자로 된 사료만으로는 과거의 현실과 경험을 재현하는 데 한계가 있지만, 역사영화는 시각 이미지를 통해 그 한계를 넘어 과거의 현실을 재현[50]하여 보여준다. 시각적 측면이 두드러지는 역사영화를 통해 학습자들은 자신들이 알지 못했던 과거, 미처 경험해 보지 못했던 세상을 볼 수 있게 되고 과거를 간접적으로 경험할 수 있게 된다.

둘째, 매체로서의 영화는 모든 형태의 자료를 포괄하는 종합자료의 특성을 갖는다. 영화는 이야기를 전달하고 관객들의 이해를 돕기 위해 인물 간의 대화(대사), 음악, 문자, 그림, 도표, 연표, 지도 및 각종 소품에 이르는 다양한 자료들을 활용한다. 이러한 자료를 수용하는 과정에서 관객들은 이야기의 흐름을 따라 시간적 정보를 획득하기도 하고, 인물 간의 관계, 행위의 의도, 이유, 목적 등을 파악할 수도 있다.

역사영화도 그 속의 내용, 즉 역사적 사실이나 상황에 대한 이해를 돕기 위해 다양한 자료를 동원한다. 가령 영화 〈명량〉이나 〈황산벌〉은 당시의 정세와 전황을 쉽게 파악할 수 있도록 지도를 사용하는가 하면, 〈군도: 민란의 시대〉는 내레이션과 자막을 통해 시대적 배경을 부연 설명한다.[51] 이러한 자료의 사용은 인물의 대사나 행동만으로 알기 어려운 내용, 즉 영화 속에서 다루는 내용이 실제 역사의 시공간 속에서 어느 지점에 위치하는지를 알 수 있게 하고, 기존에 알던 역사적 사실과의 연결을 용이하게 하여 역사적 흐름 속에서 영화의 내용을 맥락적으로 이해할 수 있게 돕는다.

또한 역사영화의 각 장면 속에는 각종 유물을 포함한 당대의 흔적이 재현되어 곳곳에 담겨있다. 비록 그 당시에 실제로 사용하던 유물은 아니지만 마치 박물관에서 과거의 흔적을 살펴보는 것처럼 당시의 사람들이 사용했던 도구, 생활용품, 주거형태 등을 확인할 수 있다. 영화 〈암살〉이 당시 사용한 총, 1930년대 경성과 상하이의 모습 등을 잘 재현했다는 평가를 받은 것이[52] 이러한 경우의 하나일 것이다. 실제 유물을 본뜬 소품 등을 통해 당시의 모습을 재현하게 되면, 이를 보는 이들은 지금과는 다른 과거의 상황이나 그 시대만의 공간적 특징을 알 수 있게 된다. 그리고 영화 속 사건이 시간적 거리가 있는 과거의 공간에서 일어나는 일이라는 점도 인식할 수 있게 된다.

물론 영화라는 매체가 가진 한계점도 분명히 존재한다. 문자 사료는 불명확한 과거의 모습이 생략되거나 추상적으로 서술되는 경우가 적지 않다. 그러나 역사영화는 완벽하게 각 장면을 채워 넣어야만 하고,[53] 이 과정에서 사료 속 서술과 영화 속 장면 사이에는 간극이 발생하게 된다. 가령『삼국사기』는 화랑의 용모가 곱고 아름다웠다는 표현만으로 서술이 가능하지만 영화 〈황산벌〉은 전투에 나아가는 화랑들의 복색과 장신구를 화면 속에서 모두 재현해 내야 한다.

그러나 이 과정에서 발생하는 간극을 어떻게 인식하고 활용하느냐에 따라 이는 영화라는 학습 자료의 단점이 될 수도 있고, 장점이 될 수도 있다. 문자 사료가 영화화되는 과정을 재현된 각 장면이 잘 고증되었는가라는 측면에서만 접근한다면, 역사영화의 교육적 활용도는 현저히 떨어지게 될 것이다. 잘못 고증된 경우 뿐 아니라 확인이 어려운 경우도 적지 않을 것이기 때문이다. 그러나 문자와 영상 사이의 간극을 인정하고 문자 사료에서 영상으로의 전환 과정에 영향을 미친 관점이나 요소를 탐색하도록 한다면, 이는 또 다른 역사 탐구의 재료이자 역사영화를 교육적으로 활용하는 방안의 하나가 될 수 있을 것이다.

(2) 서사적 특성

역사영화의 본질적 특성은 그 안에 담긴 내용에 있다고 봐도 무방할 것이다. 모든 영화의 내용은 이야기, 즉 내러티브[54]로 이루어져 있기 때문에 이에 대한 이해가 선행되어야 한다.

우선, 이야기는 인간을 포함한 세상, 그리고 세상에 대한 지식을 다룬다.[55] 따라서 이야기를 이해하는 것은 이야기가 다루는 세상을 이해하는 것이다. 특정 사회에서 그 구성원들에 의해 공유되는 이야기를 안다면 그들은 공동체성을 공유하게 되지만, 그 이야기를 전혀 모르게 되면 이와 관련된 주제나 사회 전반에 퍼져 있는 그 이야기를 둘러싼 내용을 전혀 이해할 수 없게 된다.[56] 따라서 영화 속의 이야기를 이해하는 것은 영화 속에 재현된 세상을 이해하는 것을 의미한다.

이때 이야기는 대체로 인과관계를 포함한 시간적 전후 관계를 따라 제시되며,[57] 대체로 반대되는 것으로 이분화된, 이항대립(Binary opposites) 구조를 이루고 있다. 어떤 사건을 이해하기 위해서는 원인과 결과를 아는 것이 핵심이 되며, 이항대립 구조는 세상과 자신들의 경험에 대한 학습자의 이해를 높일 수 있다.[58] 즉 영화의 서사는 이항대립 구조를 중심으로 인과적으로 펼쳐지기 때문에 관객으로 하여금 영화 속 사건이나 내용을 쉽게 이해할 수 있도록 한다. 비록 그 속의 내용이 지금과 현저히 다른 모습이거나 훨씬 멀리 떨어진 시점의 이야기라 할지라도 말이다.

마찬가지로 역사영화에 담겨 있는 것은 과거 세상에 대한 이야기이다. 역사영화의 내용을 이해함으로써 그 속에 재현된 과거의 상황과 시대를 이해할 수 있게 된다. 역사영화 속 과거의 이야기는 인물(사건)을 중심으로 이항대립 구조를 이루고 인과관계를 중심으로 전개되어 학습자로 하여금 쉽게 이해되도록 돕는다. 또한 실제 사실과 과거의 상황에 기초한 이야기를 이해함으로써 과거를 경험해 보지 못한 학습자들은 과거에 대한 인식과 이해가 가능해지게 되며, 과거의 사회에 대한 공동체성을 공유할 수 있게 된다.

한편, 영화 속의 이야기는 인물을 중심으로 전개된다. 등장인물이 하는 행위, 인물을 둘러싼 상황이나 그의 감정, 주변 인물과의 관계 등이 세세하게 묘사되기 때문에 영화 속 주요 인물이 어떤 생각을 하고 어떤 감정을 느끼는지, 그들이 왜 그러한 행동과 결정을 하게 되는지 쉽게 짐작·추론할 수 있게 된다. 따라서 관객은 이야기 속 인물의 상황과 조건을 명시적으로 확인하여 인물의 의도와 목적을 추론할 수 있을 뿐 아니라 이 과정에서 개별적이고 특수한 인간 행위를 이해하고 판단하는 경험을 하게 된다.[59]

역사영화 속의 이야기도 과거의 역사적 인물을 중심으로 전개된다. 역사영화 속에서 과거의 인물을 둘러싼 상황과 그들의 감정, 인물을 둘러싼 관계들을 보다 쉽게 확인할 수 있기 때문에 과거의 인물이 왜 그러한 선택과 행동을 했는지를 현재의 입장에서 뿐 아니라 그 당시 인물의 입장과 상황에서도 생각해 볼 수 있다. 그래서 지금과는 다른 시대·장소·사람들이라고 할지라도[60] 역사영화를 통해 역사적 인물의 행위와 그 행위에 영향을 준 다양한 요인을 확인하여 과거라는 시공간적 개념 속에서 과거의 인물을 이해할 수 있게 된다. 역사는 인간의 행위가 중심이 되기 때문에 과거의 인물에 대한 이해는 과거에 대한 이해로 이어질 수 있다.

이와 같은 역사영화의 서사적 특성은, 역사영화 속에 담긴 이야기에 집중하게 함으로써 역사영화가 재현하고 있는 과거의 사실과 인물에 대한 이해의 폭을 넓힐 수 있도록 한다.

(3) 구성 · 제작적 특성

역사영화의 서사적 특성은 구성적이고 제작적인 특성을 동반하게 된다. 과거의 모습을 온전히 재현한다는 것은 사실상 불가능하다. 그럼에도 과거의 모습을 영상으로 재현하기 위해서는 각 장면이 잘 고증되었는지, 재현된 과거의 사실(인물)이 얼마나 과거와 닮아 있는지의 문제와는 별개로, 서사 자체가 완결성을 갖추어야 한다. 역사영화는 이 완결성을 갖추기 위하여 사료의 빈 공간을 채우며 이야기를 구성하고 영상을 만들어나가는 것이다.

실제로 있었던 과거의 사실(인물)을 다룬다 할지라도 역사영화를 만드는 것은 전문적인 역사가가 아니다. 감독(제작자)에 의해 상업적 목적으로 제작된 경우가 대부분이고, 내용의 오류나 부정확한 묘사, 각색되고 왜곡된 내용이 포함될 가능성이 적지 않다. 역사영화 속 잘 만들어진 이야기(Good Story)는 역사적 정확성을 압도할 수도 있고, 응집력이 높은 이야기에 빠져 그 속의 모든 내용을 진실로 받아들이게 될 위험, 즉 흔히 말하는 자의적인 진실성 부과[61]나 공상적 꾸밈(Fanciful Elaboration) 현상[62]을 일으킬 수도 있다. 또한 이야기의 이항대립 구조가 역사 이해를 단순화시켜 입체적이고 구조적인 역사 이해를 저해한다는 비판도 있다. 무엇보다 감독(제작자)의 가치관과 주관성이 학습자에게 지나친 영향을 줄 수 있다는 점도 간과할 수 없을 것이다.

그렇다고 하여 역사영화가 역사를 학습하기에 부적합한 자료라고 말하려는 것은 아니다. 역사도 역사가(기록자와 연구자)의 손을 거친다는 점에서 '선택과 구성'이라는 한계를 벗어날 수 없고, 역사가 가지는 구성적이고 내러티브적인 성격을 무시할 수는 없다.[63] 다큐멘터리를 만들 때조차도 편집을 위한 선택은 필연적이며,[64] 당대의 사료조차도 그 당시의 모습을 온전히 담아내는 데에는 한계가 있기 때문이다.

따라서 학습 자료로서 역사영화를 활용하려면 역사영화 속에 재현된 과거의 모습을 파악·이해하는 것에 그치는 것이 아니라 그러한 방식으로 과거의 모습을 재현한 의도나 역사영화의 내용이 담고 있는 구성적 특성을 이해하는 데까지 나아가도록 할 필요가 있다. 즉 역사영화가 가진 구성·제작적 특성을 학습 전략적 차원에서 활용하는 것이다.

먼저 '비판적·해체적인 역사영화읽기'를 위하여 역사영화를 활용하는 방법이 있다. 사실이 나열된 연표나 연보, 객관적으로 서술하려는 경향이 강한 일반적 역사 서술에는 저자와 그 의도가 감추어져 잘 드러나지 않는 경우가 많다. 그에 비해 역사영화에서 감독(제작자)은 자신의 의도를 전면에 드러내기도 하고 숨기기도 하지만, 역사영화를 보는 이들은 그 속에 감독(제작자)의 의도와 메시지가 포함되어 있다는 사실을 인지하고 있다. 영화라는 매체의 특성상 감독(제작자)이 그 의도를 감추려 해도 감독(제작자)의 의도와 메시지는 역사 서술에 비해 쉽게 파악될 수 있다.

흔히 저자가 드러난 글은 비판적·해체적 읽기가 더 용이하다고 알려져 있다.[65] 글 속에서 개인적 편견을 드러내는 것은 더 높은 종류의 객관성을 얻는 것[66]이라는 말처럼 저자가 드러나면 그 주관성을 인정하되 논의의 객관성을 담보하게 되어 비판적·분석적 읽기가 가능해지게 된다. 감독(제작자)의 의도와 메시지가 잘 드러나는 역사영화는 학습자로 하여금 비판적·

분석적 읽기를 가능하게 하는 자료가 될 수 있는 것이다.

그러나 수업 시간에 학습자에게 역사영화를 보여주는 것만으로 이러한 비판적·해체적 역사영화읽기가 이루어지는 것은 아니다. 학습을 위한 교사의 개입이 필요하다. 교사들은 학습자들이 역사영화 속에서 '누가', '왜' 이 이야기를 하고 있는지를 명확하게 인식할 수 있도록 도와야 하고, 자료로서 역사영화의 신뢰성에 대해 탐구하도록 질문하여야 한다.[67] 즉 전체 이야기에서 불필요한 것처럼 보이는 사소한 행동이 가지는 의미가 무엇인지, 재현된 각 장면 속에 담긴 의도가 무엇인지 질문할 필요가 있다. 또 당연하게 여겨온 것에 대해 의심하고, 각 장면 속 인물의 행위나 재현된 사건을 단순히 일반화·추상화하기보다 당시의 맥락 속에서 '두껍게' 읽을 수 있도록 질문을 던져야 하는 것이다.[68] 즉 역사영화를 비판적·해체적으로 읽기 위해서는 역사영화 속 이야기에 대해 '거리두기'를 할 수 있도록, 역사영화를 하나의 자료로서 읽고 이해할 수 있도록[69] 교사의 지원과 개입이 필요하다는 것이다.

다음으로 학습자들이 영화를 만드는 것처럼 '역사 만들기'를 하도록 하는 방법이 있다. 역사영화를 만들 때에는 영상을 찍고 편집하는 것과 같은 기술적 차원의 작업도 중요하지만, 인물과 인물 사이의 관계, 인과관계를 중심으로 한 사건의 흐름 등을 통해 내러티브를 완성해 나가는 작업, 즉 시나리오 작업이 가장 기본이고 핵심이라고 할 수 있다. 역사영화의 시나리오나 시놉시스[70]를 만들 때, 남겨진 역사 자료와 연구 성과만으로 내러티브를 완결성 있게 구성하기란 쉽지 않은 일이다. 자료와 자료 사이에 비어 있는 공간을 채워 넣어야 하고 기존의 자료를 새로운 시각에서 바라보기도 해야 한다. 이러한 작업은 역사가의 역사 탐구 및 사고 과정과 매우 닮아 있다고 할 수 있다.

역사가는 완전하지 못하거나 간격을 가진 역사적 자료를 두고 상상에 의하여 그 간격을 메워가는 작업을 한다. 자료에 직접 나타나 있지 않지만 역사적 사건을 구성하는 여러 요소 사이의 관계를 상상에 의해 이해하는 것은, 증거로부터 추론하여 일어났을 법한 사건을 재창조하는 것이기도 하고, 같은 자료를 새롭게 해석하는 작업이기도 하다. 역사학자들은 이를 보간(interpolation) 또는 삽입(extrapolation)이라고 한다.[71]

역사영화가 제작되는 과정에서 작가와 감독은 끊임없이 보간과 삽입을 통해 내러티브를 구성하고 영상을 재현하게 된다. 역사영화가 만들어지는 과정에 대한 이해, 혹은 역사영화를 만들어 보는 활동은 보간, 삽입 등을 통해 역사가 어떻게 구성되는지를 이해하고 경험해 보는 기회를 제공할 수 있다. 역사영화를 만들어 가는 과정이 곧 역사를 만들어 가는 과정이자 역사를 탐구하고 이해하는 과정이라고도 할 수 있다. 바꾸어 말하면, 역사를 탐구하고 역사가의 사고 과정을 밟아갈 수 있도록 하는 방안 중의 하나가 역사영화를 만들어 보도록 하는 것이라고 할 수 있다.

2) 역사영화의 특성으로 본 교육적 유용성

매체로서의 역사영화는 시각적 측면이 두드러지면서도 모든 형태의 자료를 포괄하는 종합자료로서의 특성을 갖는다. 시각적 이미지는 내용의 이해를 도울 뿐 아니라 이야기만으로 전달할 수 없는 역사의 공간적 측면, 전체적 흐름 속에서 각 사건이 위치하는 지점을 인식할 수 있도록 돕는 역할을 한다.[72] 도표, 지도 등을 포함한 다양한 형태의 자료들은 역사적 사실과 내용을 이해하도록 할 뿐 아니라 이를 탐구하고 해석하는 과정 속에서 종합적 사고력이 길러질 수 있도록 돕는 역할을 한다.[73]

따라서 학습자들은 역사영화를 통해 역사적 상황과 사건, 인간의 행동과 감정 등을 생생하게 확인하여 자신들이 알지 못하고 경험해 보지 못했던 과거를 간접적으로 경험할 수 있을 뿐만 아니라 역사적 흐름과 과거의 공간이라는 시공간적 차이를 파악하고, 다양한 형태의 자료를 통해 역사적 사실이나 내용을 이해·탐구·해석할 수 있게 된다.

서사적 구조를 가진 역사영화는 이야기(narrative)가 갖는 특성으로 인해 학습자로 하여금 흥미를 느끼게 할 뿐 아니라 역사영화 속에 재현된 과거의 사실(인물)을 보다 쉽게 이해할 수 있도록 돕는다. 과거의 시대적 상황과 맥락을 이해하고 인과관계 속에서 역사적 사건이 어떻게 전개되었는지를 이해할 수 있게 한다. 또한 역사영화 속 인물의 행동과 감정, 그를 둘러싼 상황과 조건을 명시적으로 확인할 수 있을 뿐 아니라 그 시대의 입장과 상황 속에서 역사적 인물을 바라볼 수 있게 한다. 이를 통해 역사영화 속에 나타난 역사적 사건(인물)을 평가·판단할 수 있게 되는 것이다.

역사영화의 서사가 갖는 구성적인 측면은 학습 전략적 측면에서도 유용하게 활용될 수 있다. 교사의 지원과 개입을 전제해야 하지만, 감독(제작자)

의 의도와 메시지가 잘 드러나는 역사영화는 '비판적 · 해체적 읽기'를 가능하게 하는 자료로 활용될 수 있다. 또한 역사영화가 제작되는 과정을 이해하거나 역사영화를 만들어 보도록 함으로써 역사가의 사고 과정을 따라 역사를 탐구하고 이해하는 경험을 할 수 있게 한다.

3. 역사 학습을 위한 역사영화, '역사학습영화'

역사영화는 역사적 사실과 내용을 담고 있지만, 모든 역사영화가 역사 수업을 위한 자료로 적합한 것은 아니다. 다시 말해 '무엇이 역사영화인가'에 대한 답과 '역사 학습에 적합한 역사영화는 무엇인가'에 대한 답은 다르며, 또 달라야 한다는 것이다. 따라서 '역사 학습에 적합한 역사영화'는 무엇이며, 어떤 요건을 갖추어야 하는지, 수업을 전제로 활용할 때의 유의점은 무엇인지 살펴보도록 하겠다.

1) 역사영화 수업에 대한 기존 연구의 검토

먼저 지금까지 축적된 역사교육에서의 역사영화 연구 내용을 간략히 정리해 보도록 하자.

2000년대를 전후하여 역사영화의 교육적 장단점을 파악하고, 수업의 수단으로서 역사영화의 활용 방안을 모색하려는 연구가 활발히 진행되었다. 주로 역사영화를 실제 수업이나 학습자에게 적용하여 그 효과를 검증하거나 의미를 분석하는 방식이었다. 이를 대체적인 경향성을 중심으로 살펴보면, 세 가지 정도로 구분할 수 있다.

첫 번째는 역사영화가 역사교육에 활용될 수 있는 가능성을 검토한 연구이다. 대표적으로 김민정은 영상역사의 주요 텍스트인 역사영화가 갖는 역사서술의 가능성과 한계를 살펴보고, 중층적 시간성을 갖는 영화 텍스트를 교수·학습의 텍스트로 적절하게 활용하기 위한 방안을 제언하고 있다.[74] 박순준은 역사를 소재로 삼는 영화와 역사를 쓰는 영화를 살펴보고, '역사 소비'를 위해 어떤 영화를 선택하고 어떤 교육 목적을 위하여 사용할 것인 지에 대해 이야기하고 있다.[75] 특히 부록인 한국사·동양사·서양사에 대한 최신 영화 정보는 현장 교사들에게 매우 유용한 자료가 될 것이다. 이러한 연구들은 역사영화를 이론적 차원에서 검토한 것이지만 실제 수업을 위한 기반이 된다는 측면에서 의미가 있다.

두 번째는 역사영화를 실제 수업에 적용하여 그 효과를 검증하거나 보다 나은 수업의 구성·설계 방안을 찾고자 한 연구이다. 우선 역사적 사고력의 함양에 초점을 두어 수업의 효과를 검증하고자 한 연구가 많이 이루어졌다. 최영심은 역사적 사고력의 영역 및 특성을 정리하고 이를 기르기 위한 수단 으로서 역사영화 활용의 의의, 장·단점 및 이를 통한 역사 이해가 역사적 사고력과 어떤 관계를 맺는지 밝히고 있다. 그리고 역사적 사고력을 기르기 위하여 역사영화를 주 텍스트 혹은 보조 자료로 활용한 실제 사례를 제시하 였다.[76] 김순미는 역사영화의 사료적 성격에 주목하여 역사 교재로서의 유 용성을 밝히고 이를 역사적 사고력과의 관계 속에서 살펴보았다. 특히 사료 적 특성에 초점을 맞춘 영화를 통해 역사적 사고력 가운데 역사적 탐구력과 판단력이 향상될 수 있음을 주장하고, 각 수업 모형을 제시하여 실제 수업 사례와 학생들의 반응을 통해 이를 검증하였다.[77] 이러한 연구는 역사 학습 의 자료로서 역사영화의 효과와 의의를 명확히 하고, 수업을 통해 이를 검 증하고자 하였다는 점에서 의미가 있다.

그러나 구체적으로 어떤 영화를 어떻게 활용했을 때 효과가 나타나는지 명확하게 밝히고 있지 않아서 실제 현장 수업에 적용하기가 쉽지 않다는 문제점이 있다. 이에 학습자에게 역사영화가 전달되는 과정을 자세히 밝히고 그 효과를 검증·분석하고자 한 연구가 이어졌다.[78] 뿐만 아니라 수업 효과의 검증보다는 실제 수업에 역사영화를 적용할 수 있도록 발문과 자료가 중심이 된 학습지의 개발·활용에 초점을 맞추거나[79] 수업의 구성 방안[80] 및 모형 개발을 고민한 연구[81]도 이어졌다. 수업의 효과를 검증하고 학습지를 개발·활용하고자 한 연구들은 검증의 과정이나 방법이 타당한가,[82] 학습자가 작성한 결과물을 분석한 내용이 적절한가,[83] 현장 적합도가 높은가[84] 등의 측면에서는 다소 미흡한 부분이 있지만, 역사영화의 효과를 검증하려고 한 점, 수업의 과정을 드러낸 점, 역사영화를 활용하는 목적과 수업목표를 분명히 했다는 점, 수업 과정이 체계적이어야 하며, 적절한 자료의 제공이 필요함을 보여주었다는 점에서 그 의의를 찾을 수 있을 것이다. 또한 학습자 활동 및 모형 개발에 초점을 둔 연구가 가진 한계를[85] 통해 수업 준비 및 진행 과정에서 교사가 개입하여 적절한 편집과 부연 설명, 탐구를 위한 체계적인 질문을 해야 함을 알 수 있다.

세 번째는 역사영화를 인식하고 수용하는 학습자에 초점을 맞춘 연구이다. 대표적으로 박주현의 연구는 학생들이 역사 재현의 수정 문제에 접근하는 방식을 살펴보기 위해 영화 〈10월(October)〉과 〈빨갱이들(Reds)〉의 편집된 클립을 통해 서울 및 경기 지역 중·고등학생 44명(3인 1조로 구성)을 대상으로 인터뷰를 실시하였다. 이를 토대로 학생들의 역사 지식의 형성에서 관점의 역할에 대한 생각과 역사 재현의 수정에 대한 생각이 연결된 '인식론적 지향의 지도'를 도출하였다. 그리고 역사 재현의 역사성을 탐색하는 데 유용한 역사영화를 수업에서 이용한다는 것은, 학생들로 하여금 역사 탐구에서 고정된 역사 지식을 수용하는 것이 아니라 역사적으로 전개되는 역사 재현의 변화에 주목하게 함으로써 역사적으로 사고할 수 있게 한다고 보았다.[86] 이 연구는 하나의 학습 자료로서 역사영화를 어떻게 인식하고 활용할 것인가, 또 학습자들이 역사적으로 사고할 수 있도록 하기 위해서는 역사영화를 활용한 수업이 어떻게 구성되어야 할 것인가 등에 대하여 유의미한 질문을 던지고 있다.

이상의 연구들은 많은 연구자들이 역사교육에서 역사영화의 활용 가능성에 동의하고, 이를 효과적으로 활용하기 위한 방안을 지속적으로 모색해 왔음을 보여주는 것이라 할 수 있다. 또한 역사영화가 학습자의 흥미와 학습동기를 유발한다는 점, 내러티브적 접근과 상세한 상황 묘사를 통해 역사적 상황 및 사건에 대한 이해력을 높인다는 점, 인간 행위에 대한 감정 이입적 이해 능력을 높인다는 점, 새로운 관점에서 역사를 재해석하여 역사적 사고력을 신장시킨다는 점 등에서 교육적 효과가 있음을 주장하고 있다.[87]

이러한 효과가 잘 발휘되기 위해서는 역사영화를 활용하는 수업 과정에 대한 인식 개선이 필요하다. 앞서 살펴 본 연구에서 나타난 공통적인 문제점은 역사영화의 각 장면마다 담긴 역사적 사실과 정보를 별도의 안내 없이 학습자에게 전부 전달하려고 했다는 점이다. 수업은 교사의 일방적인 전달로 이루어지는 것이 아님에도 이를 받아들이는 학습자에 대한 고려가 부족했던 것이다. 영화의 각 장면들은 대부분 많은 고증과 검증을 거쳐 탄생하기 때문에 수많은 정보가 담기게 된다. 이러한 장면들은 교사의 입장에서 꽤 매력적인 수업 자료로 여겨지겠지만 그 장면을 보여주는 것만으로 그 속에 담긴 모든 정보가 학습자에게 전달될 것이라 생각해서는 안 된다. 학습자들은 스쳐가는 장면 속에 담긴 수많은 역사적 사실을 빠르게 잡아내기 어렵고 무엇에 집중하고 무엇을 파악해야 하는지 모르는 상태에서 교사의 의도와 전혀 다른 것에 집중할 수도 있다. 가령 교사는 1930년대 일제의 식민 통치에 대응해 나가는 다양한 인물군에 대해 평가해 보도록 영화 〈암살〉을 보여주었는데, 학습자들은 멋진 배우의 모습만 감상하다 수업이 끝나버릴 수도 있다.

또한, 영화 속에 재현된 장면만으로 감정이입을 무리하게 시도하거나 당시의 제도와 사회 문화 전반에 걸친 변화까지를 고찰하도록 하는 것은 어려운 일이다. 영상 자체만으로 모든 내용을 다 소화할 수는 없기 때문이다. 영화 〈귀향〉 속에서 수 명의 조선 소녀들이 유린당하고 울부짖는 모습은 그 당시의 참상과 고통을 느끼게 하는 데 부족함이 없다. 그러나 그들이 왜 이런 고통을 당해야 했는지에 대해서는 영화 속에서 직접적으로 설명하지 않는다. 또한 영화 〈동주〉에서 고뇌하는 윤동주의 모습이나 행동하는 송몽규의 모습에서 제2차 세계 대전(태평양 전쟁)에서 일본이 자행한 만행의 원인과 당시 제도 및 구조를 파악하는 것은 어려운 일이다.

따라서 '역사영화를' 수업하는 것이 아니라 '역사영화로' 수업하기 위해서는 수업의 주제와 목표를 분명하게 설정하는 것, 역사영화를 가공·편집하고 이에 맞는 질문을 제시하여 학습자의 사고를 유도하는 것,[88] 필요한 자료를 적절하게 제공하여 학습자의 이해를 돕는 것, 수업의 과정을 체계적으로 이끌어 나갈 수 있도록 설계하는 것 등이 필요할 것이다. 그래야만 내용의 일방적 전달과 수용이 아닌 하나의 자료로서 역사영화를 활용한 역사 수업이 효과적으로 이루어질 수 있을 것이다.

2) '역사학습영화'의 개념과 요건

역사 수업에서 가장 핵심이 되는 것은 내용이고, 역사영화는 교과 내용을 담고 있는 학습 자료이기 때문에, 어떤 역사영화를 선정하느냐가 수업 설계의 가장 기초이자 관건이라고 할 수 있다. 일반적으로 수업에 활용하는 모든 교재는 적합성과 효율성을 지녀야 하며,[89] 이는 역사영화도 마찬가지일 것이다. 적합성과 효율성을 대전제로 하되, 구체적으로 어떤 역사영화가 수업에 더 적합한지에 대한 기존 연구자들의 견해부터 살펴보자.

먼저 역사영화의 내용이나 특징 등 자료 자체에 초점을 맞춰 선정 기준을 밝힌 연구들이 있다. 장지혜는 역사적인 인물, 장소, 사건들을 비교적 정확하게 묘사하거나 그 당시 사회의 시대정신과 가치관을 생생하게 전달할 수 있는 작품을 선정한 웨인스타인(Weinstein)의 사례를 소개하며 자신의 견해를 드러냈다.[90] 최영심은 기존 역사가 제대로 조명하지 못했던 과거의 문제들이나 차원을 부각시키는 영화, 이미 쟁점이 된 문제점일지라도 새로운 시각에서 바라보고 새로운 해석을 내놓은 영화, 역사학의 기본 전제들을 문제

삼는 영화, 역사적 사실성과 풍부한 상상력을 갖춘 작품에 주목할 것을 주장하였다.[91] 박순준은 교육하는 시점에서 가장 가까운 시기에 제작되고, 가능한 많은 수의 관객이 관람하여 흥행에 성공을 거둔 영화를 선택할 것을 주장하였다.[92] 김대호는 역사적 성격 및 사실과 배경을 잘 묘사하고 역사 내러티브에 충실한 영화를 상위 기준으로, 역사적 시대를 배경으로 가공의 인물을 다루거나 역사적 인물을 다루되 이야기를 새롭게 가공한 영화를 하위 기준으로 삼아 역사영화를 선정해야 하며, 인물과 시대가 모두 가공의 대상이 된 경우는 제외하여야 한다고 주장하였다.[93]

역사 수업을 전제하여 역사영화의 선정 기준을 밝힌 연구도 있다. 대표적으로 김순미는 학습 목표 달성에 적합한 영화, 학습자의 흥미와 관심을 고려한 영화, 학습자들이 시대 및 사건에 대해 사전 학습이 된 영화, 전문가에게 좋은 평가를 받은 검증된 영화, 학습자 수준에 맞는 영화를 선정해야 한다고 주장하였다.[94] 역사영화 자체의 내용이나 특성과 함께 수업과의 관련성 및 연결성을 모두 염두에 두고 역사영화를 선정하는 것이 바람직할 것이다.

이처럼 앞서 개념을 정의한 일반적인 역사영화와, 역사 수업에 활용할 수 있는 역사영화 또는 역사 학습에 적합한 역사영화는 그 범주가 다르다고 할 수 있다. 그렇다면 역사 학습에 적합한 역사영화는 어떤 요건을 갖추어야 할까?

첫째, 교육의 목적, 교육과정 및 수업 주제, 수업목표에 부합하는 내용을 토대로 한 것이어야 한다. 전체적으로 폭력·선정적이거나 판타지와 같은 지나친 허구적 설정, 비교육적인 내용은 제외되어야 한다. 그리고 역사과

교육과정과 관련하여 역사의 전반적 흐름, 중요한 사건이나 인물 등을 재조명하거나 깊이 있게 살펴볼 수 있는 내용이 적절할 것이다. 잘 알려지지 않은 사건이라도 교과 내용과 관련된다면 역사 수업에 활용할 수 있는 교육적 가치는 충분하다고 할 수 있다. 가령 영화 〈작은 연못(2010)〉은 학습자들에게 잘 알려지지 않은 '노근리 사건'을 토대로 제작되었지만, 학습자들이 교육과정 상 중요하게 배우는 한국전쟁과 그 속의 민간인 학살을 다루기 때문에 학습 자료로 유용하다고 할 수 있다.

둘째, 학습자의 수준, 흥미와 관심 등이 고려된 것이 좋을 것이다. 이를 가늠하는 것은 어려운 문제이지만, 일반적으로 최신의 영화나 많은 이의 공감을 얻어 흥행에서 성공을 거둔 작품은[95] 학습자의 흥미와 관심을 충족할 수 있을 것이라 보아도 무방할 것이다. 또한 최신의 영화는 자료를 취득 · 가공하는 교사의 입장에서도 효율적이라 할 수 있다.

셋째, 다양한 관점에서 논의하거나 평가할 수 있는 내용을 담고 있는 것이 좋을 것이다. 역사영화를 단순히 소비하기 위하여 수업에 활용하는 것이 아니기 때문에 학습자의 사고를 유도하기 위한 다양한 쟁점을 가진 내용이나 소재 등을 가진 것이 적절할 것이다.

넷째, 역사적 핍진성과 역사적 개연성이 높아야 할 것이다. 역사 학습에 적합한 역사영화는 '영화'라는 매체보다 '역사'라는 내용에 더 초점이 맞추어져야 하며, 이때 역사적 핍진성과 역사적 개연성이 핵심 요건이라고 할 수 있다.

우선 역사적 핍진성이 의미하는 바를 살펴보자. 문학에서 주로 사용되는 핍진성(逼眞性, verisimilitude)은 외견상 사실적이거나 진실해 보이는 정도나 질, 어떤 사건들이나 이야기가 그럴듯하게 받아들여지는 것[96]을 의미하며, 작품 속 인물의 말과 행동 등이 갖는 사실적인 실감과 관련된다.[97] 아주 사실적으로 묘사되거나 장면 자체의 재현에서 오는 실재감이나 리얼리티, 개인의 서사적 능력, 한 사회 공동체가 공유하고 있는 관습 등에 의해 이야기가 그럴듯하게 받아들여지는 것이다.[98] 역사영화가 그럴듯하게 사실적으로 수용되기 위해서는 과거의 상황과 당시의 인물을 묘사·재현하는 것이 역사적 사실에 근거하여야 한다. 역사에서 역사가의 주관성을 완전히 배제할 수는 없지만, 역사가는 항상 오류와 왜곡을 경계하고[99] 증거와 흔적을 토대로 과거의 상(像)과 변화 모습을 밝히기 위해 노력한다. 이러한 과정을 거쳐 과거에 실제로 존재했던 사실에 가장 가깝게 재현하는 것이 '역사적 핍진성'이다.

역사 학습을 위한 역사영화는 역사적 핍진성이 높아야 한다. 역사적 핍진성이 높아지기 위해서는 사실에 기초한 객관적 실체의 규명, 끊임없는 내외적 비판에 의한 정확한 자료의 활용 및 논리적 명료성 등에 토대[100]를 두어야 한다. 조선 전기의 전투에서 조총이 사용된다거나 역사적 인물의 성별을 뒤바꾼 역사영화를 핍진성이 높다고 할 수는 없다. 철저한 고증을 통해 과거의 상황과 인물에 대해 '사실에 가깝게' 재현하여야 역사적 핍진성이 높다고 할 수 있다. 따라서 같은 소재의 역사영화라 하더라도 역사적 핍진성의 정도 차이는 현저할 수 있다.

그러나 '핍진성=객관성'이라는 의미는 아니다. 영화를 통해 과거를 완벽하게 복원하거나 있었던 그대로 재현한다는 것은 사실상 불가능하다. 과거를 보여주는 사료는 충분치 않으며, 사료가 있더라도 피지배층을 비롯하여 중요도가 낮다고 여겨지는 인물이나 사건은 잘 드러나지 않는 경우가 많다. 역사영화는 이러한 빈 공간을 창조해낸다. 따라서 영화 속 인물이 실존 인물이 아니거나 역사영화 속 에피소드가 창조된 허구의 사건이라 하여 핍진성이 낮은 것은 아니다. 우리가 주목해야 할 것은 새로운 관점, 창조된 허구를 통해 당시의 사회나 시대상이 얼마나 잘 구현되었느냐이다. 즉 인물이나 사건의 실재·진위 여부 뿐 아니라 재현된 시대나 상황, 인물들이 얼마나 그 당대의 시대적 특성을 잘 반영하는지가 역사적 핍진성을 가늠한다는 것이다.

가령 영화 〈황산벌〉에는 계백, 김유신을 비롯한 실존 인물들 외에 '거시기'로 대표되는 수많은 병사들이 중요한 비중으로 등장한다. 그들의 실존 여부나 행위를 고증·확인할 수 없다고 하여 역사영화 속에 재현된 그들의 모습이 역사적이지 않다고 단언할 수는 없는 것이다. 이는 2017년 말 개봉한 영화 〈1987〉에서도 마찬가지이다. 가상의 인물인 '연희'나 그의 친구 '정미'의 모습이나 생각이 그 당시 대학생들의 모습이 아니었다고 말할 수 있을까? 허구를 통해 역사성을 보여줄 수 있다면 이는 잘 만든 영상물이며, 영상물 전체가 가진 방향성과 시대상의 표현에 주목해야 할 것이다.[101] 이처럼 역사영화가 과거를 있었던 그대로 잘 고증했는지도 중요하지만, 기계적 고증이 아닌 역사영화가 말하고자 하는 핵심을 놓치지 않는 것[102]도 역사적 핍진성의 중요한 한 부분인 것이다.

역사 학습에 적합한 역사영화가 가져야 할 또 하나의 요건은 역사적 개연성이다. 개연성(蓋然性)은 사건이 현실화될 수 있는 확실성의 정도 또는 가능성의 정도를 말한다. 즉 작품 속의 내용이 실재했음의 근거는 없지만 현실화될 수 있거나 참이 될 수 있는 가능성이 있는 것을 말한다.[103] 영화와 역사, 그리고 역사영화는 모두 이야기의 완결성을 갖추기 위해 상상력이 발휘된다. 작가의 상상력이 무한히 발휘되는 영화와 달리, 역사나 역사영화는 사료에 기반을 둔다. 그러나 사료 자체가 불완전하거나 부족하기 때문에 사료와 사료 사이의 비어 있는 부분을 채우기 위한 역사적 상상력이 필요하다. 이때 역사가의 상상력은 사료의 부족이나 결핍에 대해서 분명히 밝히고, 역사적 자료에 빠져 있거나 명백히 나타나 있지 않은 의미를 파악하는 것이자, 새로운 증거, 새로운 해석, 혹은 다른 관점으로 당시 상황의 다양한 측면에 비추어 해석하는 과정이다.[104]

그에 비해 역사영화 제작자(감독)의 상상력은 실제 사실과 과거의 상황에 토대를 두면서도, 실존하지 않은 인물이나 사건이 내러티브를 구성하기도 하고 검증되지 않은 사실이 이야기와 이야기 사이를 채우기도 한다. 실존하지 않은 인물이란 실존 인물을 모델로 한 가상의 인물이 재현되거나, 확인되지 않았지만 그 시대에 있었을 법한 전형적인 인물, 완전한 허구의 인물 등이 창조된 경우를 말한다. 실제로 일어나지 않은 사건이란 그 시대에 일어났을 법한 사건이나 실제 사건이 약간 비틀린 채로 재해석되어 재현되거나, 검증되지 않은 내용 혹은 완전한 허구의 사건이 창조되어 삽입되는 경우 등을 말한다.

이러한 실존하지 않은 사건(인물)이 개연성을 갖추어야 역사영화의 완결성은 높아지게 된다. 그리고 역사 학습을 위한 역사영화가 가져야 할 개연성은 당시의 상황과 역사적 사실이라는 맥락 속에서 재현되고 창조되는 '역사적 개연성'이어야 한다. 역사적 핍진성이 재현된 과거의 상황이 얼마나 실제적이고 역사적이냐에 초점을 둔 것이라면, 역사적 개연성은 이야기의 흐름이 얼마나 역사적이냐에 초점을 둔 것이라 할 수 있다.

역사적 핍진성과 역사적 개연성이 높은 역사영화가 역사 학습에 유용하며, 역사 학습을 위해서는 역사적 핍진성과 역사적 개연성이 높은 내용과 장면을 중심으로 역사영화를 편집 · 가공하는 것도 필요하다. 가령 영화〈귀향〉의 경우 할머니가 된 영희와 소녀 은경이 중심이 된 현재 시점의 이야기보다는 정민과 소녀들이 중심이 된 1943년 무렵의 이야기를 중심으로 편집하는 것이 역사적 핍진성과 역사적 개연성이 높아 역사 학습에 더 적합하다고 할 수 있다. 또한 수업 시수와 수업 시간이라는 현실적 제약, 수업목표와의 관련성 등을 고려할 때 역사영화를 편집 · 가공하는 것은 역사영화의 활용도를 높일 수 있는 방안의 하나라고 할 수 있다.

그런데 과연 편집 · 가공한 영화를 역사영화로 볼 수 있느냐는 문제가 제기될 수 있다. 이는 역사영화를 1차 사료로 활용하는 경우, 즉 '역사가 되는 영화'를 자료로 활용할 경우에는 충분히 타당한 지적이다. 일부 연구자들은 역사영화를 짧은 장면을 중심으로 편집한 경우 '(영화 또는 영상) 클립'이라는 용어를 사용한다.[105] 영화의 일부를 잘라내어 장면이 중심이 된 경우를 클립이라고 할 때 편집된 영화를 역사영화로 볼 수 없다는 지적은 충분히 제기될 수 있는 것이다.

그렇다면 영화의 정의부터 다시 생각해보자. 사전에서는 영화를 '일정한 의미를 갖고 움직이는 대상을 촬영하여 영사기로 영사막에 재현하는 종합 예술'이라고 정의한다.[106] 러시아의 감독 푸도프킨(V. I. Pudovkin)은 영화가 촬영된다는 생각은 전적인 오류로서, 영화는 촬영되는 것이 아니라 조립된다고 보았다. 영화는 그 소재인 셀룰로이드 조각을 조립함으로서 구축되는 것이며, 히치콕은 "스크린은 새롭게 주조된 자신의 언어로 말할 수 있어야 하며, 그러기 위해서는 촬영된 각각의 장면을 분해 가능한 조각의 소재로 취급하고 또 그것을 이용하여 하나의 의미심장한 시각적 패턴을 직조해내지 않으면 안 된다."고 하여 편집의 중요성을 강조하였다.[107] 그 편집이 '일정한 의미'를 갖도록 해주는 작업인 것이다.

뿐만 아니라 영화의 모든 요소는 테마의 전개에 따른 일련의 양식과 극적 국면으로 펼쳐지기 때문에 테마가 영화의 가장 기본 인자라고 할 때, 가장 많은 유형의 영화가 연속적인 사건의 구성 자체, 즉 플롯이 테마인 경우가 많다.[108] 서사적 특성이 강한 영화 속의 이야기는 실제 역사적 사건과 달리 분명한 시작과 끝이 있다. 이야기가 시작할 때 갈등이 시작되고 이야기가 전개되면서 갈등은 정교·복잡해지며 갈등이 해결되면서 이야기도 마무리된다. 이러한 일련의 과정을 이야기의 '리듬'이라고 부른다.[109] 이 '리듬'에 어울리지 않는 내용, 즉 처음에 설정된 갈등 해결과 무관한 내용은 배제되어야 응집력 있는 이야기가 될 수 있다.[110]

편집을 거쳤다 하더라도 그 플롯이 '일정한 의미'를 지니고 있다면, 그리고 역사영화의 이야기 리듬을 훼손하지 않도록 편집이 되었다면, 이를 영화가 아니라고 말할 수 있을까? 이러한 내용에 대한 고려 없이 편집·가공의 여부만으로 역사영화이다, 아니다를 말할 수는 없을 것이다.

이상의 논의를 종합할 때, 역사 학습에 적합한 역사영화는 역사적 배경과 역사적 인물을 토대로 역사적 맥락 안에서 구성된 영화 가운데 역사적 핍진성과 역사적 개연성이 높아 역사 학습에 유용한 역사영화라고 정의할 수 있으며, 전체 영화 뿐 아니라 일정한 편집·가공을 거친 영화까지 모두 포괄한다고 할 수 있다. 이를 일반적인 역사영화와 구분하여 '역사학습영화'라고 명명하겠다.

이제까지는 무엇이 역사영화이며, 그 범주에 포함되는 영화는 무엇인가에 대한 이견과 대립이 끊임없이 이어져왔다. 그래서 필자는 역사영화 자체에 주목하기 보다는 역사교육에서, 역사 학습을 위한 자료의 하나로서, 역사영화를 보다 효과적으로 활용하는 방안은 무엇인가에 집중하기 위하여 '역사학습영화'의 개념을 정의하고 그 요건을 확인하였다. 이제 현장의 역사 수업에 초점을 두어 '역사학습영화'의 효과적 활용 방안을 모색해 보도록 하자.

4. 역사영화의 유형화와 활용

1) 유형화의 필요성과 과정

역사 수업에서 역사영화를 활용하려면 '역사학습영화'인지 아닌지의 여부를 확인해야 하고, 이를 위해서는 해당 역사영화의 내용에 대한 정보 파악이 선행되어야 한다. 무수한 역사영화 가운데 특정 영화가 어느 시대를 배경으로 어떤 사건(인물)을 다루는지는 금세 확인할 수 있다. 하지만 사건(인물)을 어떤 방식으로 다루는지, 과거의 모습이 얼마나 사실적이고 개연성 있게 그려졌는지 여부는 역사교사가 전체 역사영화를 모두 보아야 확인할 수 있다.

한국사를 소재로 한 역사영화는 시기적으로 조선시대 이후가 거의 대부분을 차지하며, 전쟁이나 민주화 운동 등을 소재로 한 경우가 많다. 같은 사건이나 인물을 다루는 경우가 1~2편 이하인 경우도 있지만, 대체적으로는 소재가 중첩되며, 같은 소재라도 접근하는 내용이나 관점에서 차이를 나타내는 경우가 많다. 가령 한국전쟁을 소재로 한 역사영화를 살펴보면, 전쟁의 전체 흐름에 초점을 맞춘 영화, 전쟁 과정 중 특정 시점에 발생한 사건에 초점을 맞춘 영화, 실재한 사건 또는 인물의 활동에 초점을 맞춘 영화 등 그 내용과 구성이 다양하다. 그리고 남과 북을 선악의 구도 속에서 바라보는 영화가 있는가 하면, 전쟁 속에서 남북의 민중 모두가 피해자가 될 수밖에 없다는 관점에서 만들어진 영화도 있다.

그래서 시대나 소재의 일치만으로 수업과의 적합성을 논의하기는 어려우며, 이러한 방식으로 역사영화를 선택해서는 기대한 수업 효과를 거두기 힘들 수 있다. 따라서 역사영화가 역사적 사건(인물)을 다루는 방식과 관점에 대한 이해까지 함께 이루어져야 하며, 이로 인해 수업에 적합한 '역사학습영화'를 찾는 과정은 물리적인 노력이 많이 요구된다. 그렇기 때문에 시대와 소재를 중심으로 한 역사영화의 내용, 이야기를 풀어가는 방식과 관점 등이 비슷한 역사영화를 유형별로 묶어 분류하게 되면 이러한 절차와 과정을 보다 효율적으로 수행할 수 있을 것이다.

역사영화를 분류하는 기준은 다양하다. 영화진흥위원회 홈페이지에서는 영화를 액션, 드라마, 스릴러, 애니메이션, 전쟁 등 장르별로 분류하고 있다. 기존 연구자들이 사용하는 가장 흔한 방법은 역사영화의 배경이 되는 시대 또는 역사영화가 제작된 시기를 기준으로 나누는 것이다.[111] 전자는 역사영화의 내용 자체에 초점을 맞춘 것이고, 후자는 영화에 영향을 미친 사회 · 역사적 상황에 초점을 맞춘 것이다. 장르, 시대적 배경, 제작 시기 등에 따른 구분 방식은 영화를 쉽게 분류할 수 있도록 하지만, 각 역사영화의 사건(인물)이 가지는 역사적 특성을 고려하지 않아 수업에 활용할 때에는 어려움이 따른다.

이를 보완하여 역사영화를 역사적 사건(인물)의 실재성과 허구성에 초점을 두어 실재 역사물, 가상 역사물, 실재 · 가상 역사물 등으로 분류한 연구가 있다.[112] 대부분은 이 세 가지 범주 안에 포함될 수 있지만, 세분화된 분류 기준이 제시되지 않아 막상 역사영화를 분류할 때 셋 중 어디에 포함시켜야 할지 판단하기 어렵다. 더구나 이렇게 분류된 유형이 수업에 어떤 효과와 영향이 있는지도 언급되지 않아 아쉬움이 있다. 따라서 수업의 계획·준비 단계에서 보다 손쉽게 '역사학습영화'를 활용할 수 있도록 역사영화의 유형을 나누고 분류 기준을 제시하는 작업이 필요할 것이다.

역사영화 분류의 기본적인 기준은 역사영화의 개념에서 출발해야 할 것이다. 즉 역사적 사건(인물)의 실재성과 허구성이라는 큰 틀 위에 〈표 1〉 역사영화의 개념에 포함되는 7가지 요소를 토대로 분류하는 것이다.[113] 우선 역사적 배경의 ① 역사성과 ② 시대성, 역사적 인물의 ③ 실존성, ④ 가상성, ⑤ 혼합성, 그리고 역사적 맥락의 ⑥ 사(史)실성, ⑦ 창조성 등 7가지 요소를 조합하면 나올 수 있는 경우의 수가 〈표 2〉와 같이 총 12가지이다.

〈표 2〉 역사영화의 분류시 발생 가능한 경우의 수

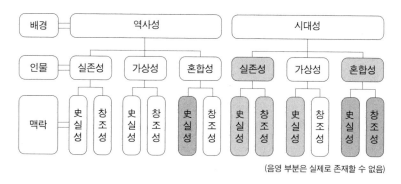

(음영 부분은 실제로 존재할 수 없음)

그러나 배경 영역에서 불분명한 시대적 상황만을 차용한 경우(배경-시대성)에는 인물 영역에서 '실존성', '혼합성', 그리고 맥락 영역에서 '사(史)실성'은 존재할 수 없다. 그리고 특정 시대나 사건을 배경으로 한 경우(배경-역사성)에 인물에서 '가상성'을 내세워도 역사적 사건에 초점을 맞추고 그 시대에 존재했을 법한 전형적인 인물을 통해 이야기를 전개해 나갈 경우 '사(史)실성'이 부여될 수 있지만, 이야기를 이끌어 나가는 핵심 인물이 실존 인물과 가상 인물이 혼합된 경우(인물-혼합성)에는 역사적 사실과 맥락을 같이 하는 줄거리는 존재하기 어렵다. 따라서 〈표 Ⅱ-2〉에서 실제로 존재할 수 있는 역사영화 유형의 경우의 수는 〈표 3〉과 같이 모두 6가지가 된다.

〈표 3〉 실재 가능한 역사영화 유형의 경우

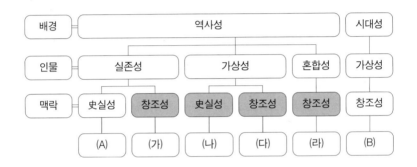

〈표 3〉에서 가장 왼쪽에 위치하는 '역사성-실존성-사(史)실성'에 해당하는 역사영화 (A)는 과거의 특정 사건(인물)에 대하여 조사하고 분석한 내용을 바탕으로 실제 역사적 사실이나 당시의 모습을 거의 동일하게 재현한 것이다. 흥행을 목적으로 하는 상업 영화와는 달리 당대의 일을 그대로 영상화한 일종의 기록영화나 다큐멘터리 등이 여기에 해당하며, 그 자체로 역사 서술이 가능한 사료적 가치가 높은 영화를 말한다. 대표적인 예로, 일본군 위안부를 소재로 한 〈끝나지 않은 전쟁(2008)〉이나 〈낮은 목소리(1995)〉 등

이 있다.[114] 이러한 유형의 영화를 기존의 다큐멘터리의 현장성과 기록성이라는 특징과 함께,[115] 역사적 사건이나 인물에 대한 재현에 초점을 둔 역사영화라는 측면을 부각시키기 위해 '다큐형' 역사영화라고 명명하겠다.

'다큐형' 역사영화는 배경, 인물, 줄거리로 구분지어 하나로 유형화하기에는 다소 무리가 있다. 그보다는 감독이나 제작자의 관점과 의도에 따라, 그리고 다루는 주제에 따라 세분화될 수 있다. '다큐형' 역사영화는 그 속에 담고 있는 실제적인 역사적 사실을 파악하거나 역사영화가 제작된 시대적 상황이나 사회 모습을 파악하는 데 유용하다고 할 수 있다. 그러나 학습자가 '다큐형' 역사영화를 비판적 시각으로 바라보기 위해서는 고도의 사고력과 통찰력이 요구되며, 역사영화의 내러티브와는 다른 방식으로 전개되는 경우가 많아 흥미나 몰입도가 떨어질 수 있다. '다큐형' 역사영화는 일반적인 역사 수업의 주제보다 깊이 있고 심화된 내용을 다루는 데 적합하며, 이때 관련된 사실에 대한 교사의 전공 지식이 매우 중요할 것이다.

〈표 3〉에서 가장 오른쪽에 위치하는 '시대성-가상성-창조성'에 해당하는 역사영화 (B)는 이야기의 흐름 속에서 극적 장치로서 과거라는 시간적 배경이나 시대적 상황만을 빌려 온 것이 대부분이다. 이에 '차용형' 역사영화라고 명명하겠다. 이 중에는 구체적으로 밝히지는 않지만 일제 강점기나 남북의 분단 현실 등 실제 역사의 어느 한 시점을 연상시키거나 모티브를 따 온 경우,[116] 과거의 사건을 새로운 관점에서 해석하고 바라보는 경우[117] 등이 포함된다.

'차용형' 역사영화를 역사영화로 볼 수 있을 것인가에 대해서 논란이 있을 수 있지만 앞서 제시한 개념 정의에 따르면 이 역시 역사영화에 포함될 수 있다. '차용형' 역사영화의 경우 학습자의 동기를 유발하거나 주제를 환기할 때 주로 활용할 수 있다. 일부 영화의 경우 당시 모습이나 상황을 철저한 고증을 거쳐 재현한 장면이 있어 이를 활용할 수도 있다. 가령 〈궁녀(2007)〉에 나오는 '쥐부리 글려'는 실제로 섣달그믐 밤 궁궐에서 궁녀들의 입과 행동을 단속하려는 취지에서 행해진 행사였고, 〈모던보이(2008)〉에서 1930년대 경성의 모습이나 새로운 문물에 동조하고 최첨단 유행을 추구하는 모던보이, 모던걸의 모습을 보여주는 것 등이 이에 해당한다.[118]

'다큐형'과 '차용형' 역사영화 사이에 존재하는 역사영화 (가)~(라) 유형의 경우, 영화의 큰 줄기를 형성하는 중심인물과 주요 사건을 중심으로 살펴보면, 모두 과거의 특정한 시대나 역사적 사건을 배경으로 한다. (가)는 실존 인물들이 이야기의 전개 과정을 이끌어 나가되, '다큐형' 역사영화와 달리 새롭게 창조된 허구적 요소를 일부 개입시키거나 새로운 관점에서 역사적 사실을 바라보도록 하는 역사영화이다. (나)는 실존 인물을 모델로 했거나 그 시대에 존재했을 법한 전형적인 가상의 인물이 이야기를 이끌어 나가되, 실제 역사적 사건의 흐름과 그 맥락을 거의 동일하게 재현한 것이다. (가), (나)는 우리가 알고 있던 역사적 사실이나 인물에 대해 허구적 요소가 개입되기는 하나, 큰 틀에서는 역사적 사실에서 벗어나지 않고 당시 사건이나 인물을 재현하는 데 초점을 두었기 때문에 함께 묶어 '재현형' 역사영화라고 명명하겠다.

(다)는 그 시대의 전형성을 보이는 가상의 인물이, (라)는 실존 인물과 가

상의 인물이 함께 이야기를 이끌어 나간다는 차이는 있지만, (다), (라) 모두 역사적 사건을 바탕으로 새롭게 창조된 허구적인 이야기를 통해 기존의 역사적 사건과 인물을 새롭게 바라보도록 하는 역사영화이다. (다), (라) 모두 이야기의 중심이 인물에 있기 때문에 '인물 창조형' 역사영화라고 명명하겠다.

이상의 내용을 정리하면 〈표 4〉와 같이 역사영화를 크게 '다큐형', '재현형', '인물 창조형', '차용형' 역사영화의 4가지 유형으로 나눌 수 있다.

〈표 4〉 역사영화의 4가지 유형 분류

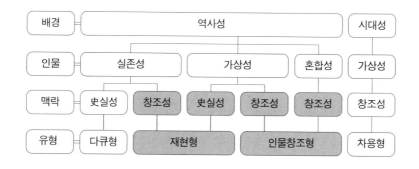

2) 유형에 따른 역사영화의 분류

역사영화를 활용한 수업이나 수업의 준비 과정은 경제성으로만 본다면 비효율적인 편이라고 할 수 있다. 수업 준비 과정에서의 비효율성을 보완하고 역사교사들이 '역사학습영화'를 파악하고 수업에 활용하는 데 있어 약간이나마 도움이 될 수 있도록 개봉된 역사영화를 4가지 유형에 따라 분류해 보고자 한다.

분류 기준은 시대구분과 4가지 유형을 기본으로 하되, 내용 적합성과 효율성을 함께 고려하였다. 수업에서 가장 기본이 되는 것은 교육과정이며, 교육과정에서 완전히 벗어난 내용을 수업하기는 어렵다. 따라서 역사영화의 소재(내용)가 교육과정의 내용을 포함하는가라는 내용 적합성이 고려되어야 할 것이다. 따라서 교육과정에서 제시하는 시대와 핵심 소재를 내용 분류의 기준으로 삼았다. 이때 청소년 관람불가 등급의 영화는 제외하였으나, 일부 역사영화는 핍진성이 높아 교사의 지도에 따라 활용 여부를 고려해 볼 수 있을 것이다.[119]

또한 교재는 효율적이어야 하며, 교사가 쉽게 구하고 사용할 수 있는가라는 편의성과 경제성이 그 핵심일 것이다. 이에 현실적으로 자료를 구하기 용이한 2000년대 전후에 개봉된 역사영화로 분류 대상을 한정하였다. 다만 현재 인터넷 다운로드나 DVD 구매를 통해 자료 수집이 가능하고 수업에의 활용도가 높다고 판단되는 경우는 2000년대 이전에 제작·개봉되었어도 목록에 포함시켰다. 목록에 포함될 역사영화에 대한 정보는 영화진흥위원회의 통계를 기본으로 하되,[120] 박순준과 이종승의 연구를 참고하였다.[121]

〈표 5〉는 '역사학습영화'를 보다 쉽게 파악하기 위한 1차적 거름망으로서, 교육과정에 부합하는 소재이면서 현실적으로 구할 수 있는 역사영화를 대상으로 역사영화의 7가지 요소, 즉 역사성, 시대성, 실존성, 가상성, 혼합성, 사(史)실성, 창조성만을 기준으로 분류한 것이다.

〈표 5〉 시대·주제 및 유형별 역사영화 분류표(2000년 전후~2019년)

시기	핵심 소재[122]	역사영화 유형			
		다큐형	재현형	인물창조형	자유형
고대	삼국, 통일		황산벌(2003), 평양성(2011), 안시성(2018)		
	남북국 시대			천년호(2003), 무영검(2005)	
중세	무신 정권				협녀 칼의 기억(2015)
	대몽 항쟁			무사(2001)	비천무(2000)
근세	조선 전기			왕의 남자(2005), 황진이(2007), 신기전(2008), 나는 왕이로소이다(2012), 관상(2013), 임금님의 사건수첩(2017)	해적: 바다로 간 산적(2014), 물괴(2018)
	왜란과 호란		명량(2014), 구르믈벗어난달처럼(2010), 남한산성(2017)	최종병기 활(2011), 광해 왕이 된 남자(2012), 대립군(2017)	청풍명월(2003), 천군(2005), 조선마술사(2015)
	조선 후기		사도(2015)	영원한 제국(1995), 군도: 민란의 시대(2014), 역린(2014), 궁합(2018)	귀천도(1996), 형사(2005), 조선 명탐정: 각시투구꽃의 비밀(2011), 바람과 함께 사라지다(2012), 상의원(2014), 조선 명탐장: 사라진 놈의 딸(2015)
	사상과 문화				춘향뎐(1999), 봉이 김선달(2016), 흥부: 글로 세상을 바꾼 자(2018)

시기	핵심 소재[122]	역사영화 유형			
		다큐형	재현형	인물창조형	차용형
근대	개항과 개화		취화선(2002), 불꽃처럼 나비처럼(2009), 도리화가(2015), 고산자 대동여지도(2016), 명당(2018)		
	근대 국가 수립	로스트 엠파이어(2009)	이재수의 난(1999)	가비(2012)	그림자 살인(2009)
	국권 수호 운동		도마 안중근(2004), 대장 김창수(2018)	YMCA 야구단(2002)	한반도(2006), 2009 로스트 메모리즈(2002)
일제 강점기	1910년대		덕혜옹주(2016), 항거: 유관순 이야기(2019), 자전차왕 엄복동(2019)		
	1920년대		청연(2005), 밀정(2016)	아리랑(2003), 대호(2015)	
	1930~40년대	낮은 목소리(1995~1999), 귀향 들리지 않는 이야기(2017)	마담의 과이터(2004), 동주(2016), 귀향(2016), 박열(2017), 말모이(2019)	마이웨이(2011), 암살(2015), 경성학교: 사라진 소녀들(2015), 해어화(2016), 군함도(2017), 눈길(2017)	모던보이(2008), 라디오 데이즈(2008), 다찌마와 리(2008), 원스 어폰어타임(2008), 좋은놈 나쁜놈 이상한놈(2008)
현대	대한민국 수립	태극기(1997, 1999), 비념(2013), 지슬(2013)		이름다운 시절(1998)	
	6·25 전쟁		작은 연못(2010), 포화 속으로(2010), 오빠생각(2016), 인천상륙작전(2016)	태극기 휘날리며(2004), 웰컴 투 동막골(2005), 고지전(2011), 서부전선(2015), 수상기즈(2018)	손님(2015)
	민주화 운동 (이승만 정권)			하류인생(2004), 효자동 이발사(2004)	
	(박정희 정권)	유신의 추억: 다카키 마사오의 전 성시대(2012)	실미도(2003), 그때 그 사람들(2005)		
	(전두환 정권)	명성, 그 6일의 기록(1997)	화려한 휴가(2007), 변호인(2012), 남영동 1985(2012), 택시운전사(2017), 1987(2017)	보통사람(2017)	26년(2012)

시기	핵심 소재[122]	역사영화 유형			
		다큐형	재현형	인물창조형	차용형
현대	경제, 사회·문화		아름다운 청년 전태일(1995), 역도산(2004), 고고70(2008), 코리아(2012), 국제수사(2015), 세시봉(2015), 마약왕(2018)	님은 먼 곳에(2008), 국제시장(2014),	살인의 추억(2003), 웰포인트(2004), 허삼관(2015)
	남북 관계	순환(2003)	선택(2003), 연평해전(2015)	DMZ 비무장지대(2004)	쉬리(1999), 간첩 리철진(1999), 공동경비구역 JSA(2000), 흑수선(2001), 태풍(2005), 국경의 남쪽(2006), 의형제(2010), 무적자(2010), 강철비(2018)
	현대 세계(1990년대 이후)	독도의 영웅들(2016), 노무현입니다(2017), 공범자들(2017), 그날 바다(2018)	부러진 화살(2012), 집으로 가는 길(2013), 히말라야(2015), 재심(2017), 암수살인(2018), 공작(2018), 허스토리(2018)	더킹(2017), 국가부도의 날(2018)	괴물(2006), 그들 목소리(2007), 우리 생애 최고의 순간(2008), 국가대표(2009), 소수의견(2015), 판도라(2016), 아이캔스피크(2017), 범죄도시(2018)

〈표 5〉에서 역사적 사건(인물) 자체에 초점을 맞춘 '재현형' 역사영화에 비해 '인물 창조형' 역사영화는 주요 인물이나 에피소드에서 허구적인 요소가 부각되는 측면이 강하다. 그래서 마치 전자는 더 역사적인 것처럼, 후자는 덜 역사적인 것처럼 느껴질 수도 있다. 그러나 어떤 역사영화가 더 역사적인가, 혹은 '역사학습영화'로 적합할 것인가를 판별하는 것은 소재의 실재성 여부보다는 역사적 핍진성과 역사적 개연성의 정도에 달려있다고 할 수 있다. 핍진성이 높은 '인물 창조형'이나 '차용형' 역사영화가 핍진성이 낮은 '재현형' 역사영화보다 더 역사적일 수 있다. 따라서 단순히 '다큐형' 역사영화에서 '차용형' 역사영화로 갈수록 덜 역사적이라 생각해서는 안 될 것이다.

3) 유형별 역사영화의 활용 방안

각 유형의 역사영화는 어떤 목적으로 사용될 때 가장 효과적일까? 수업의 목적[123]에 따른 유형별 역사영화의 적합도를 살펴보도록 하자.

첫째, 특정 사건(인물)이나 주제에 대해 소개하거나 일부 장면을 보여줌으로써 동기를 유발하고 학습자의 관심을 환기시키기 위해 역사영화를 사용하는 경우이다. 이는 유형에 관계없이 사용할 수 있으며 가장 많이, 그리고 손쉽게 활용할 수 있는 방법이다.

둘째, 교사의 설명이나 강의식 수업을 보완하기 위하여 역사영화를 사용하는 경우로, 주로 재현된 일부 장면을 보여주는 방식이다. 이때 재현된 역사적 사건이나 당시의 상황이 얼마나 철저히 고증되었는지를 확인하는 것이 중요하다. 이 역시 유형에 관계없이 사용할 수 있기는 하나, 영화에서 역사적 핍진성이 높은 장면을 선별하는 것이 필요하다. '차용형' 역사영화의 경우 앞에서 언급한 〈모던보이〉나 〈궁녀〉의 사례 외에도 〈미인도〉에 나온 김홍도와 신윤복의 그림, 〈혈의 누〉에서 묘사한 황사영 백서사건, 〈스캔들: 조선남녀상열지사〉에서 여주인공이 천주교 집회에서 예배하는 모습 등을 활용할 수 있다.

셋째, 주요 사건(인물)을 인과적 흐름 속에서 파악하기 위해 역사영화를 사용하는 경우이다. 이에 적합한 유형은 전체적인 이야기의 흐름이 역사적 사건의 시간적 흐름과 맥을 같이 하고 있는 '재현형' 역사영화이다. 이러한 방식으로 역사영화를 활용할 때에는 역사적 핍진성이 높은 장면을 중심으로 이야기 속의 잔가지들을 제거하는 작업이 필요하다. 즉 주인공을 둘러싼 주변 인물들 중 역사적 중요성이 떨어지거나 가상의 인물에 대한 내용, 창조된 허구의 에피소드, 고증이 잘못된 장면 등은 이야기 리듬을 저해하지 않는 선에서 제거하는 것이 좋다. 역사영화로 인한 오개념이 생기지 않도록 사전·사후 학습을 실시하거나 교육과정보다 심화된 내용이 있을 경우[124] 부연 설명을 통한 보완 작업이 병행되어야 할 것이다.

넷째, 당시의 상황과 그 시대의 특징적 모습을 파악하기 위해 역사영화를 사용하는 경우이다. 이는 내러티브와 관련 없이 재현된 장면만을 사용하는 두 번째 경우와 달리, 내러티브 속에서 인물의 행위나 결정을 통해 당시의 상황을 맥락적으로 이해하는 것이다. 가령 〈역린〉에서 보이는 정조의 모습, 정순왕후와 정조의 갈등, 정순왕후와 혜경궁의 갈등을 묘사한 장면 등을 통해 당시의 정치적 상황을 파악할 수 있다. 또한, 〈화려한 휴가〉 속 등장인물의 행동을 통해 평범한 시민들이 총을 들고 나설 수밖에 없었던 당시의 정치·사회적 상황을 이해할 수 있게 되는 것이다. 따라서 이러한 방식에 적합한 유형은 실존이든 가상이든 인물을 중심으로 이야기를 이끌어나가는 '재현형'과 '인물 창조형' 역사영화라고 할 수 있다.

다섯째, 당시 사람들의 생각과 감정을 이해하고 인물의 행위와 그 이유를 추론하기 위하여 역사영화를 사용하는 경우이다. 영화와 선행지식을 토대로 당시의 상황이나 주변 인물과의 관계를 통해 행위의 이유나 목적, 동기를 추론해 볼 수도 있고, 인물에 대한 감정이입을 통해 당시 사람들의 생각이나 감정을 추론할 수도 있다. 예를 들면 〈역린〉에서 세손 시절부터 끊임없이 이어진 암살의 위협이나 탕평정치를 펼쳐야만 했던 당시 정치적 상황 등을 통해 정조가 몰래 체력단련을 하거나 주변 사람들을 믿지 못하는 이유를 추론할 수 있다. 〈화려한 휴가〉에서 평범한 시민 민우나 고등학생 진우의 감정과 상황에 공감하면서 5·18 민주화 운동 당시에 광주 시민들이 가졌을 생각이나 감정을 이해할 수 있고, 영화에서 다루지 않은 내용을 추론하거나 당시의 분위기를 상상해 낼 수 있다. 이 경우에도 인물에 초점을 맞춘 '재현형'과 '인물 창조형' 역사영화가 적합할 것이다.

넷째와 다섯째의 경우 각 장면의 고증이 얼마나 철저한지, 역사적 오류는 없는지의 문제보다는 전체적 흐름과 맥락이 역사적 개연성을 확보하였는지가 더 중요한 문제이다. 따라서 당시 상황에 대한 맥락적 이해를 방해하는 오류나 왜곡은 바로잡아야 하지만, 지나치게 사실과 오류를 구분하다가 역사영화의 핵심 메시지를 놓쳐서는 안 될 것이다.

지금까지의 내용을 〈표 6〉과 같이 정리할 수 있다.

〈표 6〉 수업 목적별 역사영화의 유형 적합도

목적 \ 유형	재현형	인물 창조형	다큐형	차용형
동기유발과 학습자의 관심 환기	○	○	○	○
교사의 설명과 강의내용 보완	○	○	○	△
사건(인물)에 대한 인과적 이해	○	-	○	-
당시 상황과 시대의 특징 파악	○	○	△	-
인물의 감정과 행위 이해	○	○	-	-

이상의 내용을 종합하면, 기본적으로 모든 유형의 역사영화는 '역사학습영화'로 활용될 수 있다. 다만, '다큐형' 역사영화는 시기적으로 현대사에 집중되어 있고 다루는 내용도 특정 주제로 한정되어 있는 편이다. 그래서 활용 가능한 수업 주제의 범위가 좁고 제한적이라는 한계로 인해 '역사학습영화'로 활용되는 빈도가 높다고 보기 어렵다. '차용형' 역사영화 중에는 이야기 전개의 사실감과 개연성이 높고, 당시의 상황을 잘 고증하고 재현한 작품들도 있다. 하지만 대체로 배경이 어느 시기인지 확인하기 어렵고, 역사적 사실보다는 극적 이야기에 초점을 맞춘 비역사적인 내용이 많다는 한계로 인해 '역사학습영화'로 활용되는 빈도가 낮은 편이다.

'재현형' 역사영화는 실제 역사적 사건(인물)을 재현하는 데 초점을 맞추어 과거의 상황이나 역사적 인물을 이해하는 데 유용하며, 수업에의 활용도가 매우 높다고 할 수 있다. '인물 창조형' 역사영화는 '재현형' 역사영화와 더불어 많은 비중을 차지하고 시대·주제별로도 넓고 고르게 분포해 있다. 비록 창조된 허구의 인물이나 에피소드일지라도 역사적 핍진성이나 역사적 개연성이 높은 경우 당시 상황과 시대의 특징을 파악하거나 인물의 감정 및 행위를 이해하는 데 용이하여 '역사학습영화'로 활용될 수 있는 가능성이 높다고 할 수 있다.

미 주

26 이학로, 「역사교육에 있어서 영상자료의 활용-EBS 다큐멘터리 "상인의 나라, 중국"의 분석을 중심으로」, 『대구사학』 76, 2004. ; 윤계한, 「영상에 의한 역사서술의 특성과 교육적 활용」, 경희대학교 교육대학원 석사학위논문, 2007. ; 유아영, 「역사교육에서 영상자료 활용의 실태에 관한 연구」, 연세대학교 교육대학원 석사학위논문, 2007.

27 박순준, 「역사와 영화: 교과목 개발을 위한 선행연구」, 『역사와 경계』 74, 2010. ; 강태웅, 「역사의 재현과 '역사영화' 제작운동-미조구치 겐지의 〈겐로쿠 츄신구라〉를 중심으로」, 『한림일본학』 17, 2010.

28 역사의 어원에 대해 '역(歷)'이란 '과거에 있었던 사실'이나 '인간이 과거에 행한 것'을, 사(史)란 '기록을 관장하는 사람' 또는 '기록한다'는 의미로 쓰였다. 영어 History의 어원이 된 그리스어의 historia라는 말은 '탐구' 또는 '탐구를 통하여 획득한 지식'을 의미하며, 독일어의 Geschichte라는 말은 '과거에 일어난 일'을 뜻한다.' 라고 정의내리고 있다. 교육인적자원부, 『고등학교 국사』, 2002, ; I . 한국사의 이해- '역사의 어원'

29 김정미, 『한국사 영화관』, 메멘토, 2014. ; 박순준, 「역사교육에 영화를 자료로 활용하기 - 영화 〈세익스피어 인 러브〉를 중심으로」, 『인문연구논집』 6, 2001. ; 연동원, 「소설과 영화를 통한 교양 역사교육 연구-존 스타인벡의 『분노의 포도』를 중심으로」, 『교양교육연구』 5, 2011.

30 김기봉, 『팩션시대, 영화와 역사를 중매하다』, 웅진씽크빅, 2006. ; 강성률, 『영화는 역사다 - 한국 영화로 탐험하는 근현대사』, 살림터, 2010. ; 주경철, 「해빙기 초기 소련의 영화와 역사 인식의 변화」, 『러시아연구』 14, 2004. ; 이하나, 「반공주의 감성 기획, '반공영화'의 딜레마 - 1950~60년대 '반공영화' 논쟁을 중심으로」, 『동방사학』 159, 2012.

31 연동원, 『영화 대 역사-영화로 본 미국의 역사』, 학문사, 2001.

32 마크 C. 칸즈 외, 손세호 외 옮김, 『영화로 본 새로운 역사』 1 · 2, 소나무, 1998.

33 마크 C. 칸즈 외, 위의 책, 1998, pp. 5~6.

34 마크 C. 칸즈 외, 위의 책, 1998, p. 13.

35 연세대미디어아트연구소(이가서), 『공동 경비 구역 JSA』(2002), 『수취인 불명』(2002), 『박하사탕』(2003), 『강원도의 힘』(2003), 『취화선』(2004), 『친구』(2004), 『학교엔 귀신이 산다. (여고괴담 두 번째 이야기)』(2004), 『쌈마이 블루스(넘버 3)』(2004), 『살인의 추억』(2006), 『복수는 나의 것』(2006) 등이다.

36 「새로운 방식으로 분단을 상상하기」(문재철), 「분단의 분절」(요모타 이누히코), 「'한국형 블록버스터' 공동 경비 구역 JSA에서의 민족주의」(권은선), 「"남자란 자기가 사랑하는 사람을 죽이는 사람" - 쉬리와 공동 경비 구역 JSA의 일탈자, 국가안보, 블록버스

터의 미학」(김경현), 「'탈이념'의 정치학 - 쉬리, 간첩 리철진, 공동 경비 구역 JSA」(백문임), 「지뢰밭 위에서의 위험한 놀이 - 쉬리, 간첩 리철진, 공동 경비 구역 JSA」(변재란), 감독 인터뷰 등 다양한 형태로 연구 발표된 자료를 묶어서 구성하였다.

37 「몸으로 쓰는 식민 역사 읽기」(이향진), 「양공주가 쓴 편지-수취인 불명을 통한 정신분석학과 탈식민주의 이론의 만남」(정혜승) 등이 수록되었다.

38 「기억과 구조 속에 폐쇄된 전망」(신승엽), 「내전의 폭력과 민주주의」(사카이 나오키) 등이 수록되었다.

39 안톤 캐스, 김지혜 옮김, 『히틀러에서 하이마트까지 - 역사, 영화가 되어 돌아오다』, 아카넷, 2013.

40 강태웅은 역사영화가 리얼리즘을 강조하는 과정에서 외연적 사실의 복제적 연속, 즉 의미 없는 역사적 사실의 나열, 역사의 극적 파악 결여라는 문제점이 나타났다고 지적하였다. 강태웅, 앞의 논문, 2010, pp. 27~28, 32~34.

41 진성철, 「사극을 근간으로 하는 한국영화의 역사 재현에 관한 연구 - 역사의 재해석과 역사 왜곡의 경계에서」, 『동서언론』 15, 2012, p. 97.

42 진성철, 위의 논문, 2012, pp. 99~101, 106~109.

43 김인식의 「역사영화를 어떻게 수용할 것인가?」, 차용구의 「로마제국 사라지고 마르탱 게르 귀향하다」, 김민정의 「영화의 역사서술과 역사교육의 가능성」, 김기덕의 『영상역사학』, 김지혜의 「〈아름다운 시절〉, 아름다운 역사」 등을 검토 · 정리하고 있다. 박순준, 앞의 논문, 2010, pp. 358~364.

44 최용찬, 「영화를 활용한 역사교육 : 「불을 찾아서」(1981)에 나타난 인류의 진화와 영화적 상상력을 중심으로」, 『역사교육』 124, 2012, pp. 202~204.

45 최영심은 '먼 과거는 물론이고 우리의 현재와 심지어 앞으로 닥쳐올 미래까지도' 역사영화의 범주에 넣어야 한다고 주장하였다. 최영심, 「역사영화를 활용한 역사적 사고력 신장 방안」, 부산대학교 교육대학원 석사학위논문, 2002, p. 24.

46 김한종, 「역사교육의 교재」, 최상훈 외, 앞의 책, 2007, pp. 129~133.

47 김순미, 앞의 논문, 2008, pp. 28~29.

48 김한종, 앞의 논문, 2007, p. 166. ; 강성주는 사건 정황 자료를 사진 속의 인물들이 상호 영향을 주고 있는 특정 순간의 사건이나 상황 장면을 포착하며 제시하는 자료, 당시의 생활상이나 활동 내용을 한 장면의 자료 속에 보여주는 역사 학습 자료라고 정의하였다. 이를 통해 당시의 실제 상황에 대해서 문자 기록 이상의 직접적인 역사 자료로서 비문자 자료가 역사적 상상을 경험하도록 할 수 있다고 주장한다. 강성주, 「중학교 국사 교과서 사진 자료의 성격과 기능 연구」, 한국교원대학교 석사학위논문, 2004.

49 이러한 측면 때문에 전진성은 시각 이미지를 '사료이기 이전에 스스로가 하나의 역사적 재현'이라고 하였다. 전진성, 「시학에서 시각적 이미지로-역사학적 범주로서의 미적인 것」, 『서양사론』 126, 2015, p. 79.

50 전진성, 위의 논문, 2015, pp.75~76.

51 〈명량〉은 고문당하는 이순신, 원균이 이끈 조선 수군의 궤멸, 일본군이 전라도 땅을 휩쓸며 북상하고 있다는 사실을 조선의 지도와 함께 보여주며 시작한다. 그래서 정유재란까지의 前史를 알려주고 임진왜란의 과정 속에 영화를 위치시킨다. 〈황산벌〉은 백제나 나당연합군의 작전 회의 장면에서 지도를 활용해 당시 정세와 작전을 공간적으로 이해하도록 돕는다. 〈군도: 민란의 시대〉는 철종 10년(1859)의 상황을 설명하여 학습자에게 익숙한 세도정치기라는 역사 공간으로부터 영화를 시작한다.

52 영화에는 모신나강 소총, 마우저, PPK, PM-28, 톰슨 M-1928 기관총 등 당시에 사용된 총기가 등장한다. 서유석, 「영화리뷰: 〈암살〉 3천불! 우리 잊으면 안돼!」, 『통일한국』381, 2015, p.71.

53 Scott A. Metzger, "Maximizing the Educational Power of History Movies in the Classroom", *The Social Studies*, 101(3), 2010, p.128.

54 내러티브는 분산되고 파편화된 것들의 단순한 집합체가 아니라 하나의 중심 주제를 둘러싸고 일정한 구성 형식을 갖춘 일련의 이야기이다. 양호환, 「내러티브의 특성과 역사학습에서의 활용」, 『사회과학교육』2, 1998, pp.2~3. ; 내러티브의 특성과 각 요소에 대한 내용은 다음의 글을 참고하였다. ; 김한종, 「역사수업 도구로서 내러티브의 구성 형식과 원리」, 『역사교육과 역사인식』, 책과 함께, 2005. ; 최호근, 「내러티브와 역사교육-역사 내러티브의 구조 이해와 활용을 위한 시론」, 『역사교육』125, 2013, p.98. ; Sigrun Gudmundsdottir, "The Narrative Nature of Pedagogical Content Knowledge", In H. McEwan and K. Egan (eds.), *Narrative in Teaching, Learning and Research*. (New York: Teachers College, Columbia University, 1995), pp.24~27.

55 Philip W. Jackson, "On the Place of Narrative in Teaching", In H. McEwan and K. Egan (eds.), ibid, pp.5~6.

56 Gudmundsdottir는 '한 문화에 속한다는 것은 그 문화에서 축적되고 공유된 다양한 의미들을 알고 사용하는 것'이라고 하였고 Kuhns는 '잘 알려진 일련의 이야기에 대해 우리가 가지는 공유된 지식이 우리의 공동체성을 만든다'고 하였다. Sigrun Gudmundsdottir, op.cit., p.27. ; Philip W. Jackson, op.cit., pp.5~6, (Kuhns, 1974, p.5 재인용).

57 내러티브는 시작, 전개, 결말이라는 줄거리를 가지고 사건이 일어난 순서에 따라 여러 정보가 조직되며, 사건의 전개는 대체로 인과관계에 따라 묘사된다고 보았다. 양호환, 앞의 논문, 1998, p.13. ; 김한종, 앞의 논문, 2000, p.11.

58 Egan은 고전 우화를 쉽게 배우고 기억하는 아이들을 관찰하여, 이항대립 구조로 이루어진 추상성이 학습자로 하여금 구체적인 내용에 접근하고 몰두할 수 있도록 돕는다고 보았다. 또한 일상적인 경험의 친숙함이 없더라도 추상적·정의적 개념의 이

항대립 구조를 구체화함으로써 이야기에 흥미를 느끼고 이해를 높일 수 있기 때문에 어떤 내용이라도 이해할 수 있다고 보았다. Kieran Egan, "Narrative and Learning - A Voyage of Implications", In H. McEwan and K. Egan (eds.), op. cit., 1995, pp. 117~120.

59 김환길, 「역사철학의 〈행위설명이론〉과 역사교육에의 적용」, 양호환 외, 『역사교육의 이론과 방법』, 삼지원, 1997, pp. 189~199.

60 양호환, 앞의 논문, 1998, p. 13.

61 정선영 외, 『역사교육의 이해』, 삼지원, 2001, pp. 256~257.

62 양호환, 앞의 논문, 1998, pp. 14~15.

63 역사가의 연구 대상이 되는 사건에 대한 묘사나 내러티브는 그 구성 방식에 영향을 미치는 특정한 흥미와 사회적 관심, 사회의 전통 혹은 그 사회 내부의 전통을 고려하여 연구해야 한다. John Passmore, "Narratives and Events", *History and Theory*, 26(4), (Wiley: Wesleyan University), 1987, pp. 70~71.

64 마크 C 칸즈 외, 앞의 책 1, 1998, p. 26.

65 김한종과 이영효는 해당 논문에서 국사 교재를 읽은 학생들이 텍스트 유형을 막론하고 그 내용을 비판적으로 읽지 못하고 저자의 권위를 따라가는 경향을 보였지만, 학생들이 읽을 수 있는 글, 즉 저자가 드러나 있고 과거 사람들의 숨결을 느낄 수 있는 텍스트에 대해 비판적 읽기를 시도하였음을 이야기하였다. 김한종 · 이영효, 「비판적 역사 읽기와 역사쓰기」, 『역사교육』 81, 2002, p. 19.

66 Nancy Zeller, "Narrative Rationality in Educational Research", In H. McEwan and K. Egan (eds.), op. cit., 1995, p. 213, (Hollowwll, 1977, 재인용).

67 Alan S. Marcus and Jeremy D. Stoddard, "Tinsel Town as Teacher: Hollywood Film in the High School Classroom", *The History Teacher*, 40(3), 2007, p. 318.

68 최진성은 전기적 인물을 다룬 영화 내러티브가 가진 문제점을 극복하기 위해 카를로 긴즈부르그의 '실마리 찾기', 에도아르도 그렌디의 '정상적 예외', 클리퍼드 기어츠의 '두꺼운 묘사' 등을 살펴보고, 이러한 관점에서 전기 영화 내러티브를 성찰하고자 하였다. 교사는 학습자가 이러한 관점에서 역사영화를 볼 수 있도록 질문을 던지는 것이 필요하다. 최진성, 「역사 - 영화로서 전기 영화의 성찰적 재현 - 〈아임 낫 데어〉, 〈라스트 데이즈〉, 〈블루〉, 〈거짓의 F〉를 중심으로」, 연세대학교 커뮤니케이션대학원 박사학위논문, 2011, pp. 17~38.

69 이러한 능력, 역사적으로 특정한 시대의 분위기를 드러내는 영화 속에서 메시지를 분석하고 이해하고 평가하는 기술과 지식을 Marcus는 역사영화 문해력(Historical film literacy)이라 지칭하였다. Scott A. Metzger, op. cit., 2010, p. 129.

70 시나리오는 문학성을 강조한 것으로, 대본이나 각본이 영상의 묘사, 카메라 위치, 조명, 사운드 등에 관한 사항까지 세부적으로 묘사하는 것과 달리 극적인 대사와 행위를

통해 영화의 이야기를 만드는 것, 최종적으로 영화를 창조하는 데 구조적 뼈대로 기능할 선(先)text를 만드는 것이다. (propagada, 영화사전, 2004) 시놉시스는 작가가 작품의 주제를 다른 사람에게 알리기 위해 쉽게 간단히 적은 것으로, 주제, 기획 및 집필 의도, 등장인물, 전체 줄거리의 4가지 기본요소가 포함되어야 한다. (두산백과 http://www.doopedia.co.kr)

71   보간은 자료에 빠져 있는 중간 과정을 추론하는 것, 삽입은 역사적 사실의 전개 과정에서 앞이나 뒷부분이 빠져 있을 때 이를 추론하여 역사적 사실을 만들어내는 것이라고 구분하지만 본 연구에서는 이를 통합하여 증거에 빠져 있는 부분을 메우는 것으로 통칭하여 사용하고자 한다. 김한종, 「역사학습에서 상상적 이해의 방안」, 양호환 외, 앞의 책, 삼지원, 1997, pp.281~283. ; 김한종, 「역사 이해와 역사교육」, 양호환 외, 『역사교육의 이론』, 책과 함께, 2009, pp.193~194.

72   김한종, 앞의 글, 2007, pp.149~150, 157.

73   박천기, 「초등학교 사회과 역사 수업에서의 삽화 자료 활용 방안」, 한국교원대학교 석사학위논문, 1999, pp.16~28. ; 김중락・유경아, 「7차 교육과정에 따른 고등학교 국사 교과서 비문자 자료의 제시 실태와 개선 방안」, 『중등교육연구』 52, 2004, pp.153~154. ; 최지현・김민정, 「역사교과서 그림 삽화의 유형과 평가 기준 - 현행 중학교 세계사 교과서를 중심으로」, 『역사교육논집』 45, 2010.

74   김민정, 「영화의 역사서술과 역사교육의 가능성」, 『역사교육』 94, 2005

75   박순준, 앞의 논문, 2010.

76   최영심, 앞의 논문, 2002.

77   김순미, 앞의 논문, 2008.

78   장지혜는 영화 〈당통〉, 〈인생〉을 활용하여 프랑스 혁명과 중국 현대사 수업을, 이윤정은 영화 〈암살〉을 활용하여 독립 운동사 수업과 친일파 청산 문제를 다룬 수업을 각각 진행하였다. 장지혜, 「영화를 활용한 역사 수업 모형 개발연구: 역사적 이해 신장을 위한 교수학습 방안」, 이화여자대학교 석사학위논문, 2003, ; 이윤정, 「대중매체를 통한 한국 근대사 교육의 실제와 효과-영화 '암살'을 활용한 수업 결과를 중심으로」, 서울시립대학교 교육대학원 석사학위논문, 2017.

79   오연미는 안중근에 대한 연구 성과를 토대로 영화 〈도마 안중근〉을 활용한 수업을, 원윤경은 중학생을 대상으로 영화 〈명장〉을 활용하여 태평천국운동에 대한 수업을, 오은진은 1453년 콘스탄티노폴리스 함락 사건을 소재로 이슬람 국가인 터키에서 만들어진 영화 〈Fetih 1453(정복자 1453)〉을 활용하여 수업을 진행하였다. 오연미, 「역사수업에서의 역사영화 활용의 일례 - 〈도마 안중근〉을 중심으로」, 단국대학교 교육대학원 석사학위논문, 2009. ; 원윤경, 「영화를 활용한 중국사 수업 모형 - 학업 성취도 비교 분석을 중심으로」, 성신여자대학교 석사학위논문, 2010. ; 오은진, 「영화를 활용한 이슬람사 수업방안」, 이화여자대학교 석사학위논문, 2015.

80 김대호는 〈황산벌〉, 〈YMCA 야구단〉, 〈효자동 이발사〉, 〈아름다운 청년 전태일〉 등 네 편의 영화를 활용한 역사 글쓰기 수업을 구성하였고, 원진섭은 영화 〈화려한 휴가〉를 활용하여 각 주체의 시각에서 인식한 상대적 역사에 대해 글쓰기 활동을 하는 4차시 수업을 제안하였다. 김대호, 「영화를 활용한 역사 글쓰기 교육」, 계명대학교 석사학위논문, 2010. ; 원진섭, 「역사영화 내러티브를 활용한 다층적 관점의 이해 - 〈화려한 휴가〉를 중심으로」, 서강대학교 석사학위논문, 2013.

81 이지수는 '교과서 분석 → 콘텐츠 선정 → 콘텐츠 분석 및 사료 수집 → 콘텐츠 재구성 및 활동지 개발 → 수업 → 평가와 결과 도출 → 온라인 카페 공유:(콘텐츠 선정 과정부터 모든 단계로 피드백)'라는 교재 개발 모형을 제안하고, 영화, 소설, 풍속화 등 역사 콘텐츠와 학습지를 활용한 조선 후기 수업을 구성하였다. 정종복은 역사영화의 비판적 읽기 요소를 토대로 비판적 읽기 수업 모형을 개발하였다. 수업 모형은 배경지식 활성화, 영화 텍스트 분석, 의미 구성 등의 단계를 거치며, 영화 〈암살〉로 5차시 수업을 진행하고 학생의 반응을 분석하였다. 이지수, 「역사콘텐츠를 활용한 수업 활동지 및 수업 모형 개발」, 연세대학교 석사학위논문, 2015. ; 정종복, 「역사영화의 비판적 읽기 수업모형 개발」, 한국교원대학교 석사학위논문, 2018.

82 장지혜의 경우 객관식 문항과 계량적 검증으로 역사교육의 목표 도달 여부를 측정한 것이 타당한가, 오연미의 경우 학습지의 평가 문항이 역사 이해의 향상 여부를 확인하거나 두 수업 방식을 비교하기 위한 적절한 문항인가 등의 문제를 제기할 수 있다.

83 원윤경의 경우 학습자들이 쓴 글의 의미나 글에 영향을 미친 학습자의 인식 등에 대한 분석과 규명이 부족하지 않은가라는 문제를 제기할 수 있다.

84 오은진이 구성한 수업은 1차시의 수업 안에서 다른 분량으로 편집된 주제1(9분), 주제2(19분), 주제3(9분)을 각 모둠별로 따로 보게 하였고, 유럽 중심주의를 탈피하고 다양한 시각에서 사건을 바라보도록 수업목표를 설정했지만 실제 수업 내용이나 학습지의 발문이 그렇게 구성되지는 못한 것으로 보인다.

85 김대호와 원진섭의 연구는 학습자의 사고를 유도하는 질문보다는 인상 깊었던 내용을 묻거나 영화 내용을 단순 요약시켰다는 점, 교사의 피드백이 부족하여 일부 학습자들이 영화 속 오류를 그대로 받아들이거나 역사적 상황과 연대 등에서 혼선을 빚었다는 점, 수업의 진행 과정에 대한 단계적 안내와 설명이 부족하다는 아쉬움이 있다. 이지수의 경우 개념 정리 수업과 콘텐츠 활용 수업의 내용이 중복되었고, 편집된 특정 장면을 제시한 뒤 그 안에 담긴 수많은 정보를 별도의 안내 없이 학습자로 하여금 찾도록 발문을 제시하였다. 정종복의 경우 이론적 차원에서 정리한 역사영화의 가치와 효용성이 수업 목표·내용·방법·평가와 일관성 있게 이어지지 못했고, 수업 모형에 따라 수업이 진행되는 것보다 영화에 맞춰 수업이 진행되는 것 같은 양상을 보인다. 그래서 실제 수업에의 적용과 일반화를 염두에 두었다는 점에서 가치를 찾을 수 있으나 역사영화를 활용하는 것 자체에 너무 큰 비중을 둠으로써 수업의 구성이나 발문 제

시 등이 '역사영화를 위한 역사 수업'으로 비춰질 수 있는 문제점이 있다.

86 박주현, 「역사 재현의 수정에 대한 중등학생들의 이해 - 역사영화를 중심으로」, 『역사교육』 113, 2010.

87 김민정, 앞의 논문, 2005. ; 김순미, 앞의 논문, 2008, p.30. ; 박순준, 앞의 논문, 2010. ; 연동원, 앞의 논문, 2011.

88 Scott A. Metzger, op.cit., 2010, p.129.

89 정선영이 말한 기준 가운데 ① 학습목표를 달성하는 데 부합되는가?, ② 학습내용에 적합한 자료인가?, ③ 학습자의 수준에 맞는 난이도를 가지고 있는가? ⑦ 자료의 내용이 오류와 편견에 치우치지는 않았는가? 하는 점은 적합성을, ④ 자료 구입 및 제작 가격이 학습의 효율성에 비추어 볼 때 경제적인가?, ⑤ 질적으로 양호한 자료인가?, ⑥ 이용하기에 편리한 자료인가? ⑧ 학습 환경에 적절한 자료인가? 하는 점은 효율성을 의미한다고 볼 수 있다. 정선영 외, 앞의 책, 2001, pp.142~143.

90 장지혜, 앞의 논문, 2003, pp.10~11.

91 최영심, 앞의 논문, 2002, p.25.

92 박순준, 앞의 논문, 2010, pp.373~374.

93 김대호, 앞의 논문, 2010, pp.11~12.

94 김순미, 앞의 논문, 2008, pp.30~31.

95 박순준, 앞의 논문, 2010.

96 한국문학평론가협회, 『문학비평용어사전』, 2006, p.1099.

97 선주원, 「동화에 나타난 핍진성 이해를 위한 동화교육 방법 연구」, 『청람어문교육』 51, 2014.

98 한국문학평론가협회, 앞의 책, 2006, p.1099. ; 한용환, 『소설학사전』, 문예출판사, 2012, pp.486~488.

99 양호환, 앞의 논문, 1998, p.7.

100 최호근은 역사 내러티브가 사실 관계와의 조응을 통해 정합성을 갖추어야 하며, 특히 시간 감각을 갖추고 개념적으로 조직화되어야 한다고 말한다. 또한 수평적 구조(문장 간 연계를 높이는 것)와 수직적 구조(역사가의 서술로 드러나는 표층과 역사적 지식과 이론으로 이루어진 심층부)로 나누어 역사 내러티브를 설명하고 있다. 최호근, 앞의 논문, 2013, p.103.

101 정동준, 「드라마・영화에 나타난 한국고대사」, 『한국고대사연구』 84, 2016, p.124.

102 Scott A. Metzger, "Maximizing the Educational Power of History Movies in the Classroom", *The Social Studies*, 101(3), 2010, p.128.

103 한국문학평론가협회, 앞의 책, 2006, p.122.

104 최호근, 앞의 논문, 2013, pp.264~266.

105 박주현, 앞의 논문, 2010. ; 김형록, 앞의 논문, 2015.

106 표준국어대사전(http://stdweb2.korean.go.kr), 밑줄은 필자의 강조임.

107 조셉 보그스, 이용관 옮김, 『영화 보기와 영화 읽기』, 제3문학사, 1991, pp.124~125.

108 테마가 내포하는 개념은 작품 전체에서의 중심 사상, 요점, 메시지, 진술 등으로 다양하게 불리며, 하나의 영화 작품이 구조화되고 종국에는 단일한 통일적 개념으로 발전하게 되는 개략적인 초점이나 중심 사항이라고 할 수 있다. 저자는 테마는 플롯이나 정서효과, 극중 인물이나 아이디어 등 다양할 수 있다고 보았다. 조셉 보그스, 위의 책, 1991, pp.30~36.

109 Kieran Egan, "Stories, Metaphors and Objectives", *Teaching as Story Telling*, (University of Chicago Press, 1986)

110 Kieran Egan, ibid, 1986.

111 박순준, 앞의 논문, 2010, pp.44~47. ; 이종승, 「한국영화 DB를 활용한 역사교육의 가능성 - 고등학교 한국사 교과서 분석을 중심으로」, 『씨네포럼』22, 2015.

112 역사적 사건과 인물을 정면으로 다룬 실재 역사물, 역사적 사건을 배경으로 익명 혹은 가상의 주인공들을 다루거나 실재 인물이라 해도 역사적으로는 그 중요성이 떨어지는 주인공들로 구성되는 가상 역사물, 가상 인물을 주인공으로 내세웠으면서 주인공보다는 역사 그 자체에 강조점을 두는 실재·가상 역사물로 나누었다. 이재광·김진희, 『영화로 쓰는 세계 경제사 - 15세기에서 19세기까지』, 한국역사문화연구소·혜윰, 1999.

113 편집에 따라 역사영화의 구체적인 내용이나 재현된 과거 모습의 역사성이 달라질 수 있지만, 기본적으로는 전체 역사영화만을 대상으로 하여 유형화 과정을 수행하였다.

114 이 밖에도 김동원 감독의 비전향 장기수 문제를 다룬 〈송환(2003)〉, 6월 항쟁과 명동성당 농성 투쟁을 다룬 〈명성, 그 6일간의 기록(1997)〉, 변영주 감독의 일본군 위안부 시리즈 〈낮은 목소리(1995·1997·1999)〉, 그리고 한국의 근현대사 속에서 무당 김금화의 일생을 그린 〈만신(2013)〉 등이 있다.

115 다큐멘터리는 '실제로 있었던 어떤 사건을 극적인 허구성이 없이 그 전개에 따라 사실적으로 그린 것'(국립국어원 표준국어대사전), '문장이나 방송 또는 영상매체를 활용하여 제작 또는 구성한 주제와 줄거리가 있는 기록물'(두산백과) 등으로 정의된다. 윤계한은 다큐멘터리 영화에 대해 '실제 일어난 일들을 그대로 기록한 영화'로, '현실을 소재로 작가의 시각을 통해 작품으로 형성되는 예술 형식'이라고 정의하였다. 윤계한, 앞의 논문, 2007, p.18.

116 이에 해당하는 영화는 〈모던보이(2008)〉, 〈범죄와의 전쟁: 나쁜 놈들 전성시대(2012)〉 등이 있고, 남북관계 및 분단을 소재로 한 영화는 〈쉬리(1999)〉, 〈공동경비구역 JSA(2000)〉, 〈강철비(2018)〉 등이 있다. 〈국가대표(2009)〉, 〈우리 생애 최고의 순간(2008)〉 등 실제 사건이나 인물의 모티프를 따온 경우도 이 범주에 포함할 수 있다.

117 〈2009 로스트 메모리즈(2002)〉, 〈한반도(2006)〉, 〈26년(2012)〉 등은 '만약 우리나라

가 아직도 일본의 식민 지배를 받고 있다면?', '만약 6자 회담의 극적 타결과 경의선 철도의 남북 왕래를 비롯해 정치·경제·문화 전반에 걸쳐 협력이 이루어진다면?(남북통일이 가시화되는 상황이라면)', '만약 광주 민주화 운동의 희생자 유족이 당시 신군부 중심 세력을 암살하려고 한다면?' 등의 가정을 바탕으로 영화를 시작하고 있다.

118 김정미, 「9장 구중궁궐 속 뜻밖의 권력」, 「17장 선망과 경멸의 대상이 된 1930년대 모던문화」, 앞의 책, 2014, pp. 152~153, 276~287.

119 (재현형) 〈홀리데이(2006)〉, 〈쌍화점(2008)〉, (인물 창조형) 〈꽃잎(1996)〉, 〈박하사탕(1999)〉, 〈아나키스트(2005)〉, (차용형) 〈스캔들: 조선남녀상열지사(2003)〉, 〈혈의 누(2005)〉, 〈궁녀(2007)〉, 〈범죄와의 전쟁(2012)〉, 〈강남1970(2015)〉 등이 해당한다.

120 영화진흥위원회(http://www. kofic. or. kr)에서 매년 '한국영화 연감'의 영화별 흥행 기록을 참고하여 '공식 통계 기준의 역대 박스오피스'와 2004년 이후 전국 영화관의 발권 데이터를 집계한 '통합 전산망 집계 기준의 역대 박스오피스' 순위를 각각 제공하고 있다. 관객 수, 순위 등이 다소 차이가 있지만 2004년 이전의 기록이 포함된 공식 통계 기준의 역대 박스오피스를 기준으로 한국영화 흥행 200위권 내외에 포함된 역사영화를 대상으로 하였다. 그리고 순위권 밖의 영화라도 상기 조건에 부합할 경우 추가로 삽입하였다. 또한 최근에 개봉한 경우 연도별 박스오피스 등을 통해 보완하였다. (최종검색일: 2019. 5. 10.)

121 박순준은 영상자료의 조직적이고 체계적인 관리와 활용을 위한 아카이브 구축을 주장하면서 글의 말미에 부록으로 한국사·동양사·서양사 분야와 유관한 최신 역사영화에 대한 정보를 정리하였다. 이종승은 막대한 양의 역사영화 가운데 청소년 관람불가 등급 영화, 가용성이 떨어지는 영화, 가용필름만이 남아 있는 영화 등은 제외하고 한국사 교과서 단원별로 330여 편을 정리한 한국영화 DB 목록을 제시하였다. 박순준, 앞의 논문, 2010, pp. 44~47. ; 이종승, 앞의 논문, 2015.

122 교육부, 「사회과 교육과정」, 교육부고시 제2015-74호 [별책7], 2015. (NCIC 국가교육과정 정보센터)

123 일반적으로 목적(aim)은 어떤 과목의 가치나 효용성에 관한 질문의 대응적 내용으로 목표보다 넓고 포괄적이며 추상적 의미로, 목표(objective)는 목적을 이루기 위한 구체적인 내용을 이루는 것으로 규정한다. (남한호, 「역사 교육목표의 구성 원리와 체계 연구」, 경북대학교 교육대학원 박사학위논문, 2010, p. 10. 참고) 일반적으로 '교육의 목적', '수업의 목표' 등으로 사용하지만, 여기에서 '수업의 목적'이라는 표현을 쓴 것은 교사의 의도가 내포된 교육적 활동으로서 수업이라는 의미를 드러내기 위함이며, 다른 경우에는 일반적인 용례를 따르기로 한다.

124 영화 〈명량〉은 임진왜란 기간 중 일어난 명량해전에 초점을 맞추었으나 현행 고등학교 교과서에서 명량해전은 그 명칭만 제시되는 경우가 대부분이다.

Ⅲ. 수업 속으로

Ⅲ. 수업 속으로

1. 수업 모형의 개발

1) 수업 모형 개발의 필요성과 방향

(1) 교사 면담 분석을 통한 수업 모형 개발의 필요성

일부 역사교사를 대상으로 역사영화를 활용한 수업에 대한 면담을 진행하면서,[125] 우리가 함께 고민해 보아야 할 질문들을 발견할 수 있었다.

첫째, 역사영화는 유용한가라는 질문이다. 이는 앞장에서 살펴 본 내용이지만 역사영화의 활용 방법과도 연결된 문제이기 때문에 한 번 더 정리할 필요가 있을 것이다. 역사영화를 수업에 활용한 교사들은 역사영화가 학습의 동기를 유발하는데, 혹은 보다 생생하게 당시의 모습을 보여줌으로써 학생들의 역사 이해를 돕는데 대체로 유용하다고 생각하였다. 이때 역사영화는 교사의 설명을 보완하는 보조 자료로서 활용된 것이다. 그러나 역사영화는 그 이상의 가치와 활용도를 가지는 학습 자료이다. 영화 속에 재현된 장면만을 소비하는 것이 아니라 사료적 관점에서 역사영화를 활용하려면, 즉 단순히 보는 자료가 아니라 학습자들이 사고할 수 있도록 하는 자료로 자리

매김하게 하려면, 수업 중 던지는 질문에서부터 수업의 구성이나 절차까지 함께 고민해 보아야 할 것이다.

둘째, 어떤 역사영화를 수업에 활용할 것인가라는 질문이다. 면담의 내용을 정리해 보면, 역사교사들은 수업에 활용할 수 있는 역사영화가 대체로 고증에 철저하여 역사적 사실에 가깝게 재현된 것이어야 한다고 생각하였다. 그러나 '고증에 철저하여 사실에 가깝게 재현된 것'은 과거의 역사적 사건(인물)을 정통으로 다룬 역사영화만을 이야기하는 것이 아니라 가상의 사건(인물)이 중심이 된 것까지를 포함하는 것으로 보인다. 면담 뿐 아니라 연구자들이 수업에 활용한 영화 가운데에는 가상의 인물이 중심이 된 〈화려한 휴가〉, 〈암살〉 등도 다수 포함되어 있다. 이는 해당 역사영화가 가상의 인물을 다루지만 그 시대의 전형적인 특징을 보여주거나 역사적 맥락 속에서 그럴듯하게 받아들여졌기 때문일 것이다. 역사영화의 선정에 있어 소재의 역사성보다는 재현된 서사의 역사성이 더 중요한 기준이 될 수 있는 것이다. 이는 앞서 살펴본 '역사학습영화'의 요건과도 맥락을 같이 한다고 볼 수 있다. 따라서 역사영화 속 재현된 내용을 통해 사실과 허구를 구분하는 것보다는 가상의 사건(인물)을 통해 과거의 모습에 접근할 수 있는가에 초점을 맞추어야 하며, 이는 역사적 사건(인물)을 온전히 재현한 것 외에도 과거의 시대를 배경으로 한 다양한 역사영화가 학습 자료로 활용될 수 있음을 의미한다. 즉 '다큐형' 역사영화와 '재현형' 역사영화 외에도 '인물 창조형' 역사영화까지 수업에 활용할 수 있는 것이다.

이와 관련하여 역사영화의 유형에 따라, 혹은 같은 유형이라도 내용 구성에 따라 이를 받아들이는 학습자의 인식에 차이가 나타나는지 확인하기 위하여 2014년 대구 지역의 일반계고 인문사회계열 2학년 여학생 5명을 대상으로 4편의 역사영화를 보여주고 인터뷰를 진행하였다.[126] 먼저 유형에 따른 차이를 비교하고자 시대적 배경과 주제가 비슷하고 동일한 감독(김한민)의 작품으로, '재현형' 역사영화는 임진왜란을 배경으로 한 〈명량(2014)〉, '인물 창조형' 역사영화는 병자호란을 배경으로 한 〈최종병기 활(2011)〉을 선정하였다. 그리고 같은 유형이라도 허구의 정도에 따른 인식 차이를 비교하고자 한국전쟁을 배경으로 한 '인물 창조형' 역사영화 가운데, 역사적 흐름 속에서 가상의 인물을 중심으로 전개되는 강제규 감독의 〈태극기 휘날리며(2004)〉, 가상의 인물과 허구의 에피소드를 중심으로 전개되는 장훈 감독의 〈고지전(2011)〉을 선정하였다.

학생들과의 인터뷰 내용을 종합해 보면, '재현형' 역사영화에 비해 '인물 창조형' 역사영화는 과거의 상황이나 사건을 인과적으로 이해하는 데에는 다소 미흡할 수 있지만, 역사적으로 재현된 당대의 모습이나 상황을 관찰하는 것, 과거의 인물을 이해하고 공감하는 것, 그들이 하는 행위의 이유를 추론하는 것, 전체 메시지를 통해 역사영화를 평가하는 것에는 효과적이었다. 또한 배경이나 인물 등에서 역사적 핍진성이 높을 경우 '재현형' 역사영화처럼 과거의 세상을 인식하고 상황과 맥락 속에서 사건과 인물을 파악하는 데 무리가 없었다. 즉 '재현형' 역사영화에 비해 허구적인 설정이 개입되는 '인물 창조형' 역사영화도 '역사학습영화'가 될 수 있으며, 역사적 핍진성과 역사적 개연성이 높을수록 효과적인 학습 자료일 수 있음을 확인하였다. 유형

보다는 이야기 전개에서 역사적 핍진성과 역사적 개연성 여부가 '역사학습 영화' 선정의 더 중요한 기준인 것이다.

셋째, 수업을 위해 역사교사들이 필요로 하는 것은 무엇인가라는 질문이다. 우선, 영화 자체와 그에 대한 정보를 필요로 하였다. 영화 자체를 확보하려면 합법적인 다운로드를 통해 원 자료를 획득하고, 편집을 위한 편집 기술의 습득도 필요할 것이다. 그리고 어떤 역사영화가 개봉·흥행하게 되면 내용에 대한 분석부터 영화 속 사실이나 재현 장면에 대한 역사적 고증, 찬반양론에 이르기까지 다양한 연구가 쏟아지게 마련이다. 이러한 연구 성과를 통해 해당 역사영화에 대한 관련 정보를 수집할 수 있다. 역사학[時代史] 전공자를 중심으로 교과서 서술에 대한 분석이 많이 이루어져 왔듯이, 학습 자료로서 역사영화에 대한 분석과 연구가 활발히 진행될 필요가 있다. 사료만으로는 역사적 핍진성이나 역사적 개연성의 정도를 확인하기 어려울 뿐 아니라 한 두 편의 논문만으로는 관련 사실을 정확하게 확인하기가 힘들기 때문이다. 역사영화를 활용한 수업의 준비 과정은 방대하고 복잡하여 한 개인의 교사가 감당하기는 어려운 측면이 많다. 따라서 교사 모임의 공동 연구 및 데이터의 축적, 자료 공유가 이루어지도록 하는 것이 필요할 것이다.

그러나 자료가 많이 있더라도 더 중요한 것은 이를 수업과 어떻게 연결하고 실제로 진행해 나갈 것인가라는 점이다. 목표 수립, 내용과 방법의 선정, 평가 시행으로 이어지는 일련의 수업은 사실상 교사의 선택과 역량에 의해 크게 좌우된다. 역사영화의 다양성으로 인해 이를 활용하려는 교사에게는 훨씬 더 많은 교수내용지식과 역량이 요구된다. 교육과정에서 다루는 내용 요소를 모두 포괄할 만큼 역사영화의 소재는 다양하지 않은 편이다. 그러면서도 각각의 소재를 깊이 있게, 다양한 관점과 방식으로 다루기 때문에 같은 소재의 역사영화라고 하더라도 이를 다루는 방식은 같지 않다. 따라서 역사교사에게 있어 역사영화 활용 수업은 결코 쉬운 일이 아니다.

더구나 수업은 한두 명이 아닌 다수의 학습자를 대상으로 이루어지기 때문에 효율적이기도 해야 한다. 따라서 여러 변수를 통제하고 교사의 교수내용지식이 최대한 발휘될 수 있기 위해서는 수업에 대한 최소한의 절차를 마련하는 것이 필요할 것이다. 이를 위해 필요한 것이 수업 모형이다.

(2) 수업 모형 개발의 방향

수업 모형은 '복잡한 수업 과정이나 현상을 특징적인 요인을 중심으로 단순화시킨 설명 체제나 구조'[127]이자, 수업에 영향을 미치는 다양한 요인을 고려하여 수업의 절차와 조건을 체계화한 것이다.[128] 수업 모형에 대한 여러 정의를 살펴보면, 가장 핵심이 되는 것은 '절차'와 '계획'이라고 할 수 있다.[129]

일반적으로 수업 모형의 종류를 수업 설계에 관한 모형, 수업 절차에 관한 모형, 수업 내용에 관한 모형으로 나누는데, 역사교육에서 주로 논의되어 온 것은 수업 절차에 관한 모형으로 볼 수 있다. 수업 절차에 관한 모형은 실제 수업이 이루어지는 절차나 과정을 관련 요인들을 중심으로 단계적으로 제시하는 모형을 말한다.[130] 수업 모형에 절차가 제시되고, 이에 필요한 여러 요건이 포함되더라도, 실제로 이것이 구현되는 과정에서는 교사의 내용지식과 인식 등 교수내용지식이 가장 큰 영향을 미치게 된다.[131] 그래서 수업 모형을 제대로 이해하고 적용하기 위해서는 절차에 관한 모형 뿐 아니라 수업 절차가 구현되는 과정을 담은 수업 내용에 관한 모형[132]도 함께 이해하는 것이 필요할 것이다.

역사 수업(학습)에서 특정한 수업 모형을 개발하고자 했던 연구나[133] 역사영화를 활용한 수업 모형을 제안한 연구를[134] 살펴보면 수업 모형은 단순히 절차를 제시하는 것이 아니라 역사적 내용 및 기능과 유기적으로 연결되어야 한다는 사실을 확인할 수 있다. 그러면서도 학습 자료를 지나치게 중시하는 태도는 경계해야 함을 알 수 있다. 자칫 역사영화 자체에 너무 초점을 맞춤으로써 역사적 내용을 학습하는 것이 아니라 역사영화를 학습하는 잘못을 범할 수도 있기 때문이다. 아무리 여러 이론을 접목하여 절차를 제시하더라도 수업의 목적에 따른 내용 구성의 일관성, 체계적인 질문의 조직 등이 이루어지지 않으면, 개별적 역사영화에 대한 수업 설계안이 될 뿐이다. 학습자에게 제시하는 질문도 역사영화를 통해 교사가 '가르쳐주고 싶은' 내용을 묻는 것이 아닌 수업의 전체 맥락이나 일정한 체계를 따르도록 구성해야 할 것이다. 즉 역사영화를 활용한 수업 모형은 '역사'와 '영화'라는 두 지점 사이에서 균형 있게 초점을 맞추어야 하는 것이다.

수업에서 역사영화를 활용하려면 그 안에 담긴 역사적 사실이나 인물을 이해하는 것 뿐 아니라, 사료에 빠져 있거나 완전하지 못한 부분을 재창조하거나 재해석하여 채워진 내용까지도 다룰 수 있어야 한다. 이를 위해서는 실제 역사와 비교하는 것 이외에도 그 텍스트에 담긴 내러티브를 끊임없이

점검·회의·분석·비판하고 그 속에 내포된 의도를 파악하며 다의적이고 다층적으로 읽는, 비판적 읽기가 이루어져야 한다.[135] 학습 자료를 비판적으로 읽어 나가는 과정은 탐구 과정의 하나라고 할 수 있다.[136]

사전에서는 탐구(inquiry)를 진리, 학문 따위를 파고들어 깊이 연구하는 것,[137] 어떤 정보를 획득하기 위해 질문을 하는 것[138]이라고 정의하고 있다. 민윤은 탐구가 지금까지 모르고 있던 새로운 지식을 획득하는 과정, 혹은 그러한 과정을 재현해 보는 활동이라고 보았다.[139] 역사과 탐구와 관련하여 일찍이 강우철은 역사 탐구의 절차는 역사 자료 탐색, 비판, 해석의 과정을 거치며, 역사가가 하는 탐구의 핵심은 사료에 대한 사실탐구와 의미탐구라고 말하였다.[140] 즉 탐구를 수행해 나가는 과정이 역사적으로 사고해 나가는 과정이며, 역사적 사고의 핵심은 탐구에 있다고 볼 수 있다.[141]

따라서 역사적으로 사고할 수 있도록 역사영화를 활용한다는 것은, 역사영화를 통해 탐구하도록 한다는 것과 일맥상통하며, 역사영화를 활용한 수업 모형은 탐구의 과정이 잘 드러나도록 수업의 절차를 설계하는 것이 핵심일 것이다.

2) 수업 모형의 개발 과정

(1) 학습자 요인을 중심으로 본 모형 개발 시 고려 사항

지금까지 수업 모형이나 수업 방법에 대한 연구는 교사를 중심으로 이루어져 온 경향이 강한 편이다. 수업은 교과 내용을 담고 있는 교재를 매개로 하여 교사와 학습자 사이에 이루어지는 일종의 의사소통이라고 할 수 있다. 따라서 수업 모형은 교사, 교재, 학습자라는 3요소를 모두 고려하여 구성·설계되어야 할 것이다. 이제껏 상대적으로 소홀히 다루어져 온 학습자 요소를 고려하기 위하여, 학습자들이 역사영화를 어떻게 인식하는지에 대한 설문 조사의 내용을 살펴보고, 이를 통해 수업 모형의 개발을 위해 고려해야 할 사항을 살펴보도록 하자.

2015년에 대구 지역의 특수 목적 고등학교 1학년 학생 133명을 대상으로 편집된 역사영화를 본 뒤 가장 인상적인 장면과 궁금한 내용을 묻는 설문 조사를 실시하였다.[142] 조사 대상 영화는 교육과정과 관련하여 전반적인 역사의 흐름을 확인할 수 있고 다양한 쟁점을 가진 〈국제시장〉('인물 창조형' 역사영화)을 선정하였다. 그리고 학습자의 집중도나 수업 시간의 한계라는 현실적 상황을 고려하여 편집하되, 영화의 내용을 제대로 이해하기 위하여 인물이 처한 상황과 시대적 배경에 초점을 맞춘 이야기, 그리고 인물 그 자체 및 내면에 초점을 맞춘 이야기 등 두 가지 버전으로 편집하였다. 이는 편집된 플롯에 따른 인식 차이, 학습자에게 제시해야 할 정보의 범위나 질문 제작 시 고려해야 할 사항 등을 확인하기 위함이었다.

2016년에는 동일교의 3학년 학생 50명을 대상으로 편집되지 않은 역사영화를 보고 몇 가지 질문에 자유롭게 응답하도록 한 설문 조사를 실시하였다.[143] 조사 대상 영화는 다양한 경우의 수를 살펴볼 수 있도록 가장 극명하게 대비되는 두 편의 역사영화, '재현형' 역사영화인 〈황산벌(2003)〉과 '인물 창조형' 역사영화인 〈국제시장〉을 선정하였다. 〈황산벌〉은 고대시기 실존 역사 인물을 주인공으로 내세우고 특정 사건의 전개 과정을 집중적으로 보여주고,[144] 〈국제시장〉은 현대시기 그 시대에 있었을 법한 가상의 인물을 주인공으로 내세우고 전체적인 역사의 변화 과정을 보여준다.[145] 역사영화의 내용을 어떻게 이해하는지, 역사영화 속에 그려진 역사적 사실을 어떻게 수용하고 이해하는지, 역사영화 자체를 어떤 관점에서 파악하는지 등을 확인하는 질문을 제시하였다.[146]

이를 통해 수업에서 '역사학습영화'를 활용할 때 고려해야 할 점을 몇 가지 확인할 수 있었다.

첫째, '역사학습영화'를 선정할 때에는 수업 주제와 수업목표에 맞는 역사영화를 선정하되, 역사영화의 유형, 역사적 핍진성과 역사적 개연성 등을 고루 고려해야 한다는 점이다. 시대적 배경이나 소재의 일치성도 중요하지만 역사적 핍진성과 역사적 개연성이 높은 역사영화가 학습자로 하여금 과거의 상황과 인물을 이해하는 데 도움을 주기 때문이다. 또한 '재현형' 역사영화인 〈황산벌〉의 경우 고증 문제를 많이 거론하며 핍진성을 강조하는 경향을 보여, 역사적 사건(인물)을 정통으로 다루는 역사영화일수록 고증에 철저하고 핍진성이 높아야 한다고 생각하는 것으로 보인다. 반면 '인물 창조형' 역사영화인 〈국제시장〉의 경우 철저한 시대·상황적 고증보다는 사건의 흐름 속에서 개연성을 강조하는 경향을 보였다. 따라서 수업의 주제와 수업목표에 따라 유형과 내용을 함께 고려하여 '역사학습영화'의 선정이 이루어져야 할 것이다.

둘째, 역사영화 자체에 대한 것은 물론, 역사영화의 소재가 된 사건의 배경·시기·인물 등과 관련된 정보, 자료의 내외적 차원을 포함하는 맥락 (Context) 등을 보다 명확하게 알려줄 필요가 있다는 점이다. 감독에 의해서든 교사에 의해서든 영화는 편집을 거치기 때문에 전후 관계나 배경에 대한 정보 제공이 필요하다. 뿐만 아니라 역사영화만으로는 역사를 구조적으로 이해하는 데 한계가 있다. 앞서 역사영화의 유형에 따른 인식 차이를 확인하는 인터뷰(Ⅲ장 1-1절, 93쪽 참고)에서 학생들은 임진왜란·병자호란 당시 국제 정세나 전체적인 전황, 조선이나 일본군 내에서 입장 차이로 인한 갈등과 대립, 한국전쟁에 외세가 개입한 이유, 전쟁 발발 당시 국제 정세 및 전쟁의 원인 등 역사의 전체적인 구조를 파악하는 데에는 한계를 드러냈다.[147] 그리고 빠르게 전개되는 영화의 특성상 이야기의 흐름을 잘 따라가지 못하는 모습도 보였다.

따라서 영화 속에서 처음부터 드러나지 않았거나 혹은 교사의 편집으로 인해 생략된 정보, 누가·언제·어디서 일어난 일인지, 그리고 각 사건의 연결고리가 되는 내용을 포함한 전체적인 줄거리 등의 정보를 제공하여 역사영화의 내용이나 역사적 사실에 대한 이해가 저해되지 않도록 해줄 필요가 있다. 그리고 영화의 핵심 소재가 되는 사건의 진위 여부를 알려주어야 한다. 배경이 된 역사적 사건이 왜 일어났는지, 전체 역사에서 차지하는 위치가 어디쯤인지 알려주는 것이 좋다. 그래야 영화 속 정보와 역사적 사실에 대한 정보를 선별할 수 있다. 이때 연표 등을 활용하면 비교적 객관적인 정보를 제공할 수 있을 것이다.

셋째, 학습자 수준에 맞게 역사영화를 가공·편집해야 한다는 점이다. 학습자들을 관찰한 결과 35~40분 정도가 지나면 집중도가 급격히 떨어지는 모습을 보였다. 〈황산벌〉의 경우 전반부의 지나친 희화화를 거북스러워하거나 후반부의 전투 장면이 길어지자 지루해하기도 하였다. 앞서 역사영화의 유형에 따른 인식 차이를 확인하는 학생 인터뷰(93쪽)에서도 네 편의 역사영화를 보는 동안 학생들은 계속되는 자극에 무뎌지는 모습을 보였다. 전쟁 영화 속에서 생생하게 재현된 살육 장면을 시간이 갈수록 아무렇지 않게 받아들였다. 그리고 그런 장면에 대한 거부 반응과 함께 이를 오래도록 기억하는 경향을 보여 자극적인 장면이 학생들에게 더 강하게 각인되는 것을 확인할 수 있었다.[148] 그래서 빠른 전개를 특징으로 하는 영화의 특성과 학습자의 집중도, 현실적 제약 등을 고려하여 주요 인물이나 핵심 사건을 명확히 보여줄 수 있는 내러티브로의 집약과 편집이 필요한 것이다.

2015년에 실시한 설문 조사의 결과를 보면, 역사영화의 플롯에 따라 학습자들이 받아들이는 강조점이 달라진다는 것을 알 수 있다. 즉 어떻게 편집하느냐에 따라 다른 메시지와 인상을 주게 되므로 교사는 수업의 주제와 목표에 맞게 플롯을 결정하고 이에 따라 편집·가공해야 함을 알 수 있다. 가령, 영화 〈남영동 1985〉를 통해 당시의 사회적 분위기를 알게 하는 것이 목적이라면 인물들이 나누는 대화를 중심으로 편집해야 한다. 1980년대 군부 독재의 잔학성과 고문을 통한 인권 유린을 알게 하는 것이 목적이라면 그러한 측면을 묘사하는 장면을 보다 많이 포함시켜야 한다. 마찬가지로 영화 〈불꽃처럼 나비처럼〉을 통해 개항 이후 급변하는 한반도 정치 상황과 을미사변을 둘러싼 일본과 러시아의 대립을 보여주는 것이 목적인지, 명성황후라는 인물이 겪은 파란만장한 삶과 각 인물들의 세계관을 알아보도록 하는 것이 목적인지에 따라 편집된 '역사학습영화'의 내용은 달라져야 하는 것이다.

이때 주의해야 할 점은 역사영화를 편집·가공할 때 특정 장면을 앞뒤 맥락 없이 잘라서 제시해서는 안 된다는 것이다. 설사 그것이 전체 내용의 핵심을 나타내는 장면이거나 역사적 사실에 대한 재현이 잘 이루어진 것이라 하더라도 개연성이나 인과관계를 해치게 되면 수업에서의 효과가 떨어지기 때문이다. 그리고 이야기와 이야기 사이에는 인과관계가 뚜렷해야 한다. 편집 과정에서 연결고리가 훼손될 경우에 교사는 부연 설명을 통해 학습자에게 이야기가 자연스럽게 이어지도록 안내해 주어야 한다. 교사의 직관에 따르거나 전체 줄거리를 단순히 축약하는 것이 아니라 당시를 사실적으로 재현하여 핍진성이 높은 장면을 가급적 많이 포함하되, 개연성이 높고 인과관계가 분명하여 하나의 완성된 이야기 구조를 갖추도록 편집해야 하는 것이다.

넷째, 탐구 과제를 명확히 제시하고 이를 해결하는 과정에서 무엇을 묻고자 하는지 정확하게 질문해야 한다. 학습자는 각자가 가진 관점과 생각에 따라 영화를 보기 때문에 같은 장면을 보면서도 수용 양상이 다르게 나타날 수 있다. 게다가 영화는 이야기의 전개와 장면의 전환이 빠르기 때문에 자칫 영상에 학습자가 끌려 다닐 수 있다. 따라서 무엇을 알아야 하고, 무엇을 생각해 보아야 하는지, 무엇에 초점을 맞추고 영화를 봐야 하는지 미리 알려주어야 한다. 미리 탐구 주제와 질문을 알려주는 것은 학습자들이 보고 싶은 것을 보는 것이 아니라 보아야 할 부분을 볼 수 있도록 하기 위함이며,

영상을 보며 생각하고, 생각하면서 영상을 볼 수 있도록 해주는 것이다.

또한 어떻게 질문하느냐에 따라 학습자의 대답은 달라진다. 따라서 학습자에게 '이유가 무엇인가?'와 같은 단순한 질문보다는 의도나 목적을 묻는지, 인과관계를 묻는지를 정확하게 밝히는 질문을 해야 할 것이다. 특히 내용을 확인하는 질문 뿐 아니라 감독(제작자)의 의도를 파악하고 비판적으로 바라보도록 하는 질문이 필요하다.

교사 입장에서 무엇을 물을 것인지는 학습자 입장에서 무엇을 모르는지에 대한 이해에서 출발해야 할 것이다. 배움은 학습 과정에서 의문이 생기고 이것이 해결되어가는 과정 속에서 일어나는 것이다. 따라서 학습자가 '역사학습영화'를 보면서 어떤 내용에 대해, 어떤 이유로 의문이 생기는지 아는 것은 중요한 일이다. 이에 2015년 조사에서 학습자들이 제기한 의문을 살펴보고 이를 수업에서 어떻게 적용할 수 있는지 살펴보는 것이 좋겠다.

학습자들이 제기한 의문을 전체적인 경향성을 중심으로 정리하면 크게 세 가지 영역으로 구분할 수 있다. 첫 번째는 영화 속 내용에 관한 것, 두 번째는 영화와 역사가 교차되는 지점으로, 역사영화 속에 재현된 역사적 사실에 관한 것, 세 번째는 영화의 배경이 된 역사적 사실에 관한 것이다. 그리고 이 세 영역은 각각 사실을 확인하거나 구체적인 정보를 묻는 내용과 사건 발생의 원인이나 행동의 의도, 목적 등을 묻는 내용으로 나눠진다. 이를 알아보기 쉽도록 다음과 같이 〈표 7〉로 정리하였다.

〈표 7〉 학습자들이 제기한 의문의 영역 분류

의문 제기의 목적＼의문 대상이 되는 내용	영화 내용	재현된 역사	역사적 사실
사실이나 정보의 확인	I	III	V
원인, 목적, 의도의 파악	II	IV	VI

Ⅰ 영역은 주로 제작 과정 또는 교사의 편집 과정에서 발생한 생략 등으로 인해 줄거리 자체를 이해하지 못하거나 궁금해 하는 경우, 영화의 설정이나 상황에 대한 단순한 이해조차 되지 않은 경우에 발생한 의문이다. 즉 정보 부족이나 상식적 이해의 부족에서 기인한 것이다. 따라서 영화를 보면서 생긴 지엽적이고 사소한 궁금증이 역사영화를 이해하는 데 방해되지 않도록 누가, 언제, 어디서 등 영화에 대한 최소한의 정보를 제공하여 학습자가 정말로 집중해야 할 부분에 집중할 수 있도록 사고의 가지치기를 해 주어야 할 것이다.

Ⅱ 영역은 기본적인 인간의 행동과 심리에 대하여 이해하지 못하거나, 당시의 역사적 상황이나 생활방식, 그 시대 사람들의 사고방식을 이해하지 못하는 경우이다. 주로 인간에 대한 이해나 시간성 즉, 역사적 변화에 대한 이해가 부족한 경우이기 때문에 과거 상황에 대한 정보를 제공해 주어야 한다. 이 경우 해당 장면을 보고 난 이후에 부연 설명을 할 수도 있고, 당시 상황이나 사람들의 모습이 현재와 왜 다르게 나타나는지 생각해 보도록 학습자에게 질문을 던질 수도 있다. 과거와 현재의 차이를 인식하게 하고 그 원인에 대해 생각해보는 기회를 제공하는 것은 과거와 과거 사람들을 이해하도록 하는 역사 학습의 유용한 활동 중 하나라고 할 수 있다. 또한, 무조건

많은 정보를 제공하기보다 수업의 주제나 수업목표가 무엇인가에 따라 제공해야 하는 정보의 수준이나 양을 조절해야 할 것이다.

Ⅲ 영역은 영화 속에서 재현된 내용이 사실인지 아닌지를 확인하는 부분으로 자신이 알고 있는 역사적 사실과 괴리가 발생하거나 의심하면서 의문을 제기하는 경우이다. 기본적으로 영화 속에 재현된 역사적 사실에 대한 정보 부족에서 기인한 문제이지만, Ⅰ, Ⅱ 영역과 달리 단순히 몰랐던 내용이기 때문에 사실 관계를 확인하려는 것이 아니라 영화를 통해 수용된 정보가 학습자가 가진 선행지식과 충돌을 일으켰다는 점에 주목해야 한다. 즉 영화의 내용이 자신이 알고 있는 역사적 사실과 차이가 있거나 실제 사실이라고 믿기 어려워 의구심이 일어난 것이다. 이것은 학습자들이 영화 속 내용을 실제 역사로 수용할지 아니면 허구로 받아들일지 결정하기 위한 전(前) 단계로 학습자의 판단력이 작용되는 지점이 된다. 따라서 내러티브의 핵심 소재가 되는 사건의 진위 여부에 대한 정보를 제공하여 학습자들이 역사적 사실에 대한 정보를 선별할 수 있도록 해주어야 한다.

수업에서는 이러한 학습자의 의문을 역으로 이용해 사고를 자극할 수 있다. 즉 학습자가 익숙하게 여길 수 있는 상황에 대하여, 이를 반대로 생각해보도록 하거나 사실이 아닌 사건이 플롯에 삽입된 이유를 묻는 것이다. 이를 통해 지금과는 다른 과거의 모습과 사회상을 이해할 수 있을 것이다. 또한 단순히 이야기에 몰입해서 감독의 의도를 따라 가는 것이 아니라 메타적 관점에서 역사영화를 보도록 할 수 있고, 이러한 과정을 통해 역사영화 전체에 대한 평가와 판단이 이루어지도록 할 수 있다.

Ⅳ 영역은 영화 속에서 재현된 역사적 사건이 발생한 이유나 당시 상황이 발생하게 된 원인 등에 의문을 제기하는 것이다. 이는 Ⅱ 영역에 비해서는 더 역사적인 의문이지만 전체적인 역사적 맥락보다는 영화 속의 제한된 상황만을 주목하는 경우이다. 이때 학습자로 하여금 역사영화 속에 재현된 장면에 대해 '왜'라는 물음을 던져 보는 방식을 활용한다면, 당시 상황과 역사적 사실에 대해 비판적으로 사고하며 당시 인물의 입장에서도 생각해보는 기회를 가질 수 있을 것이다.

Ⅴ 영역은 영화의 배경이 되는 역사적 사건이나 시대적 상황에 대한 구체적인 정보를 확인하고자 하는 부분이다. Ⅲ 영역에 비해 영화와는 독립된 역사에 대한 물음이다. 학습자들은 영화 속에 재현된 장면을 통해 관련된 실제 역사에 대해 더 많은 정보를 알고 싶어 하였다. 다시 말해 '역사학습영화'가 '역사'에 대한 동기 유발 자료로서 기능하고 있음을 알 수 있다. 역사적 사실에 대해 의문이나 호기심이 생겨난 학습자에게 그와 관련된 구체적인 정보가 주어진다면 그들은 더 깊이, 더 길게 해당 사실을 기억할 수 있을 것이다. 그래서 수업에서 '역사학습영화'를 보고 난 이후에 관련된 역사적 사실에 대한 정보를 제공할 수도 있고, 학습자 스스로 해당 정보를 찾는 조사·탐구 활동을 하도록 수업을 설계할 수도 있다. 이러한 과정을 통해 역사영화가 역사 수업을 위한 동기 유발 자료이자 학습 자료로 기능함을 확인할 수 있다.

Ⅵ 영역은 영화의 배경이 된 실제 역사가 발생한 원인이나 주요 인물이 보인 행동(행위) 결정의 의도나 목적 등 보다 큰 맥락 속에서 의문을 제기하

는 경우이다. 역사의 근본적인 질문이라 할 수 있는 '왜'가 끊임없이 제기된 것이지만, 기본적으로는 Ⅴ 영역과 유사하게 영화의 소재가 된 역사적 사실에 대한 정보 부족에서 제기된 경우가 많다. 전체적인 흐름을 이해하고 내러티브를 따라가는 데 어려움을 겪지 않으려면 해당 사건이 왜 일어났고 전체 역사에서 어느 지점에 위치하는지 확인할 수 있어야 한다. 이때 연표 등을 통해 되도록 객관적인 정보를 제공하는 것이 역사적 평가·판단 활동을 하는 학습자의 인식에 영향을 적게 미치는 방법이 될 수 있을 것이다.

Ⅰ~Ⅵ 영역에서 학습자들이 제기한 의문은 과거에 대한 이해를 도울 수 있는 질문으로, 과거의 사람들을 이해하기 위한 질문으로, 그리고 역사영화를 전체적인 관점에서 조망하고 역사적 사건(인물)을 평가·판단하기 위한 질문으로 바꾸어 활용할 수 있다. 이때 교사의 질문은 수업목표를 달성할 수 있도록 단계적이고 구체적으로 제시되어야 하며, '역사학습영화'의 내용을 통해 당장 답을 내놓을 수 있는 물음 뿐 아니라 그 속의 내용보다 확장된 사실에 대한 물음까지 포함하여 조사·탐구 활동이 병행될 수 있도록 질문을 제작하는 것이 좋을 것이다.

무엇보다 '역사학습영화'를 통해 역사의 전개 과정이나 의사결정에 대한 근본적인 물음을 던지는 것이 중요할 것이다. '왜 하필 그런 결정을 했는지', '그 결정은 최선이었는지'를 묻고, 이에 대해 학습자 스스로 생각해 보고 답해 보는 기회를 가지도록 하는 것이다. 이것이 수업에서 궁극적으로 다루는 탐구 주제가 될 수 있는 것이다. 특히 앞선 영역처럼 지엽적인 내용에 대한 의문이 생기지 않도록 정보를 제공하거나 단계적이고 구체적으로 질문하는 것이 병행되어야 역사적으로 탐구하는 과정이 효과적으로 이루어질 수 있을 것이다.

(2) 수업 절차의 설계

앞서 정리한 내용을 바탕으로 실제 수업의 절차를 설계해 보도록 하자.

'역사학습영화' 활용 수업을 설계하기 위해서는 가장 먼저, 수업의 목적[149]을 고려해야 할 것이다. 수업의 목적에 따라 영화의 선정, 편집 여부나 방법 뿐 아니라 세부적인 수업의 흐름도 달라지기 때문이다. 수업의 궁극적인 목적은 학습자들이 역사적으로 사고하는 것이다. 역사영화 속의 내용에서부터 역사영화가 해당 사건과 인물을 바라보는 관점 및 역사영화의 구성적 측면까지 평가하고 판단할 수 있어야 할 것이다.

과거의 사실과 인물을 이해하는 것은 역사적 사건과 인물에 대한 판단의 기초를 제공하며, 역사적 평가와 판단을 위해서는 과거의 사실과 인물에 대한 이해가 선행되어야 한다. 따라서 '역사학습영화'를 활용한 수업의 목적은 과거의 사실을 이해하는 것, 과거의 인물을 이해하는 것, 그리고 이를 토대로 역사적 사건과 인물에 대한 평가와 판단을 하는 것이라고 요약할 수 있다. 이를 도식화하면 〈표 8〉과 같다.[150]

〈표 8〉 '역사학습영화' 활용 수업의 목적 수립

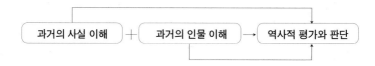

다음으로, 수업의 목적을 달성하는 데 적합한 역사영화를 선정·가공해야 할 것이다. 물론 수업목표를 설정하고 그에 따라 가르칠 내용과 방법이 선정되는 것이 일반적이겠지만, 역사 수업은 내용의 중요성이 크기 때문에 역사교사들은 가르칠 내용을 보고 수업목표를 세우며, 자료를 찾고 교수 방법을 선택하는 과정을 밟는 경우가 많다.[151] 이에 수업의 목적 달성에 적합한 역사영화를 먼저 선정하고자 한다. 그 전에 수업 준비의 효율성을 높이기 위하여 수업의 목적에 적합한 유형별 역사영화를 살펴보자.

우선, 과거의 사실을 이해하는 데 효과적인 유형은 '다큐형'과 '재현형' 역사영화이다. '다큐형' 역사영화는 해당 주제를 깊이 있게 관찰하고 관련 정보를 습득하는 데 초점을 두기 때문이고, '재현형' 역사영화는 전체적인 흐름이 특정한 역사적 사건의 시간적 흐름과 맥을 같이 하며, 기존에 알던 역사적 사실과 비교하여 역사영화 속 내용을 파악할 수 있기 때문이다. 다음으로 과거의 인물을 이해하는 데 효과적인 유형은 서사 구조가 두드러지는 '재현형'과 '인물 창조형' 역사영화이다. 이 유형의 역사영화를 통해 학습자는 그 속의 인물에 대한 감정이입과 추체험을 경험하고, 그들의 생각이나 감정에 공감하며 역사영화가 주는 메시지를 받아들일 수 있기 때문이다. 가령, 학습자는 〈황산벌〉을 통해 백제와 신라의 지휘관도 되었다가 이름 없는 군인도 되어볼 수 있고, 〈군도: 민란의 시대〉 속 군상의 모습을 통해 세도정치 시기 민중들의 삶과 감정에 대한 추체험의 기회도 가질 수 있는 것이다. 끝으로 역사영화에 내포된 메시지, 제작의도, 제작된 시대의 사회적 맥락 등을 확인·평가하는 데에는 '다큐형', '재현형', '인물 창조형' 역사영화가 모

두 효과적이다. 이는 '역사학습영화'가 어떤 역사적 소재를 다루는가보다 그
것이 역사적 소재를 다루는 방식이 어떠한가가 더 중요하기 때문이다. 이상
의 내용을 도식화하면 〈표 9〉와 같다.

〈표 9〉 수업 목적별 적합한 역사영화의 유형

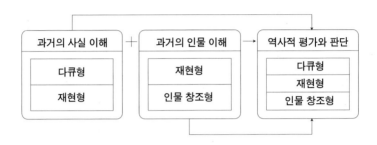

역사영화를 선정한 뒤에는 구체적인 수업의 주제와 수업목표를 설정해
야 하고, 수업목표에 따른 평가 기준을 마련해야 한다. 그리고 필요할 경우
수업목표에 맞게 역사영화를 편집 · 가공해야 한다. 역사영화 전체의 이야
기 리듬과 '역사학습영화'의 이야기 리듬은 다르다. 학습자가 보게 될 '역사
학습영화' 속의 사건이나 세부 묘사가 본질적 · 핵심적인 내용이어야 학습
자는 흥미를 가지고 몰입할 수 있게 된다.[152] 따라서 수업의 주제와 목표에
맞는 '리듬'이 설정되고, 그 '리듬'에 맞는 편집과 재구성이 이루어져야 할 것
이다.[153]

실제 수업을 시행할 때에는 학습자에게 제공하는 정보에 대한 고려가 이
루어져야 한다. '역사학습영화'는 그 자체로서 완전무결한 학습 자료가 아니
기 때문에 수업의 목적을 달성하기 위하여 다른 학습 자료들을 함께 제시하

여야 한다.[154] 앞서 정리한 내용을 참고하면 수업에서 학습자에게 제공하는 정보의 범주는 크게 영화의 배경이 되는 '역사'와 '영화 내용'의 두 가지로 정리할 수 있다.

먼저 '역사'와 관련하여, 학습자에게 영화의 소재가 된 실제 역사적 사건의 배경·시기·인물 등에 관한 개략적인 정보, 핵심 소재가 되는 사건의 진위 여부 등을 알려주어야 한다. 실제 수업에서 역사에 대한 정보 제공은 교육과정의 내용에 토대를 두되, 배경이 된 시대를 전반적·객관적으로 이해할 수 있도록 연표로 제시해주는 것이 좋을 것이다. 가령 역사적 인물을 소재로 한 '역사학습영화'의 경우 해당 인물의 생애를 연보로 제시하거나 그 인물이 살았던 시대의 주요 사건과 인물의 생애를 비교하여 제시하는 방법 등으로 역사적 인물에 대한 정보를 제공할 수 있다. 한국전쟁이나 '일본군위안부'처럼 특정 사건을 소재로 한 경우 사건의 연도별 진행과정 등의 정보를 제공할 수 있다. 이 외에도 국제 정치와 국내 정치를 비교하거나 정치적 상황과 경제·사회·문화적 상황을 비교할 수도 있다. 해당 소재 자체를 설명하는 것이 아니라 이를 보다 폭 넓게 이해할 수 있도록 전반적인 흐름을 연표 등으로 확인하게 하는 것이다. 연표로 설명하기 어려운 시대적 특성이나 개념의 경우에는 추가적으로 부연 설명을 할 수도 있다.

다음으로 '영화 내용'과 관련하여, 영화의 개략적인 전체 줄거리, 각 사건 간의 연결고리가 되는 내용, 누가, 언제, 어디서 일어난 일인지와 같은 기본적인 정보 등을 알려주어야 한다. 실제 수업에서 '역사학습영화'의 개략적인 줄거리를 알려주는 것은 학습자들이 내용을 받아들이는 데 급급한 것이 아니라 사고하면서 영상을 보도록 도울 수 있다. 이때 편집으로 인해 생략된 내용일지라도 영화의 전체적인 맥락을 이해하는 데 필요한 내용일 경우 줄거리에 함께 포함시키는 것이 좋다. 가령 영화 〈암살〉을 활용한 독립 운동사 수업에서 주인공인 안옥윤이 쌍둥이 언니로 바뀌는 과정은 다양한 사건과 긴 영상을 통해 제시된다. 이를 모두 보여주면 수업 주제와 맞지 않는 내용이 많아지고, 그렇다고 해서 완전히 빼 버리면 역사적 핍진성과 역사적 개연성이 높은 다른 내용들과의 연결이 매끄럽지 않게 된다. 따라서 이를 영상으로 학습자에게 보여주는 것보다는 줄거리를 통해 알려줌으로써 '역사학습영화'에 대한 이해를 돕도록 하는 것이 더 효과적일 것이다.

또한 주요 등장인물, 주요 사건의 배경이 되는 시기와 장소를 알려주는 것이 좋다. 누가, 언제, 어디서에 대한 질문은 사실을 확인하는 내용이기 때문에 학습자 스스로 답을 찾도록 질문할 수도 있지만, 이미 줄거리에서 확인 가능한 내용일 뿐 아니라 보다 본질적인 질문과 탐구 주제에 집중할 수 있도록 이에 대한 정보를 알려주는 것이 더 효과적일 것이다. 또한 인물이나 사건의 실재 여부, 실존 인물을 모델로 한 경우 이에 대한 정보도 함께 제공하면 '역사학습영화'에 대한 이해를 높일 수 있다. 이상의 내용을 알아보기 쉽게 정리하면 〈표 10〉과 같다.

〈표 10〉 수업 활동 중 제공하는 정보의 영역과 구체적인 활동 내용

영역	수업 활동	구체적인 내용 및 예시
역사 정보	한국사 연표 안내	▶ 배경의 이해를 돕는 연표를 선택하여 제시함. - 국가사 주요 사건 VS 인물사 연보 비교 - 국제 정치 VS 국내 정치의 주요 사건 비교 - 정치사 VS 경제 · 사회 · 문화사 비교 - 관련 사건의 연도별 주요 진행 과정 안내
	배경 설명 보완	▶ 연표로 설명하기 어려운 개념, 시대적 특성 등의 경우 추가적인 설명을 제공함.
영화 내용 정보	줄거리 확인	▶ '역사학습영화'의 전체적이고 개략적인 줄거리를 제시함.
	3W 확인	▶ Who : 주요 등장인물과 실존(허구) 여부는? ▶ When : 주요사건의 배경이 되는 시기(사건)은? ▶ Where : 주요사건의 배경이 되는 공간(장소)는?

실제 수업에서 가장 핵심이 되는 것은 학습자가 탐구해야 할 내용이다. 탐구의 과정은 학습자에게 제시되는 질문[155]을 통해 구현된다. 김한종은 역사적 사고를 자극하는 수단으로 가장 많이 인식 · 사용되는 것이 교사의 질문이라고 보았다.[156] 교사는 '역사학습영화'를 보면서 학습자가 알아야 할 내용, 생각해야 할 내용을 스스로 사고할 수 있도록 질문을 제시해 주어야 한다. 이러한 질문을 해결해 가는 과정이 처음 설정된 수업목표를 달성하고 탐구 주제를 해결해 가는 과정이 될 수 있어야 할 것이다.

수업에서 교사가 하는 질문은 학습자에게 그들이 알아야 할 것을 묻는 것이다. 학습자들이 알아야 하는 것은 교사가 수업에서 가르치고자 하는 것, 즉 수업목표에 해당하므로 교사의 질문은 수업목표에 토대를 두어야 한다. 이에 남한호가 정리한 〈표 11〉 역사과 수업목표의 영역과 요소[157]를 토대로 학습자의 역사적 사고를 유도할 수 있는 질문의 구성 · 조직을 생각해 볼 수 있다.

〈표 11〉역사과 수업목표의 영역과 요소(남한호 논문 참고)

영역		구성 요소
A. 지식 및 이해		A1. 역사적 사실 A2. 역사적 용어와 개념 A3. 역사학의 성격
B. 역사적 기능	B1. 연대기 파악 기능	B1-1. 시간의 구분과 이해 B1-2. 시대와 시대구분의 이해 B1-3. 연속성과 변화 및 발전의 이해
	B2. 역사적 탐구 기능	B2-1. 문제의 인지 B2-2. 자료의 구분과 수집 및 비판 B2-3. 인과 관계의 파악 B2-4. 가설의 설정과 검증 B2-5. 정보의 종합 및 결론의 도출 B2-6. 유사성/차이점, 일반성/고유성의 이해 B2-7. 역사적 해석
	B3. 역사적 상상 기능	B3-1. 증거의 간극 파악과 삽입 B3-2. 감정이입적 이해 B3-3. 상상적 재구성 B3-4. 행위의 대안적 해석
	B4. 역사적 판단 기능	B4-1. 역사학의 연구 문제와 방법의 선택 B4-2. 사료의 선택과 중요성 평가 B4-3. 과거 사건에 대한 가치 판단 B4-4. 논쟁점과 문제 확인
C. 가치 및 태도		C1. 역사에 대한 관심과 반응 C2. 자기 이해와 수용적 자세 C3. 민족과 민족 문화에 대한 긍정적 인식

우선, 앞서 말한 수업의 세 가지 목적(표 8)에 따라 어떤 영역의 질문을 하는 것이 적절한지는 〈표 12〉와 같이 정리할 수 있다.

〈표 12〉에서 보는 것처럼 '역사학습영화'를 통해 과거의 사실을 이해한다는 것은 과거의 역사적 상황과 사건을 이해하고 인과적으로 파악할 수 있다는 것이다. 이를 위해 교사는 '역사학습영화'의 재현된 장면에 대하여 사실·개념, 상황·시대적 특징, 인과관계 등을 묻거나 과거와 현재, 영화의 내외적 측면을 비교하는 질문 등을 할 수 있다.

〈표 12〉 수업의 목적에 따른 역사과 수업목표의 영역과 구성 요소

수업목적	영역	구성 요소
과거의 사실 이해	A. 지식 및 이해	A1. 역사적 사실 A2. 역사적 용어와 개념 A3. 역사학의 성격
	B1. 연대기 파악 기능	B1-1. 시간의 구분과 이해 B1-2. 시대와 시대구분의 이해 B1-3. 연속성과 변화 및 발전의 이해
	B2. 역사적 탐구 기능	B2-1. 문제의 인지 B2-3. 인과 관계의 파악 B2-6. 유사성/차이점, 일반성/고유성의 이해
	B3. 역사적 상상 기능	B3-3. 상상적 재구성
과거의 인물 이해	B3. 역사적 상상 기능	B3-2. 감정이입적 이해
	C. 가치 및 태도	C1. 역사에 대한 관심과 반응 C3. 민족과 민족 문화에 대한 긍정적 인식
역사적 평가와 판단	B2. 역사적 탐구 기능	B2-2. 자료의 구분과 수집 및 비판 B2-4. 가설의 설정과 검증 B2-5. 정보의 종합 및 결론의 도출 B2-7. 역사적 해석
	B3. 역사적 상상 기능	B3-1. 증거의 간극 파악과 삽입 B3-4. 행위의 대안적 해석
	B4. 역사적 판단 기능	B4-1. 역사학의 연구 문제와 방법의 선택 B4-2. 사료의 선택과 중요성 평가 B4-3. 과거 사건에 대한 가치 판단 B4-4. 논쟁점과 문제 확인

'역사학습영화'를 통해 과거의 인물을 이해한다는 것은 당시 상황과 인물의 입장에서 그 시대를 바라보거나 인물 행동의 원인을 추론해 보도록 하는 것이다. 이를 위해 인물에 대한 학습자의 생각을 묻거나 당시 인물의 입장이 되어 보도록 질문할 수 있다.

과거의 사실과 인물에 대한 역사적 평가와 판단을 하기 위해서는 '역사학습영화'를 내외적 관점에서 비판·분석하거나 그 속의 내용, 혹은 이를 둘러싼 논쟁에 대하여 생각할 기회를 제공하는 것이 필요하다. 이를 위해 자료

의 출처를 확인하거나 당시 사건(인물)을 판단하는 기준을 세워 보도록 질문을 할 수 있다. 그리고 역사적 상상으로 채워진 허구적 사건(인물) 혹은 실제 역사와는 다른 측면으로 전개되는 이야기의 흐름을 평가하도록 질문을 던질 수 있다.

또한 〈표 11〉을 보다 쉽게 이해할 수 있도록 질문의 형식으로 예시를 구체화하여 작성한 것이 〈표 13〉이다.

〈표 13〉 역사과 수업목표의 영역과 질문 구성 예시

영역		질문 예시
A.		A1. 해당 장면에서 일어난 사건은 무엇인가? A2. 인물이 말한 '용어'의 의미는 무엇인가? A3. 실제와 비교하여 차이점은 무엇인가?
B.	B1.	B1-1. 인물이 활동하는 시대(배경)는 언제인가? B1-2. 사건이 일어난 순서대로 정리해보면? B1-3. 현재와 달리 당시 사회에서 나타난 특징은 무엇인가?
	B2.	B2-1. 사건(인물) 사이의 갈등이 일어난 이유는 무엇인가? B2-2. 재현된 사건(인물)이 근거로 하는 자료(출처)는 무엇인가? 　　　 제시된 자료는 신뢰할 수 있는 것인가? B2-3. 사건이 일어난 원인은 무엇이며, 결과는 어떻게 되었는가? B2-4. 재현된 사건(인물)에 대한 평가와 상반된 주장을 찾아보면? B2-5. 재현된 사건(인물)을 평가하기 위해 관련 자료를 조사해보면? B2-6. 당시 사회에서 나타난 특징을 현재와 비교해보면? B2-7. 수집된 자료를 토대로 영화 속 사건(인물)에 대하여 내릴 수 있는 해석은 무엇인가? 　　　 해당 역사영화가 보여주는 관점에 대한 나의 생각은 무엇인가?
	B3.	B3-1. 실제와 달리 영화에서 상상적으로 삽입된 내용은 무엇인가? B3-2. 당시 인물의 입장에서 '어떤 결정'을 했을지 생각해보면? B3-3. 영화 속에 나타나지 않았지만 '사건1'과 '사건2' 사이에 일어났을 법한 내용을 당시 상황 속에서 추론해보면? B3-4. 사건(인물)에 대한 역사적 평가와 영화의 관점을 비교해보면? 　　　 해당 사건(인물)을 반대의 관점에서 생각해보면?

영역		질문 예시
B.	B4.	B4-1. 재현된 사건(인물)을 판단하기 위한 기준은 무엇인가? B4-2. '해당 사건(인물)'에 대해 영화가 역사와 다른 평가를 내리는 이유는 무엇인 가? 이를 증명할 수 있는 자료를 찾아보면? B4-3. 당시의 관점(인식)에서 과거의 사건(인물)을 평가해보면? 현재의 평가와 다 른 평가가 내려지는 이유는 무엇인가? B4-4. 영화 속 인물이 겪는 딜레마는 무엇인가? 이에 대한 자신의 생각과 평가는 무 엇인가?
C.		C1. 당시 사건(인물)에 대한 자신의 생각은 무엇인가? C3. 역사의 주인공으로서 해당 사건을 바라보는 관점은 어떠한가?

실제 수업에서의 질문은 '역사학습영화'의 내용을 토대로 수업목표의 구성 요소와 연결하여 제작되어야 한다. 이때 '역사학습영화'의 내용이란 단순히 영화 속 내용에만 국한되는 것이 아니라 영화 내용 자체, 영화와 역사가 접점을 이루는 지점, 영화의 배경이 된 역사 등을 모두 염두에 두어야 한다. 물론 영화 내용과 영화 속에 재현된 역사에 대한 내용은 그 경계가 분명하지 않을 수 있다. 그렇지만 영화 내용 뿐 아니라 그 안에 재현된 역사적 사실과 이를 둘러싼 역사적 배경까지 모두 포함한 질문을 작성하려는 노력이 필요할 것이다.

이에 대한 이해를 돕기 위해 영화 〈밀정〉[158]을 가지고 내용 영역과 수업목표의 구성 요소에 따른 질문의 예시를 〈표 14〉와 같이 작성해 보았다. 질문 구성에 대한 이해를 돕기 위해 작성되어 내용이 다소 중복되거나 지엽적인 내용도 포함되었다. 실제 수업에서는 수업의 목적에 따라 같은 영상 장면이라도 질문이 달라질 수 있고, 달라져야 할 것이다.

〈표 14〉 내용과 수업목표 구성 요소에 따른 영화 〈밀정〉의 질문 구성 예시

영역		영화 내용	재현된 역사	역사적 배경
A. 지식 및 이해		▶김우진이 소속된 단체의 이름은 무엇인가?	▶이정출, 김우진이 모델로 한 실존인물은 각각 누구인가?	▶김시현, 김원봉 등이 소속된 단체의 이름은 무엇인가?
B.	B1. 연대기 파악 기능	▶이정출과 김우진이 만난 시기는 언제인가?	▶김우진이 경성으로 폭탄을 반입하는 과정을 정리해보면?	▶황옥 경부 사건이 일어난 시기는 언제인가?
	B2. 역사적 탐구 기능	▶김장옥이 순국한 이유는 무엇인가?	▶김장옥이 친일부호를 찾아간 목적을 추론해보면?	▶의열단이 추구한 활동 방식(방략)의 특징은 무엇인가?
		▶이정출이 의열단에 대하여 보인 행보를 정리해보면?	▶이정출의 행보와 황옥의 행보를 비교해보면?	▶황옥 경부 사건과 관련된 자료의 출처와 신뢰성 여부는?
	B3. 역사적 상상 기능	▶이정출과 김장옥의 관계는 어떻게 변화하였는가?	▶이정출과 같은 임정 출신이 조선총독부에서 일하게 된 이유를 추론해보면?	▶대한민국 임시정부의 활동이 침체된 원인은 무엇인가?
		▶이정출이 기차 안에서 김우진을 도운 이유는 무엇인가?	▶이정출의 행동과 황옥의 행동을 각각 인물의 입장에서 비교해보면?	▶황옥의 입장에서 의열단의 경성 폭탄 반입을 도운 이유를 추론해보면?
		▶의열단원들이 체포되는 과정에서 이정출이 미친 영향을 추론해보면?	▶황옥에 대한 학계의 정설과 영화의 관점을 비교해보면?	▶황옥에 대한 자신의 평가는? (밀정인가? 의열단원인가?)
	B4. 역사적 판단 기능	▶이정출의 행보(폭탄 반입, 재판 등)를 어떻게 평가할 것인가?	▶당시의 관점에서 이정출을 어떻게 평가할 것인가? 그 근거는 무엇인가?	▶자신이 황옥을 밀정(또는 의열단원)이라고 판단하는 근거는 무엇인가?
C. 가치 및 태도		▶재판정에서 이정출의 발언을 어떻게 평가할 것인가?	▶이정출의 모델이 된 황옥이 재판정에서 한 발언을 어떻게 평가할 것인가?	▶그 시절 황옥이라는 인물이 갖는 의미에 대한 자신의 생각은?

〈표 14〉에서 보는 것처럼 유사한 내용이라도 질문의 목적이나 방법, 형식은 다를 수 있으며, 이에 따라 학습자의 응답도 다르게 나올 수 있다. 영상을 보고 확인 가능한 질문인지, 역사적 사실에 바탕을 둔 질문인지, 혹은 추가적인 역사 자료가 있어야 대답할 수 있는 질문인지 차이가 있기 때문에

어떤 내용을 묻고 어떤 방식으로 질문할 것인지에 대해서 충분한 고민이 이루어져야 할 것이다.

지금까지 '역사학습영화' 활용 수업을 구성·진행하기 위하여 고려해야 할 요소들을 살펴보았다. 이를 수업 설계 과정과 실제 수업의 시행 과정으로 나누어 〈표 15〉와 〈표 16〉과 같이 정리하였다.

〈표 15〉 '역사학습영화'를 활용한 수업의 전(前) 단계

〈표 16〉 실제 수업의 진행 과정

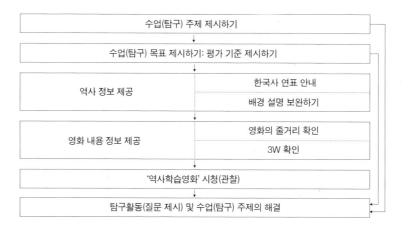

〈표 15〉는 준비 과정에, 〈표 16〉은 실제 수업의 진행 과정에 초점을 둔 것이다. 모두 수업의 절차에 초점을 맞춘 것으로, 이상의 내용을 종합하여 '역사학습영화' 활용 수업 모형을 정리하면 〈표 17〉과 같다.

〈표 17〉 '역사학습영화' 활용 수업 모형

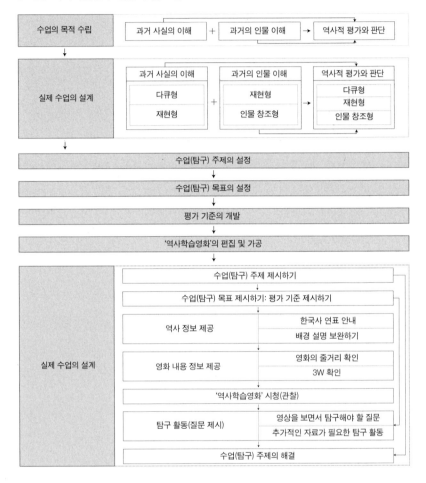

(3) 수업 모형의 적용 사례

수업 모형에 따른 수업이 실제로 어떻게 구현되는지 확인하기 위하여 구체적인 사례를 통해 각 단계별로 수업 내용을 구성·설계해 보고자 한다.

[수업의 목적 수립] 현행 교육과정에서 한국사 과목의 현대사 영역은 정치사 중심으로 서술되어 있으며, 그 당시 사람들이 생활했던 모습이나 사회적 현상 등은 별도의 단원으로 구성되어 있다.[159] 학습자가 느끼기에 현대사의 주요 사건이 일어난 시기는 시간적으로 멀리 떨어져 있기도 하지만 이러한 교육과정의 구성은 현대사에 대한 종합적이고 다각적인 접근을 어렵게 한다. 이에 당시 정치, 사회, 문화적 요인들을 모두 고려하면서 현대사의 주요 사건을 이해할 수 있도록, 그리고 당시 사회의 문화적 상황과 가치관을 현재와 비교해 볼 수 있도록 하는 수업을 구성해 보고자 한다.

[역사영화의 선정(유형)] 이러한 수업의 목적 달성에 용이한 역사영화의 유형은 '재현형'과 '다큐형' 역사영화이다. 이 가운데 현대시기의 정치적 요소 외에 사회·문화적 모습이 잘 드러나는 역사영화로 〈고고 70〉을 선정하였다. 2008년 개봉한 최호 감독의 〈고고 70〉은 1970년대 상규, 만식 등이 만든 밴드 데블스를 중심으로 벌어지는 이야기를 다룬다.[160] 실제로 1971년에 데뷔한 6인조 밴드 데블스를 모델로 하였고, 1972년 시민회관 화재사건, 1974년 대왕코너 화재사건 등이 영화 속 이야기 전개에 중요한 영향을 미치는 것으로 그려질 뿐 아니라 군사 정권 아래 문화 통제나 퇴폐풍조 단속 등도 중요한 요소로 다뤄지고 있다.

[수업(탐구) 주제 및 목표 설정] 이와 같은 내용을 담고 있는 〈고고 70〉을 통해 1970년대 당시 한국 사회의 모습을 관찰할 수 있을 것이다. 역사영화 속에

그려진 주인공의 모습을 통해 당시 정치적 상황이나 정부의 정책이 개인의 삶에 미친 영향을 생각해 볼 수 있고, 더 나아가 정치적 상황이 문화 예술이나 개인의 표현의 자유에 어떤 영향을 미치는지, 어느 정도까지 허용하고 제한해야 하는지에 대한 문제에 대해서도 생각해 볼 수 있다. 이에 수업(탐구)의 주제는 '〈고고 70〉을 통해 1970년대 군사 정권이 당시 사회에 미친 영향 알아보기'로, 수업(탐구)의 목표는 다음과 같이 설정하였다. ① 연표를 통해 1970년대 정치적, 사회문화적 주요 사건을 말할 수 있다. ② 영화를 통해 1970년대 정치적 상황이 사회와 문화에 끼친 영향을 파악할 수 있다. ③ 공권력의 규제와 문화·예술의 자유에 대한 자신의 생각을 글로 작성할 수 있다.

[평가 기준의 개발] 수업에서 학습자의 활동에 대한 평가 영역은 크게 '역사학습영화' 수업에 적극적으로 참여하고, 주어진 과제를 수행했는가와 같은 '태도(수행도)' 측면과 주어진 논제에 타당한 근거를 들어 자신의 주장을 논리적으로 서술했는가와 같은 '내용' 측면으로 나눌 수 있을 것이다. 수업목표에 근거하여 〈표 18〉과 같이 평가 기준표를 개발하였다.

〈표 18〉 영화 〈고고 70〉 글쓰기 평가 기준표

			평가(채점) 기준	척도
태도			○ 성실하게 임하여 수행과제를 제출하였는가? ○ 적극적인 태도로 평가 과정에 참여하였는가?	
내용 평가	기준		○ 명확한 이해를 바탕으로 논지를 전개하였는가? ○ 주장에 대한 논거 및 역사적 근거를 명확히 서술하였는가?	
	세부 항목	영화 내용	○ 주어진 영상을 통해 1970년대 정치적 상황을 파악할 수 있는가? ○ 정치적 상황이 사회·문화에 미친 영향을 추론할 수 있는가?	
		글쓰기	○ 주어진 세부 질문에 대한 대답을 포함하였는가? ○ 과거의 역사적 사실을 포함하여 논지를 전개하였는가?	

['역사학습영화'의 편집 및 가공] 이 수업의 '역사학습영화'가 초점을 맞추어야 할 이야기 리듬은 데블스 밴드가 활동할 당시의 정치·사회적 모습과 그것이 개인의 삶에 미친 영향에 대한 것이다. 따라서 주인공을 중심으로 밴드를 왜 결성했는지, 각 인물간의 관계는 어떻게 변화되어 가는지 보다는 고고음악이 당시 사회 분위기 속에 어떻게 인식되고 또 어떤 제약을 받았는지를 확인할 수 있도록 역사영화를 편집할 필요가 있다. 이에 수업목표를 달성하기 위해 학습자들이 집중해야 할 내용을 중심으로 영화를 〈표 19〉와 같이 편집하였다.

〈표 19〉 영화 〈고고 70〉의 편집 내용

주요 내용
▶ 기지촌에서 밴드를 하던 상규가 데블스를 결성해 큰 인기를 모음.
▶ 서울로 상경하여 이병욱을 만나고, 퇴폐풍조 단속에도 클럽 닐바나를 개장하여 와일드 걸즈와 함께 폭발적인 인기를 누리게 됨.
▶ 단속이 강화되고 대왕코너 화재사고로 동수가 사망하면서 데블스는 갈라서게 되고, 이후 각자의 활동으로 생계를 이어감.
▶ 상규와 각 멤버들, 그리고 이병욱 등은 정부의 퇴폐문화 단속으로 잡혀가서 정신교육(고문)을 받게 됨.
▶ 밴드는 저항의 리사이틀을 열고, 이에 대한 경찰의 무력 진압이 단행됨.

[실제 수업의 전개 - 정보 제공] 실제 수업을 위해서는 '역사'와 '영화 내용'에 대한 정보 제공이 이루어져야 한다. 영화 〈고고 70〉을 이해하기 위해서는 1970년대 군사 정권의 등장을 전후하여 한국의 정치적 상황, 그리고 각 시기 사회·문화적 상황까지 확인할 필요가 있다. 이에 박정희 정권 당시 주요 정치적 사건과 사회·문화적 사건을 비교하는 연표를 제시하였다. 또한 영화의 소재가 된 실제 밴드인 데블스에 대한 추가 설명도 제시하

였다. 그리고 편집된 '역사학습영화'에 대한 이해를 돕기 위하여 줄거리와 3W(Who, When, Where)에 대한 정보를 알려주었다.

[실제 수업의 전개 - 탐구활동(질문제시)] 구체적인 탐구활동은 '역사학습영화'의 장면과 관련된 것, 실제 역사적 사실과 관련된 것으로 나누어 제시하였다. 재현된 장면을 통해 ① 고고클럽에서 문화를 즐기던 젊은이들은 어떤 사람들인가?, ② 당시 정권이 통행금지, 두발과 복장 단속을 했던 이유는 무엇인가?, ③ 데블스를 비롯한 소위 퇴폐문화의 주동자들이 고문을 당하는 이유는 무엇인가? 등에 대하여 생각해 보도록 하였다. 그리고 '역사학습영화'와 실제 역사를 연결 지어 생각할 수 있도록 당시 일어난 실제 사건에 대한 정보(서울 시민회관 화재사고, 청량리 대왕코너 화재사고)를 제공하였다. '역사학습영화'에 대한 이해를 바탕으로 ④ 문화 및 예술에 대한 공권력의 규제는 어디까지 허용되어야 할 것인가?라는 주제를 제시하고, 과거와 현재 입장을 모두 고려하여 자신의 생각을 글로 작성하도록 하였다. 이러한 질문에 대해 생각해보고 글쓰기를 하면서 학습자들은 개인의 자유와 예술적 자유가 정치·사회적 경직성과 충돌하는 1970년대를 이해할 수 있게 되는 것이다.

이상의 내용을 구현한 것이 〈학습 활동지 1〉이며, 이를 활용한 실제 수업의 전개는 〈표 20〉과 같이 진행할 수 있다.

〈표 20〉 영화 〈고고 70〉을 활용한 '역사학습영화' 수업안

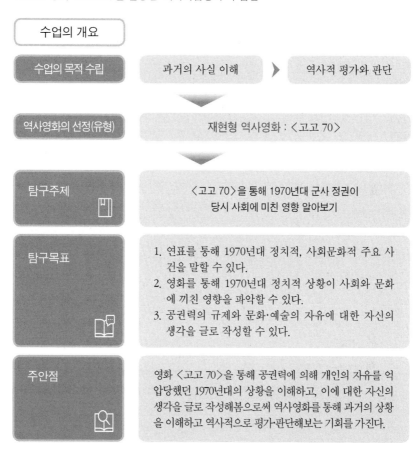

수업의 개요

| 수업의 목적 수립 | 과거의 사실 이해 ▶ 역사적 평가와 판단 |

| 역사영화의 선정(유형) | 재현형 역사영화 : 〈고고 70〉 |

| 탐구주제 | 〈고고 70〉을 통해 1970년대 군사 정권이 당시 사회에 미친 영향 알아보기 |

| 탐구목표 | 1. 연표를 통해 1970년대 정치적, 사회문화적 주요 사건을 말할 수 있다.
2. 영화를 통해 1970년대 정치적 상황이 사회와 문화에 끼친 영향을 파악할 수 있다.
3. 공권력의 규제와 문화·예술의 자유에 대한 자신의 생각을 글로 작성할 수 있다. |

| 주안점 | 영화 〈고고 70〉을 통해 공권력에 의해 개인의 자유를 억압당했던 1970년대의 상황을 이해하고, 이에 대한 자신의 생각을 글로 작성해봄으로써 역사영화를 통해 과거의 상황을 이해하고 역사적으로 평가·판단해보는 기회를 가진다. |

1/3차시	교수·학습 활동
도입	전시확인: 3'　박정희 정권의 성립과 역사적 사건의 흐름 정리하기 동기유발: 2'　영화 〈고고70〉의 배경과 소재를 안내하고, 실화를 배경으로 하였음을 말하기
전개	연표 확인: 10'　**박정희 정권의 정치·사회문화적 상황 파악하기** 전시 수업과 연표를 토대로 1961년 5 · 16 군사정변부터 1979년 10 · 26 사건에 이르기까지 독재 정권 아래 주요 사건을 정리하고, 당시 사회문화적인 상황을 알 수 있는 사건을 설명한다. 영화정보 확인: 8'　**영화 〈고고70〉의 줄거리, 3W 확인하기** 영상 내용을 중심으로 줄거리를 읽도록 하고, 주요 등장인물과 시간 및 장소를 확인하도록 한다. 또한 실존 여부를 설명한다. 역사정보 확인: 12'　**데블스 및 실제 화재 사고 자료 확인하기** 추가 자료를 통해 영화의 소재가 된 6인조 밴드 '데블스', 영화의 실제 배경이 된 '서울 시민회관 화재사고', '청량리 대왕코너 화재사고'를 설명한다. 영화 시청: 15'　**편집된 '역사학습영화' 〈고고70〉 시청하기** 영화를 시청하기 전 '영상을 보며 탐구하기' 질문을 미리 읽고 영화를 보도록 지도한다.

2/3차시	교수·학습 활동
도입	전시확인: 2'　지난 시간에 학습한 내용과 영화의 내용 정리하기
전개	영화 시청: 30'　**편집된 '역사학습영화' 〈고고70〉 시청하기** 주어진 질문을 미리 확인하면서 영화를 보도록 지도한다. 탐구활동: 16'　**영상을 보며 탐구하기** '역사학습영화'의 내용을 참고하여 주어진 4개의 질문에 대하여 자신의 생각을 적도록 한다.
정리	수업정리 및 차시예고: 2'　본시 정리 및 차시 예고

도입	전시확인: 3' 영화의 내용과 탐구활동의 질문 내용 정리하기
전개	탐구 주제 해결: 25' **'문화 예술과 표현의 자유' 글쓰기** 주어진 조건에 따라 탐구 주제에 대한 글쓰기를 수행한다. - 영상 보며 탐구하기 질문과 과거의 역사적 사실, 현재의 사회문화적 상황 등을 고려할 것. - 문화 및 예술의 허용 범위는 어디까지인가? 문화 및 예술에 대한 공권력의 규제는 어디까지 허용되어야 하는가? 개인이 누릴 수 있는 표현의 자유와 개인의 자유를 억압(통제)할 수 있는 권한은 누구에게 있으며, 어느 선까지 허용할 것인가? 등의 세부 논제를 고려할 것. 글쓰기 발표 및 공유: 20' **글쓰기 내용 발표 및 공유** 다른 학생의 발표를 듣고 자신의 논지와 비교하도록 지도한다.
정리	수업정리: 2' 본시 정리 및 차시 예고

〈학습 활동지 1〉영화 〈고고 70〉을 활용한 '역사학습영화' 수업

한국사 연표

정치적 상황	연도	사회 문화적 상황
5·16 군사쿠데타(군정시작)	1961	정치깡패 서울 가두 조리돌림, 대학생 교복 착용, 중고생 삭발령, 5개 시중은행 정부 귀속
윤보선大 하야, 헌법개정(5차)	1962	김종필-오히라 메모 합의, 재산청구권문제 타결
제5대 박정희大 당선	1963	첫 노동 수출(서독 광부 123명)
제1차 인혁당사건 발표, 한-베트남 협정	1964	대일 굴욕외교 반대 시위(6·3 시위), 언론 파동*
위수령, 한일협정 조인, 전투부대 파월	1965	언론인 의문의 폭파 및 테러 사건 발생, 한일협정 반대 서명 교수에 음성적 정치 보복**
제6대 박정희大 당선, 부정선거 논란***	1967	
1·21 사태#, 울진·삼척무장공비사건	1968	전국 고교생·대학생 전원에게 군사훈련 실시(국방부)
남서울 계획, 경부고속도로 개통	1970	와우아파트 붕괴, 전태일 분신자살
제7대 박정희大 당선(69년 3선개헌)	1971	대학생 군사교련 전면철폐 및 언론 자유 가두 시위
7·4 남북공동성명, 유신헌법 의결, 제8대 박정희大 선출 (78년 9대 선출)	1972	언론인 프레스카드제, 직지심경 발견(파리)
한국방송공사(KBS) 발족	1973	개헌청원 100만인 서명운동
제2차 인혁당사건 발표, 육영수 피살	1974	동아일보 광고 탄압 사건 발생
판문점 도끼 만행 사건	1976	3·1 민주구국선언(명동사건)
10·26, 제10대 최규하大 선출, 12·12	1979	YH무역사건##, 마산창원지역 시위(위수령)

*언론파동: 정부가 언론윤리위원회법안을 국회에 단독 제의하고 언론 윤리법에 찬성하지 않은 5개 신문사에 대해 보복 조치를 단행하였으며 재야·정당·사회단체가 '자유 언론 수호 국민대회' 발기준비회의를 구성함. 대통령이 언론윤리법 시행 보류와 윤리위원회 소집을 무기 연기하도록 지시함으로써 언론 파동이 일단락됨.

**정치보복: 교수 4명의 박사학위 승인을 거부하고 교수 23명의 해외여행 추천을 거부함.

***부정선거 논란: 제7대 국회의원 선거에서 ① 서울동대문갑에서 신민당이 우세하자 공화당원 20여명이 개표소에 난입하여 46명 구속, ② 경기도화성에서 투표종사원이 신민당 유효표에 인주를 묻혀 2천여장이 무효화됨.

#1 · 21 사태: 김신조를 포함하여 서울에 무장공비 31명이 침입하였고 김신조 체포, 5명 사살함.
##YH사건: YH무역 여성노동자 170명이 마포 신민당사에서 농성하고 경찰이 강제 해산시키는
과정에서 여공 1명이 절명함.

영화 이해하기

줄거리(영상내용 중심)

1972년 대구 왜관의 기지촌에서 컨츄리 음악을 연주하던 상규(조승우)는 소울 음악을
하는 만식(차승우)과 의기투합하여 6인조 밴드 '데블스'를 결성하여 인기를 얻는다.
이후 상규는 입영통지서를 태워버리고 자신을 동경하는 가수 지망생 미미(신민아)와
데블스 멤버들과 함께 서울로 와서 '플레이보이컵배 그룹사운드 경연대회'에 나간다.
이곳에서 당시 음악계를 주름잡던 팝 칼럼니스트 이병욱(이성민)의 눈에 띄지만
시민회관 화재사건과 퇴폐풍조 강력 단속으로 무대에 설 기회를 얻지 못한다. 이 무렵
이병욱은 통행금지를 피해 대한민국 최초의 고고클럽 '닐바나'를 오픈하고 이곳에서
데블스는 대한민국 최초의 소울 밴드라 불리며 폭발적인 인기를 얻고, 미미 역시
'와일드걸즈'를 결성하여 고고댄스와 고고패션으로 유행을 선도한다. 그러나 새로운
음악을 원하는 상규와 그렇지 않은 만식은 갈등을 일으키고, **대왕코너 화재 사고**로
동수가 사망하면서 데블스는 갈라선다. 각자의 살길을 찾아 생활하던 이들은 정부의
퇴폐 문화 단속으로 인해 잡혀가 '정신교육'을 받게 되고 입영을 미룬 상규는 구금된다.
고문 이후 재회한 이들은 마지막 공연을 행하고 공권력은 이들을 무력으로 진압한다.

Who		주요 등장인물과 그들의 모델이 된 인물은?

상규 (조승우)	빨갱이였던 아버지와 그로 인해 고생하시던 어머니를 여의고 기지촌에서 음악을 하며 돈을 벌다가 소울 음악을 접한 뒤 데블스를 결성하여 보컬을 담당한다. 입영통지서를 무시하고 상경하여 큰 인기를 끌게 된다. 높은 인기에도 불구하고 끊임없이 새로운 음악을 만들고 즐기고자 한다.
미미 (신민아)	천성이 밝다. 기지촌에서 일하면서 언젠가는 무대에서 노래를 할 수 있다는 꿈을 갖고 상규를 따른다. 데블스의 노래에 맞춰 고고패션과 고고춤을 선보여 선풍적인 인기를 끈다.
이병욱 (이성민)	서울대를 나와 당시 음악계를 이끄는 팝 칼럼니스트로 유신시대 하의 억압된 청년 문화를 분출하도록 하기 위해 고고클럽 닐바나 오픈을 주도한다. 그러나 정부의 퇴폐 문화 단속 과정에서 금지곡을 선정하는 등 권력에 무릎꿇게 된다.
만식 (차승우)	데블스의 기타로, 음악적 감각이 뛰어나다. 돈과 높은 인기에 취해 여러 공연을 뛰지만 상규와는 음악적 견해 차이로 갈등한다. 그러나 억눌린 청년들의 문화를 분출하도록 하기 위해 마지막까지 노래한다.

When	주요사건의 배경이 되는 시기(사건)은? 1972 ~ 1974년 무렵(유신정권)

Where	주요사건의 배경이 되는 공간(장소)는? 대구, 서울 등

역사 이해하기

▶[데블스]

1971년 1집 앨범 [그룹사운드 Devils]로 데뷔하였다. 1집 발매 이후 주축 멤버 연석원이 군 입대로 빠지면서 멤버를 교체하고 소위 '철창 앨범'이라는 이름으로 불리는 1974년 데블스 2집이 발매되었다. 저항적인 냄새가 진동하는 재킷 사진은 서울 장충동 자유센터에서 촬영했다. 그곳의 철창 대문을 뒤로하고 걸어가는 멤버들의 뒷모습을 담은 파격적인 재킷은 발매 즉시 관심을 모았다. 얼굴을 노출하지 않고 뒷모습 사진을 선택한 것은 당시 병역 기피자였던 리더 김명길 때문이었다. 2집 발매 후 데블스는 특유의 그루브 넘치는 연주와 빠른 스텝을 밟는 모션을 앞세워 당대 최고의 고고클럽인 마이하우스, 닐바나, 타워 클럽, 로얄호텔 지하 클럽 등 수많은 클럽 무대를 평정하며 승승장구했다. 하지만 곧 멤버들이 대마초 사건에 연루된 바람에 활동 정지를 당했다. 1975년 데블스는 박영걸이 창립한 노만기획에 소속되어 밴드명을 '친구들'로 개명했다. 데블스는 데뷔 후 12년간 4장의 앨범을 발표하고 1980년 해체했다. 이들의 주 무대인 고고클럽 닐바나는 1979년 폐관했다.

-가요앨범 리뷰, 한국대중가요연구소 -

▶[안전보건공단자료: 그 때 그 사고 피할 수 없었나]

○ 서울 시민회관 화재사고

현재의 세종문화회관 자리에 1970년대 4층 규모의 서울 시민회관이 있었다. 1972년 12월 당대 스타 가수들이 총출동한 MBC 10대 가수 청백전이 열려 관객 3,000여명이 몰려들었다. 저녁 8시 28분 무대 위의 조명 장치가 합선으로 인해 터지면서 화재가 났고 허둥대던 주최측이 막을 내리면서 막에 불이 옮겨 붙어 불이 커졌다. 관객들이 앞다투어 빠져 나오면서 넘어지거나 2, 3층에서 뛰어내린 사람들도 있었다. 고가사다리차를 비롯해 소방차 72대와 소방관 400여명, 군 병력과 군 헬기까지 동원되어 화재 발생 2시간만에 진화되었지만 53명이 숨지고 76명이 부상을 당했다.

○ 청량리 대왕코너 화재 사건

1974년 11월 3일 현재 청량리 롯데 백화점 자리에 있던 7층 대왕코너 건물에 조명 합선으로 인한 불이 났다. 불이 나자 82대의 소방차가 출동하여 100여명을 구조하고 3시간 30여분만에 진화했지만 88명의 사망자가 생겼다. 희생자 대부분은 6층 (타임)나이트클럽의 손님이었다. 화재가 나자 전기실로 불이 번질 것을 우려해 전기를 꺼버리자 관객들은 당시 유행하던 키스타임으로 생각했다. 화재 발생 사실을 알았을 때 회전식 출입문에 사람이 몰리면서 출입구가 막혀버렸고 종업원들은 손님을 대피시키는 대신 술값을 받으려고 문을 열어주지 않아 희생자가 늘어났다. 탈출구를 찾던 사람들은 연기에 질식해 쓰러지고 창문을 깨고 뛰어내리다가 사망한 사람도 6명이나 되었다. 이 때 타임 나이트클럽은 불법영업 중이었다. (당시 규정상 외국인이나 외국인 동반 한국인에 대해 새벽 2시까지 영업할 수 있었다.)

1 고고클럽에서 밤 문화를 즐기는 젊은이들은 어떤 사람들이었을까?

2 당시 정권이 통행금지, 두발 · 복장 단속(장발, 미니스커트, 나팔바지 등)을 했던 이유는 무엇일까?

3 청년들이 고고춤을 즐기고 장발과 미니스커트를 입었던 이유를 시대적 상황과 관련지어 생각해보자.

4 영상의 후반부에 데블스를 비롯한 '퇴폐문화' 주동자들이 고문을 당하는 이유는 무엇일까?

수행평가 문항

※ 다음 예시에 나온 질문 / 과거의 역사적 사실 / 현재의 사회 문화적 상황 등을 함께 고려하면서 〈문화 예술과 표현의 자유〉에 대한 여러분의 생각을 자유롭게 적어봅시다.

| 예시 | 1. '문화 및 예술'은 어느 정도의 범위까지 허용되어야 할 것인가?
2. '문화 및 예술'에 대한 (공)권력의 규제는 어디까지 허용되어야 할 것인가?
3. 개인이 누릴 수 있는 '표현의 자유'의 범위는 어디까지이며, 개인의 자유를 억압(통제)할 수 있는 권한은 누구에게 있으며 어느 선까지 허용되어야 할 것인가? |

2. 역사영화 읽기

이론적인 차원에서 역사영화와 이를 활용한 수업 모형에 대해 살펴보았지만, 실제로 학교 현장에서 역사영화를 활용한 수업을 실천하는 일은 쉬운 일이 아니다. 그래서 앞서 개발한 수업 모형을 통해 교실 수업에 적용할 수 있는 역사영화 활용 수업을 몇 가지 설계해 보고자 한다. 현장 적합도를 높이기 위해서는 한국영화 가운데 교육과정의 내용 요소를 포함하고 있는 작품을 중심으로 수업을 구성하는 것이 좋을 것이다. 그래서 고등학교 한국사 수업을 전제하여 '전쟁: 한반도를 둘러싼 동아시아 국제 전쟁'과 '근대: 백 년 전 우리, 빛과 어둠 속에서'라는 두 가지 주제를 선정하였다. 이때 수업 시간 및 진도, 평가 등 학교 현장의 현실적인 상황을 고려하여 일정한 분량으로 편집된 '역사학습영화'만을 사용하였다. 이렇게 개발한 수업은 하나의 사례일 뿐이며, 수업 교사의 교수내용지식에 따라 실제 수업의 구성과 설계는 달라질 수 있을 것이다. 학교 현장에서 활용하기 쉽도록 수업 모형의 절차에 따른 수업 설계안과 학습 활동지를 첨부하였다. 또한 수업(목표-내용)과 평가의 일체화를 위해 평가 문항도 함께 제시하였다.

1) 전쟁 – 한반도를 둘러싼 동아시아 국제 전쟁

한국 영화, 그 중에서도 역사영화 가운데에는 전쟁을 소재로 한 작품이 적지 않다. 대중을 상대로 제작되는 상업 영화의 속성상 이야기가 극적이면서도 풍부한 볼거리를 많이 제공할 수 있는 소재가 전쟁이기 때문일 것이다. 2015 개정 교육과정의 한국사 과목 안에서 전쟁이라는 소재는 중요한 부분을 차지하고 있다.[161] 이 가운데 7세기 삼국 통일 전쟁, 16~17세기 왜란과 호란, 20세기 한국전쟁은 한반도를 둘러싸고 일어난 전쟁이자, 한국, 중국, 일본 등 동북아시아 3개의 국가가 얽혀 국제전의 성격을 띤다는 점에서 공통점을 지닌다. 수십 년 이전의 사건부터 천 년이 훨씬 넘는 시간적 간극이 존재하는 사건이지만 역사영화를 통해 당시 전쟁에 대해 살펴보고 탐구해보는 기회를 가진다는 것은 의미가 있는 일일 것이다. 이에 세 가지 전쟁에 대한 수업을 설계해 보았다.

(1) 삼국 통일 전쟁 : 〈황산벌〉과 〈평양성〉

2003년에 개봉한 이준익 감독의 영화 〈황산벌〉은 660년 신라와 당의 연합군이 백제를 공격하여 멸망에 이르게 하는 과정을 담고 있다. 전쟁과 국가의 멸망이라는 무거울 수밖에 없는 소재임에도 불구하고 감독은 소위 '퓨전사극'이라는 장르를 전면에 내세우고 패러디와 유머가 넘치는 역사코미디 영화로서 〈황산벌〉을 탄생시켰다.[162]

이 작품은 삼국 시대를 배경으로 한 몇 안 되는 역사영화 중 하나이다.[163] 사실 삼국 시대를 배경으로 영화를 만든다는 것 자체가 엄청난 모험이라고 할 수 있다. 해당 시기의 문헌 자료가 극빈할 뿐 아니라 금석문이나 중국과 일본의 사서 등을 동원한다고 하더라도 기록이 상이하여, 이 시대의 역사상을 온전히 재현하는 데에는 무리가 따른다. 특히나 문자 서술이 아닌 영상으로의 재현은 더더욱 힘든 일이다. 영화에서 역사적 소재를 다루는 방식이나 관점이 다양해진 지금 시대에도 역사적 인물과 사건을 정통으로 다룰 경우 필연적으로 '고증'의 문제, '역사 왜곡' 논란이 제기되고 있기 때문이다.

자료가 빈약한 삼국 시대를 배경으로, 계백과 김유신이라는 역사적 인물과 황산벌 전투라는 역사적 사건을 정통으로 다루고 있는 〈황산벌〉은, 『삼국사기』와 『삼국유사』 등 남겨진 사서의 기록에 기반을 두면서도 퓨전사극이라는 형식을 통해 기존의 역사 해석에 도전장을 내밀고 감독이 하고 싶은 이야기를 직접적으로 드러내고 있다. 우선 영화가 시작될 때 당 고종, 고구려 연개소문, 백제 의자왕, 신라 무열왕의 가상 국제 회담은 영화가 제작될 당시의 국제 상황을 내포하고 있는 장면이라 할 수 있다.[164] 또한 교과서를 매개로 한 학교 역사교육이나 기존의 역사 서술을 통해 익숙하게 받아들여졌던 황산벌 전투의 이미지와는 사뭇 다른 영화 속 장면들, 가령 전투를 이끄는 지휘관이면서 '전쟁은 미친 놈들의 짓'이라고 소리치는 김유신, 처자식을 죽이고 전투에 나가려는 계백을 향해 소리치는 그의 아내, 오기로 적진을 향해 내달리는 관창의 모습 등은 〈황산벌〉이 현재적 관점에서 만들어졌다는 사실을 숨기지 않는다. 미묘하게 저자(감독)를 감추고 영상 속에 재현된 과거의 모습이 마치 역사적 진실인양 보여주는 것이 아니라 스스로 현재 시점에서 '만들어진' 영화라는 자신의 정체성을 숨기지 않는 것이다.

자신과 자식들을 죽이려는 남편 계백을 향해 소리치는 아내의 모습은 시대를 초월하는 보편적인 어미의 모습인걸까? 당대의 가치관을 이해하지 못한 채 현재주의 입장에서 그려낸 몰역사적 장면인걸까? 그 누구도 확실한 정답을 말할 수는 없을 것이다. 그래서 〈황산벌〉을 통해 감독은 감독의 이야기를 하는 한편, 각 장면을 어떻게 해석할 것인지는 관객의 몫으로 돌리고 있는 것이다. 이는 관객으로 하여금 일종의 거리두기를 하도록 하는 것이다. 이 지점이 바로 영화 〈황산벌〉을 역사 수업에 활용하려는 이유이다. 즉 이 영화가 단순히 삼국 시대를 배경으로 했기 때문이 아니라 '저자가 드러나는 텍스트'이기 때문에 수업 자료로서 의미가 있는 것이다.

2011년에 개봉한 같은 감독의 후속작인 〈평양성〉은 〈황산벌〉보다 더 도전적이고 시의적인 내용을 담고 있다. 백제를 멸망시킨 뒤 신라와 당이 고구려의 평양성을 공격하는 내용이 핵심이면서도, 같은 진영 안에서 실리적 노선인 남생과 대당·신라 강경 노선인 남건, 백제 출신 거시기와 신라 출신 문디, 문디를 비롯한 병사와 지휘관인 김유신 등의 대립과 갈등 관계가 복잡하게 얽혀 있다.[165] 그리고 이러한 갈등 관계는 남북 관계, 노사 갈등, 병역 면제 등 당시 사회의 이슈를 보여주려는 의도[166]가 담겨있다고 보아야 할 것이다.

물론 〈평양성〉에 대해 역사적 사건을 지나치게 현재적 관점에서만 본다거나 역사적 내용을 과하게 비틀고 있다는 우려가 있을 수 있고, 그로 인해 역사 수업에 적합하지 않다는 주장이 있을 수도 있다. 그러나 〈황산벌〉과 〈평양성〉이라는 두 영화를 통해 660년 황산벌 전투부터 668년 평양성 함락, 그리고 신라와 당의 전쟁으로 이어지는 일련의 통일 전쟁 과정이 완성되고 있다. 비록 재현 방식이 다소 차이를 드러내지만 이 또한 영화가 역사를 다루는 방식의 다양성을 보여준다는 점에서, 각 영화 안에서 문자 서술과 영상의 차이를 비교하는 것 뿐 아니라 두 영화를 통해 역사 기록이 영화화되는 과정에서 나타나는 차이도 비교해 볼 수 있게 한다.

〈황산벌〉과 〈평양성〉은 실제 역사적 사실을 담고 있으면서도 저자(감독)나 주제의식을 직접적으로 드러내고 있다. 따라서 7세기 한반도의 상황과 역사적 사건을 이해할 수 있을 뿐만 아니라 역사적 사실이나 기록이 영화화되는 과정을 통해 역사 기록과 영상 재현 사이의 차이를 파악할 수 있게 한다. 이에 실제 수업은 두 역사영화의 내용과 실제 역사적 사실을 비교해 보도록 구성하고 평가 문항도 이에 맞게 작성하였다. 즉 시간적 흐름 속에서 한반도를 둘러싼 국내외적 상황을 살펴보고, 직접적인 전투가 벌어지는 660년부터 676년까지 한반도의 상황을 보다 세밀하게 살펴보았다.[167] 이러한 정보를 기반으로 두 역사영화를 본 뒤, 영화 속 내용과 실제 역사를 비교해 보도록 하였다. 그리고 수행평가(과정중심 평가)를 시행하기 위하여 영화 〈황산벌〉에서 실제 역사와 비교하여 잘 재현된 내용과 그렇지 못한 내용을 찾도록 하는 문항, 영화 〈평양성〉에서 실제 역사를 기반으로 재현된 장면을 찾되, 실제 역사와 영상의 차이점을 작성하도록 한 문항을 제시하였다.

다음은 수업 설계안과 학습 활동지, 평가 문항에 대한 예시 자료이다.

수업의 목적 수립	과거의 사실 이해
역사영화의 선정(유형)	재현형 역사영화 : 〈황산벌〉, 〈평양성〉
탐구주제	〈황산벌〉, 〈평양성〉에 나타난 역사적 사실 파악하기
탐구목표	1. 영화 "황산벌", "평양성"에 나타난 역사적 사실을 찾아 확인할 수 있다. 2. 영화 속 사실과 실제 역사적 사실을 비교하여 평가할 수 있다.

수업의 전개

수업 흐름

◆ 전시 확인 및 동기 유발
◆ 연표 확인: 7세기 중국과 한반도의 상황 비교하여 흐름 파악하기
◆ 역사 정보 확인: 삼국 통일 전쟁 기간 동안 한반도의 정세 확인하기
◆ 영화 내용 확인: 영화의 줄거리 및 3W 확인
◆ 영화 시청
◆ 탐구활동: 실제 역사적 사실과 영화 속 내용 비교하기
◆ 탐구주제 해결[평가]: <황산벌>과 <평양성> 속 역사적 사실 파악하기

황산벌	▶ 당 고종-고구려 연개소문-백제 의자왕-신라 무열왕의 가상 회담 ▶ 나당연합군의 진로를 두고 백제 내부에서 대응 전략 회의를 하고, 신라의 무열왕과 김유신은 백제로의 진격을 준비함. 김유신과 소정방은 덕물도 회담을 함. ▶ 나당연합군의 백제 진격으로 백제 내부의 갈등이 심화되고, 의자왕의 명령을 받은 계백은 처자식을 죽이고 결사대를 조직해 황산벌로 가서 신라군과 대치함. ▶ 탐색전에서 백제군이 승리하고 황산벌에서 대치하던 중 몇 차례의 전투에서 백제군이 승리함. ▶ 백제가 버티기에 들어가자 신라 진영 내부에서는 전략을 두고 대립함. 시일이 지날수록 신라 진영의 귀족 갈등은 심화됨. ▶ 반굴과 관창이 백제 진영으로 돌진하여 전사함. 계백이 살려주었음에도 다시 백제 진영으로 간 관창의 죽음에도 신라는 화랑을 계속 내보냄. ▶ 백제와 신라는 최후의 일전을 벌이고 계백이 전사함. ▶ 의자왕은 당으로 압송되고 김유신은 소정방과 대립함.
평양성	▶ 당 고종 및 이적-신라 문무왕-고구려 연개소문과 아들들의 가상 회담 ▶ 연개소문의 죽음, 남생과 남건이 대당·신라 전략을 두고 대립함. ▶ 한성에서 대기하는 김유신군과 진격을 재촉하는 당 사이에 갈등이 발생함. ▶ 나당연합군이 고구려와의 전투에서 패배하고 고구려에서 남생이 체포됨. ▶ 신라는 계속 진격을 미루고 고구려와 연합하고자 했던 김유신은 당 진영으로 감. ▶ 당 진영으로 투항한 남생의 계략으로 고구려군이 패배함. ▶ 남산은 남생과 내통하고, 김유신은 성문 개방을 막을 특공대를 고구려로 파견함. ▶ 연합군의 총공격이 시작되고 남산이 성문을 열면서 결국 고구려가 무너짐. ▶ 남건의 전사, 당은 남생과 보장왕을 비롯한 고구려군과 신라군을 모두 굴복시킴. ▶ 문무왕의 진격으로 당군이 본국으로 돌아감.

	평가(채점) 기준	
태도	○ 성실하게 평가 과정에 임하여 수행과제를 제출하였는가? ○ 적극적인 태도로 평가 과정에 참여하였는가?	
내용평가	기준	○ 제시된 조건을 명확히 이해하고 문제를 해결하였는가? ○ 내용이 논리적으로 타당한가? ○ 주장에 대한 논거 및 역사적 근거를 명확히 서술하였는가?
	조건	○ 영화 속의 구체적인 내용(장면)을 명시하였는가? ○ 실제 역사적 사실과 비교하여 작성하였는가?

한국사 연표

중국의 상황	연도	한반도의 상황
수양제가 고구려왕의 입조를 강요함	607	고구려, 돌궐에 사신 파견함(수 견제 목적)
수, 요동성을 포위, 살수대첩(패배)	612	고구려, 살수대첩(승리)
수 멸망, 당 건국	618	고구려 영류왕 즉위, 신라의 백제 침공
	622	고구려, 당의 요청으로 수의 포로 및 고구려 포로 교환
당, 태종 즉위	626	
당, 백제에 사신 보내 신라와의 화친 종용	627	신라, 당에 백제 침략 요청
	631	고구려, 천리장성 축조
	641	백제, 의자왕 즉위
	642	백제, 신라 공격(대야성 등 40여성 점령) 김춘추, 고구려에 군사 지원 요청 고구려, 연개소문 권력 장악, 보장왕 즉위
	643	신라, 당에 군사 요청, 고구려·백제, 신라의 당항성 점령
당, 고구려 안시성 공격(패배)	645	백제와 신라의 공방전
당, 고구려에서 군대 퇴각	647	신라, 비담의 난, 진덕여왕 즉위
	648	신라, 김춘추와 김인문이 당에 백제에 대한 군사적 제재 요청
	651	신라, 김인문을 당에 보내 숙위함
	654	신라, 무열왕 즉위
당, 신라의 요청으로 고구려 공격	655	고구려·백제·말갈, 신라의 33성 공격
	657	백제, 왕의 아들 41명 좌평에 임명 (귀족간 권력다툼 심화)
	659	신라, 백제 공격 위해 당에 구원병 요청

▶ 한반도의 상황 알아보기

660	신라) 무열왕 출병, 태자(법민) 덕물도에서 소정방 군대 마중, 황산벌 전투 승리, 반굴·관창 전사 백제) 계백 전사, 의자왕 웅진성 피난, 백제 멸망, 의자왕 및 왕족이 소정방에 의해 당으로 끌려감
661	백제) 부흥운동(복신, 도침, 흑치상지, 부여풍), 신라군 격파 신라) 문무왕 즉위, 고구려 정벌 위한 출병, 성을 쌓고 백제 정벌에 대한 논공행상 고구려) 당의 침입, 신라에 평양으로의 군량 수송 요청
662	고구려) 연개소문, 당군대 격파
663	신라) 나당동맹군 백강전투 승리(백제-왜 연합) 당) 신라에 계림도독부 설치(문무왕 계림주대도독 임명)
664	백제) 백제 부흥군이 웅진도독군에 패배, 당이 부여융을 웅진도독에 임명
665	신라) 취리산 회맹: 당의 주관하에 부여융과 웅진에서 화친을 맹세함(말의 피를 입에 바름)
666	고구려) 연개소문 사망, 남생(막리지, 당 망명) vs 남건(막리지)·남산, 연정토 신라에 투항
667	신라) 문무왕과 김유신 평양 출발, 당의 군대(이적) 기다림, 당(이적, 유인원)이 신라에 협력 요청
668	신라) 김유신 대총관 출병, 문무왕 한성주 도착, 평양성 포위(고구려 항복), 선왕묘에 삼국통일 고함 고구려) 고구려 멸망으로 보장왕과 대신이 당으로 끌려감, 평양에 안동도호부 설치
670	고구려) 부흥운동(안승, 검모잠) 실패 신라) 부흥운동군을 금마저에 안치시키고 안승을 고구려왕에 봉함. 백제) 부흥군이 백제 옛 땅의 80여 성을 공격하여 점령
671	신라) 당이 신라의 반당 정책에 항의(설인귀)
672	신라) 고구려군과 연합하여 당군 격파
673	신라) 김유신 사망, (674) 안승을 보덕왕으로 봉함.
675	신라) 천성을 공격한 당 설인귀의 군대를 대파함. 당 이근행의 군대를 매소성에서 대파함.
676	신라) 설인귀의 당군과 기벌포 등지에서 22회 싸워 격파함(당군 축출 후 삼국통일 완성)
677	당) 고구려 보장왕을 요동주도독조선군왕, 부여융을 웅진주도독대방군왕에 봉함.(신라 견제)

▶ 줄거리(영상내용 중심)

[황산벌] (당 고종, 고구려 연개소문, 백제 의자왕, 신라 무열왕은 가상의 4자 회담을 연다. 이들의 대화 속에서 당시 국제 정세를 파악할 수 있다.) 660년 신라와 당의 연합군이 백제를 쳐들어온다는 소식을 전해들은 백제 조정은, 왕과 귀족의 갈등으로 화합하지 못한다. 신라의 김유신은 덕물도에서 당의 소정방 군대를 맞이하고 작전 명령을 듣는다. 나당동맹의 공격 대상이 백제라는 사실을 알게 된 백제 의자왕은 귀족들에게 군대 모집을 요청하지만 귀족들이 소극적이자 계백에게 결사대의 임무를 맡긴다. 계백은 가족을 죽이고 전장으로 향한다. 백제에 파견된 신라의 첩자는 계백의 작전 내용과 암호를 풀기 위해 노력하고, 황산벌에서 마주한 백제군과 신라군은 욕싸움, 기마전, 1:1 맞짱, 인간장기 등을 두며 대립한다. (실제 이렇게 싸운 것이 아닌 희화화한 것) 우세를 점한 백제와 적극적인 공격을 주저하는 신라의 대립으로 시일이 지연되면서, 당군이 명령한 군량미 보급 기일이 다가온다. 신라군의 사기를 올리기 위해 김흠순은 반굴을, 김품일은 관창을 적진으로 내본다. 그리고 총공격을 준비하는 김유신과 최후의 결전을 준비하는 계백 사이에서 전운이 감돌며, 최후의 전투가 벌어진다. 계백은 농민 거시기를 살려보내고 의자왕은 당으로 보내진다. 전후 협상에서 당은 보급부대 도착 기일을 어긴 신라에게 책임을 묻고 김유신은 이에 강력히 항의한다.

[평양성] (백제 멸망 이후 신라와 당 사이에는 대동강 이남의 처리 문제를 두고 다시 한 번 가상 회담이 일어나는데, 이는 백제 멸망 이후 삼국통일 전쟁의 양상이 다소 변화했음을 보여준다.) 고구려 침략을 앞두고 신라는 당과의 전쟁을 염두에 두고 전력을 아끼려하고, 당은 신라를 이용해 전쟁을 끝내고 한반도를 침략하려는 야욕을 보인다. 연개소문의 사망 이후 막리지가 된 남생은 당과의 화친을 주장하고 남건은 대당·신라 강경책을 주장한다. 신라의 김유신은 고구려와의 접촉을 시도하지만 남생이 당에 접근하면서 김유신의 의도대로 되지 않는다. 고구려가 열세에 몰리자 남산은 남생과 접촉하여 남건을 배신하고, 특공대를 조직한 신라는 고구려 평양성으로 들어간다. 최후의 일전 이후 고구려는 멸망하고 당이 한반도의 주도권을 장악하게 된다. 신라는 당과 대립하지만 신라의 우세함을 보여주며 영화가 끝난다. (실제로 당과 신라는 전쟁을 치르고 삼국통일을 완성하게 된다.)

▶ 3W 확인

	Who		주요 등장인물은?		
황산벌	김유신 (정진영)	신라의 대장군이자 왕인 무열왕 김춘추와는 처남-매제지간이다. 660년 황산벌 전투에서 백제의 계백과 맞서 최후의 전투를 벌인다.			
	계백 (박중훈)	660년 황산벌 전투에서 최후를 맞는 백제의 장군이다. 전장에 나가기 전 나라의 멸망 이후 자신의 가족이 당할 치욕을 방지하기 위해 가족들을 모두 죽이고 전장에 나간다.			
	김춘추	신라의 왕, 무열왕	의자왕	백제의 왕	
	김법민	신라의 태자, 김춘추의 아들	김인문	신라의 왕자, 김춘추의 아들	
	김흠순	김유신의 동생, 반굴 아버지	김품일	신라의 진골귀족, 관창 아버지	
	거시기	백제의 농민			

평양성	거시기 (이문식)	황산벌 전투에서 살아남아 신라의 백성이 되어 평양성 전투에도 참여한 일반 농민. 전쟁 중 고구려의 포로가 되어 혼인을 한다.			
	남생 (윤제문)	연개소문을 이어 고구려의 막리지가 되지만, 동생과의 대립으로 당에 접근하여 고구려 멸망을 앞당긴다.			
	남건 (류승룡)	형 남생이 대당화친정책을 펼치자, 권력을 잡고 막리지가 된다. 평양성을 사수하려고 하지만 결국 평양성과 함께 운명을 맞는다.			
	김유신	신라의 장군, 당과의 전쟁을 염두에 두고 고구려와의 전투에 소극적으로 임한다.			
	남산	남건과 남생의 동생	이적	당의 장군	

When	주요사건의 배경이 되는 시기는? [황산벌] 660년 [평양성] 668년

Where	주요사건의 배경이 되는 공간(장소)는? [황산벌] 백제 황산벌 등(현재 충남 논산 일대 추정) [평양성] 고구려 평양성 등(현재 북한의 평양직할시 일대)

※ 두 명이 논의하여 다음의 물음에 대하여 답하시오. (중복된 내용(관점)의 내용 작성시 하나로 간주하여 평가)

1 영화 〈황산벌〉에서 실제 역사와 비교하여 잘 재현되었다고 생각하는 내용을 3가지 작성하시오.

(조건) - 영화 속의 구체적인 내용(장면)을 명시할 것.
- 해당 내용에 대한 실제 역사적 사실과 비교하여 작성할 것.

2 영화 〈황산벌〉에서 실제 역사와 비교하여 잘못 재현된 내용을 2가지 작성하시오.

(조건) - 처음부터 현대적으로 설정된 내용(가상회담, 전쟁 묘사 등)은 제외할 것.
- 영화 속의 구체적인 내용(장면)을 명시할 것.
- 해당 내용에 대한 실제 역사적 사실과 비교하여 작성할 것.

3 영화 〈평양성〉에서 재현된 장면 가운데 실제 역사적 사실을 토대로 한 내용을 5가지 찾고, 각 장면이 실제 역사와 어떤 차이를 보이는지 비교하여 작성하시오.

(조건) - 영화 속의 구체적인 내용(장면)을 명시할 것.
- 해당 내용에 대한 실제 역사적 사실과 비교하여 작성할 것.

	재현된 장면	실제 역사와 비교
1 :		

(2) 임진왜란과 병자호란 : 〈명량〉과 〈남한산성〉

2014년에 개봉한 김한민 감독의 영화 〈명량〉은 정유재란으로 삼도수군 통제사에 재임명된 이순신이 12척의 배로 10배[168]가 넘는 일본 수군을 물리 친 명량 해전을 소재로 한 것으로, 역대 한국 영화 가운데 가장 많은 관객 수 를 동원한 작품이다.[169] 사실 명량 해전은 일부 교과서에 명칭만 제시되어 있을 뿐 현행 한국사 교과서에서 자세히 다루지 않는 전투이다. 그러나 영 화의 개봉과 흥행으로 어쩌면 이제는 한산도 해전보다 더 유명해져 버린 이 순신의 전투 기록일지도 모른다.

작품의 완성도에 대한 평론가들의 부정적인 의견[170]과는 달리 절대다수 의 대중은 〈명량〉을 선택하였다. 이러한 〈명량〉의 성공 요인을 200여억 원 에 달하는 총제작비나 한 시간 이상 진행되는 대규모 해상 전투씬 등 규모 적인 측면에서 찾을 수도 있지만, 그보다는 평론가들이 한계로 지적하는 서 사나 인물 표현에서 찾는 경우가 더 많은 것 같다. 다시 말해 〈명량〉의 대중 적 흥행은 암울한 현실에서 영웅적 리더를 바라는 대중의 열망 때문일 수 도,[171] 임금과 일본이라는 기득권에 대하여 아웃사이더인 이순신과 백성의 승리가 주는 카타르시스 때문일 수도 있다.[172] 강력한 리더십으로 승리를 이끈 지도자, 그러나 철과 피에 의한 통치가 아닌 애민 사상으로 채워진 지 도자, 그러면서도 여느 인간이 그러하듯 고통 속에서 끊임없이 고뇌하고 아 파하는 인간. 이순신을 어떻게 바라보건 간에 '이순신'이 그려 낸 인간상이 대중의 마음을 잡아끌었다고 말할 수 있을 것이다.

영화 〈명량〉은 임진왜란의 전체 과정이 아닌 짧은 기간 안에 일어난 하나의 전투를 보여준 것이다. 앞 뒤 상황까지 포함하더라도 실제 역사 기록만으로 두 시간 분량의 이야기를 엮어내기는 어려웠을 것이다. 그래서 이순신 외에도 이회, 임준영과 정씨 부인, 수봉이, 구루지마, 배설 등의 이야기가 함께 버무려진 것이다. 이들에 대한 역사 왜곡 논란[173]과는 별개로, 인물에 대한 이해 없이는 명량 해전을 온전히 이해하기란 어려운 일이다. 바꾸어 말하면 어떤 사건을 온전히 이해하기 위해서는 그 속에 있는 인물들을 깊이 이해하는 과정이 수반되어야 한다는 것이다. 결국 역사를 이끌어가는 것은 인간이기에, 그 시간과 공간 속에 존재했던 인간에 대한 이해가 없이는 역사적 사건을 온전히 이해하기가 어려울 수밖에 없다.

〈명량〉처럼 그 당시의 인물을 온전히 이해해야만 그 의미를 제대로 알 수 있는 역사적 사건을 다룬 영화가 하나 더 있다. 바로 〈남한산성〉이다. 2017년에 개봉한 황동혁 감독의 영화 〈남한산성〉은 김훈 작가의 동명소설을 원작으로 한 작품으로, 병자호란으로 인조가 남한산성에서 항전하던 40여 일간의 이야기를 다루고 있다.

전쟁을 소재로 한 기존의 역사영화와 달리 〈남한산성〉은 자칫 지루하게 느껴질 수도 있다. 웅장한 규모나 박진감 넘치는 전투 장면보다는 서로 다른 입장에 선 인물들이 주고받는 대화 장면이 영화의 대부분을 차지하기 때문이다. 그러나 그 당시가 어떤 상황인지, 그들의 입에서 나오는 말들이 어떤 의미를 가지는지, 또한 그 말들이 이후 조선에 미친 영향이 어떠했는지를 조금만 깊이 들여다본다면, 그 말들은 하나하나가 슬픔이고 고통이고 분노이고 안타까움으로 받아들여질 것이다. 격렬한 전투 장면이 없어도 당시 국제 정세와 각 세력의 입장과 그 파장을 고려할 때, 끊임없는 대사와 클로 즈업된 표정만으로도 〈남한산성〉은 매우 역동적인 작품이라고 할 수 있을 것이다. 그래서 '말의 전쟁'이니 '구강 액션'이니 하는 표현도 등장하는 것이다.[174] 이러한 '말의 전쟁'을 통해 남한산성 안에 있었던 인물들의 생각과 처지를 확인할 수 있다. 그리고 그들을 이해함으로써 병자호란이라는 역사적 사건을 보다 깊이 이해할 수 있게 되는 것이다.

한편, 〈명량〉과 〈남한산성〉의 개봉 시점이 당시 국내외적 상황과 미묘하게 맞물리면서 영화 속에 그려진 사건과 현재의 우리 사회를 비교하려는 시도가 적지 않게 일어났다.[175] 두 역사영화의 내용처럼, 각 영화가 개봉할 무렵 우리 사회는 안팎으로 큰 어려움에 봉착해 있었다. 대형 참사의 발생과 위기관리시스템 및 리더십의 부재,[176] 당장 전쟁이 일어나도 이상할 것 같지 않은 한반도를 둘러싼 여러 나라 간의 날카로운 신경전. 어쩌면 이러한 현실이 대중으로 하여금 두 역사영화에 더욱 관심을 기울이게 했는지도 모른다. 다시 말해 두 역사영화는 그 당시 상황과 인물들의 선택을 보여주는 동시에 우리가 살아가는 현실을 마주보게 하는 일종의 거울인 셈이다.

임진왜란과 병자호란은 조선 시대를 학습하는 데 있어 가장 중요한 학습 요소 중의 하나일 것이다. 그리고 〈명량〉과 〈남한산성〉은 단순히 전쟁의 과정 뿐 아니라 그 당시의 상황 속에서 각 인물들이 어떤 생각과 심정으로 그 시대를 지나왔는지를 탐구해 볼 수 있게 하는 유용한 학습 자료라고 할 수 있다. 더구나 과거 뿐 아니라 현재 우리가 살아가는 시대에 대해 생각해 볼 수 있는 기회를 제공하기도 한다. 이에 임진왜란과 병자호란 당시의 정세와 각 사건의 전개 과정을 파악하고, 그 시대 인물의 입장에서 당시 상황을 이해하는 기회를 가지기 위하여 두 역사영화를 활용한 수업을 설계해 보았다.

〈명량〉에서는 이순신, 〈남한산성〉에서는 김상헌과 최명길이 각 영화의 서사를 이끌어 나가는 핵심적인 인물이다. 따라서 실제 수업은 임진왜란과 병자호란의 전개 과정 뿐 아니라 그 시대의 인물들을 이해할 수 있도록 구성하고 평가 문항도 이에 맞게 작성하였다. 즉 16~17세기 국내외적 상황을 살펴보고 영화의 직접적 배경이 되는 임진왜란(정유재란)과 정묘·병자호란의 상황을 보다 세밀하게 살펴보았다. 이와 함께 이순신의 생애와 전쟁 기간 동안의 활동, 김상헌과 최명길의 생애를 각각 확인하도록 하였다. 이러한 이해를 토대로 두 역사영화를 본 뒤, 영화 속 내용과 실제 역사적 사실을 비교하고 그 당시 인물의 마음을 생각해 보도록 하였다. 그리고 수행평가(과정중심 평가)를 시행하기 위하여 그 당시 상황에서 그 인물의 입장이 되어 보도록 하는 역사 글쓰기 주제를 각각 두 가지씩 제시하였다. 단순히 '~의 입장이 되어 … 에 대한 글을 쓰시오.'와 같은 문항이 아닌, 역사적 상황 속에서 당시 인물을 이해할 수 있도록 구체적인 상황과 목적을 함께 제시하였다.

다음은 수업 설계안과 학습 활동지, 평가 문항에 대한 예시 자료이다.

수업의 개요

수업의 목적 수립 과거의 사실 이해 **+** 과거의 인물 이해

역사영화의 선정(유형) 재현형 역사영화 : 〈명량〉, 〈남한산성〉

탐구주제   〈명량〉, 〈남한산성〉에 나타난 전쟁과 평화

탐구목표
1. 영화 "명량", "남한산성"에 나타난 역사적 사실을 찾아 확인할 수 있다.
2. 영화 속 사실과 실제 역사적 사실을 비교할 수 있다.
3. 영화 속에 나타난 전쟁이 인간에 삶에 미치는 영향을 글로 작성할 수 있다.

수업의 전개

수업 흐름

◆ 전시 확인 및 동기 유발
◆ 연표 확인: 16~17세기 국내외적 정세를 비교하여 흐름 파악하기
◆ 역사 정보 확인
  - 임진왜란(정유재란)의 전개과정 확인하기
  - 이순신의 생애와 왜란 기간 동안의 활동 살펴보기
  - 병자·정묘호란의 전개과정 확인하기
  - 최명길과 김상헌의 활동 비교하기
◆ 영화 내용 확인: 영화의 줄거리 및 3W 확인
◆ 영화 시청
◆ 탐구활동 : 실제 역사적 사실과 영화 속 내용 비교, 당시 인물에 감정이입하기
◆ 탐구주제 해결[평가] : 당시의 상황과 인물의 입장에서 역사 글쓰기

명량	▶ (프롤로그) 정유재란 이후 전황과 이순신의 상황 설명 ▶ 조선 수군은 병력 부족과 육군 합류 문제로 내부적 갈등을 겪고 일본군은 구루지마 군대의 합류, 주둔지 소개 등을 통해 전투 준비를 함. ▶ 이순신은 도원수에게 병사를 요청하였으나, 병사 이탈 등으로 내부 동요가 심해지고 거북선마저 불에 타자 부하들은 육군으로의 합류를 요청함. ▶ 이순신은 선조에게 장계를 올리고, 병사들에게 사즉필생을 독려함. ▶ 전투가 시작되었으나 오랜 시간 대장선 홀로 고군분투함. ▶ 부하 장수의 합류, 백성의 협조 등으로 전투에서 승리함. (에필로그)
남한산성	▶ (전황 설명) 청 진영에 다녀 온 최명길이 청의 요구(세자의 입조)를 알리자 왕과 대신들의 극렬한 반대에 부딪힘. ▶ 산성 주변을 정찰한 김상헌, 다시 파견되어 용골대와 면담한 최명길 ▶ 추위 해결을 위해 가마니를 배부하고, 왕은 의병 봉기 격서를 반포함(실패). ▶ 말 먹이 부족으로 가마니를 회수하고, 김류와 최명길이 청 진영으로 파견되었다가 칸의 입국 예정 소식을 조정에 전함. ▶ 선공을 하여 북문 전투를 치렀으나 패배하고 이시백의 초관을 참수함. ▶ 김상헌은 서날쇠를 통해 도원수에게 전할 격서를 전하고자 함(실패). ▶ 칸의 입국 이후 조정은 동요하고, 김상헌과 최명길이 극렬하게 대립함. ▶ 칸의 조서 도착 후 최명길이 화친 문서를 작성하고, 청군의 공격이 시작됨. ▶ 삼전도에서 삼배구고두례를 행하고, 인조는 환궁함.

	평가(채점) 기준
태도	○ 성실하게 평가 과정에 임하여 수행과제를 제출하였는가? ○ 적극적인 태도로 평가 과정에 참여하였는가?
내용평가	○ 주제에서 제시한 당시 상황과 조건을 정확하게 이해하고 제시하였는가? ○ 자신의 주장에 대한 역사적 근거를 2가지 이상 들어 논지를 명확히 하였는가? ○ 주장 및 논거에 대한 역사적 오류가 없는가? ○ 문법적 오류 및 오탈자가 없는가? ○ 당시의 상황을 잘 보여주는 핍진성과 논리적인 개연성이 있는가?

한국사 연표

국제적 상황	연도	국내적 상황
*삼포왜란	1510	
	1519	기묘사화, (1545 을사사화)
**을묘왜변	1555	
	1559	임꺽정의 난(~1532)
무로마치 막부 멸망, 오다 노부나가 전국 통일	1573	
	1575	심의겸과 김효원 대립(동서분당)
건주여진 누르하치의 발흥 (1588 건주여진 통일)	1583	
도요토미 히데요시 천하 통일	1590	통신사 파견(황윤길, 김성일)
	1591	전라좌도 수군절도사 이순신 거북선 제작
일본의 침략, 명 조선에 구원병 파견	1592	임진왜란 발발, 선조 의주 피난, 한산도 대첩
일본의 재침략	1597	정유재란, 명량해전
도요토미 히데요시의 사망, 일본군 철수	1598	노량해전(이순신 전사)
명 군비 증대로 재정난 심화	1599	북인·남인 등의 갈등
도쿠가와 이에야스 세키가하라 전투*** 승리	1600	
에도 막부 개막, 도쿠가와 이에야스 쇼군 임명	1603	
	1605	유정(사명대사) 포로 3,000명 쇄환#
	1608	광해군 즉위, 대동법 시행
	1609	기유약조(일본과의 국교 회복)
	1614	영창대군 사망
****여진 팔기군 정비(군대를 8개로 편성)	1615	
누르하치 후금 건국, 도쿠가와 이에야스 사망	1616	

국제적 상황	연도	국내적 상황
누르하치 명과 개전(무순, 청하 함락)	1618	인목대비 유폐
후금 사르후 전투에서 명군 대파	1619	후금 정벌군 파견(강홍립, 10,100)
	1623	인조반정(김류, 이귀), (1624 이괄의 반란)
후금 심양에 도읍	1625	소현세자 책봉
후금 태종 즉위	1626	
후금 조선 침입(3만), 명 의종(숭정제) 즉위	1627	정묘호란, 강화도 피신, 형제의 의를 맺음
명 이자성의 난 발발	1631	
후금 청으로 국호 변경, 조선 침략	1636	병자호란, 인조 남한산성 피난
	1637	강화도 함락, 삼전도의 굴욕
	1641	광해군 유배지에서 사망
이자성 베이징 점령, 의종 자결, 청 이자성 군대 격파	1644	
	1645	소현세자 귀국, 사망, (1647 최명길 사망)
	1649	인조 사망, 효종 즉위

*3포왜란: 삼포(부산포, 내이포:제포(진해), 염포:울산)에서 일어난 일본 거류민들의 폭동 사건
**을묘왜변: 왜구가 전남 강진, 진도 일대에 침입해 약탈과 노략질을 한 사건
***세키가하라 전투: 일본에서 전국의 다이묘(일종의 영주)들이 두 세력으로 나뉘어 싸운 전투로, 도쿠가와의 승리로 에도 막부 개창의 기반이 됨.
****팔기군: 여진 부족에서는 사냥을 갈 때 화살을 한 묶음씩 가지고 10명 단위로 나갔는데, 10명의 우두머리를 니루어전(니루: 화살, 어전:주인)이라고 했다. 누르하치는 여진의 세력을 확대하는 과정에서 원래의 니루를 확대하여 팔기 제도를 완성하였다. 300명을 1니루로, 처음에는 4니루(1개의 니루가 1기)였다. 후에 5개 니루를 1잘란으로, 5잘란을 1기로, 1기는 7,500명이다.
#쇄환: 조선 시대에 다른 나라를 떠도는 자기 나라 백성을 데려오는 것(포로 송환의 의미를 포함)

▶ 임진왜란(정유재란)의 전개 과정

1592	일본) 고니시 유키나가, 가토 기요마사 등이 부산에 침공 → 충주, 한양 → 평양 함락 조선) 신립 3도도순변사 임명, 경복궁 등 화재(실록 소실), 이항복 명에 파병(구원병), 선 　　조 피난(평양, 의주) / 이순신 당포해전 승리, 한산도 대첩, 김시민 진주대첩 승리 명) 이여송과 4만 군사 압록강 건너옴
1593	조선) 조명연합군 평양 수복, 권율 행주대첩, 한양 수복 일본) 도요토미 히데요시 화평 조건 7가지를 제시함 여진) 누르하치 여진의 여러 부족 제압
1594	조선) 훈련도감 설치, 은 납부자 면역·면천하기로 함
1595	명) 광해군의 세자 책봉 인정
1596	조선) 이몽학의 난 발생, 김덕령 옥사, 유정(사명대사) 왜적 격파 일본) 도요토미 히데요시 오사카 성에서 명 사신 접견
1597	일본) 20만 명으로 조선 재침략(정유재란), 연행해 간 도공에게 도자기를 굽게 함 조선) 이순신 무고로 하옥, 이순신 전라좌수사 겸 삼도통제사로 임명, 명량대첩
1598	일본) 도요토미 히데요시의 병사, 일본군 철수 조선) 이순신 노량해전에서 전사

▶ 이순신(李舜臣) 알아보기

　　본관은 덕수, 자는 여해, 서울 건천동에서 출생하였다. 할아버지가 기묘사화로 화를 당한 뒤, 아버지가 관직에 뜻을 두지 않아 집안의 형편이 좋지 않았다. 28세 때 훈련원 별과에서 낙마하였으나 4년 뒤인 1576년(선조 9) 무과에 급제하여 처음 관직에 나갔다. 북쪽 국경에서 여진의 침입을 피한 일로 백의종군을 하였다. 주로 변경을 돌며 47세에 전라좌도수군절도사가 되었다. 부임한 뒤 왜침에 대비하여 배를 만들고 군량을 확보하였는데, 이듬해인 1592년에 임진왜란이 발발하였다.

　　그러나 경상좌수영이나 경상좌수사 박홍, 경상우수사 원균이 제대로 싸우지도 않고 피하여 일본에게 제해권을 빼앗겼다. 이순신 휘하의 부대는 매일 작전회의와 기동연습을 강행하였고, 7일 옥포에서 왜선 26척을 격파하였다. (옥포해전: 이순신 최초의 해전) 5월 29일에는 사천에서 왜선 12척을 파괴하였다. 이때 적의 조총에 맞아 왼쪽어깨가 뚫리는 부상을 입었다. (사천해전: 거북선 최초 출동) 6월 2일 당포에서 왜장 구루시마가 전사하였고, 이후로도 잇단 해전에서 승리하였다. 왜선(장수 와키사카)이견내량에 정박해 있을 때, 판옥선으로 한산도 앞바다로 유인하여 학익진을 치고 총통을 발사하여 층각선 7척, 대선 28척, 중선 17척, 소선 7척을 격파하였다. (한산도 대첩) 부산포를 공격하여 적선 100여 척을 격파하고, 1593년 부산, 웅천, 남해안 일대의 적군을 완전히 소탕하자, 최초로 삼도수군통제사가 되었다. 이후 명과 일본 사이 강화 회담시에도 군사훈련, 군비확충, 산업장려 등에 힘썼다.

　1597년 정유재란이 일어났으나 원균의 모함 상소와 왜군의 모략으로 옥에 갇히게 된다. 요시라(고니시의 부하이며 이중간첩)가 거짓 정보(가토가 바다를 건너올 것)를 흘리자, 조정에서는 이순신에게 이를 실행하라는 명령을 내렸다. 출정을 미룬 이순신에 대해 선조는 조정을 기만하고 임금을 무시한 죄, 적을 토벌하지 않고 나라를 저버린 죄, 다른 사람의 공을 빼앗고 모함한 죄, 방자하여 꺼려함이 없는 죄 등을 들어 벌을 주었다. 이순신은 원균에게 직위를 인계하고 서울로 압송되었다. 당시 한산도에는 9,914석의 군량, 화약은 4,000근, 총통은 선척에 적재한 것을 제외하고도 300자루가 있었다.

　서울로 압송된 이순신은 1차 신문 때 한 달여 동안 혹독한 조사를 받으며 몸이 쇠약해졌고, 도원수 권율 밑에 들어가 두 번째 백의종군을 하였다. 남해안으로 향하던 중 어머니께서 돌아가셨다는 이야기를 들었고, 그해 7월 삼도수군통제사 원균이 거제 칠천량에서 대패하여 수군과 군비가 거의 소멸 지경에 이르렀다. 이항복이 이순신을 다시 기용할 것을 건의하였고, 통제사에 재임용된 뒤 살피니, 남은 군사 120인에 병선 12척이었다. 명량해전에 앞서 장병에게 필승의 신념을 일깨운 다음, 8월 15일 13척(일설에 12척)의 전선과 빈약한 병력을 거느리고 명량에서 133척의 적군과 대결하여 31척을 부수는 큰 전과를 올렸다. 제해권을 되찾고 군사를 옮겨 진을 설치하고 백성을 모집하자 장병과 난민들이 모여들어 군진의 위용을 갖추었다. 1598년 11월 19일 노량에서 퇴각하는 500척의 적선을 공격하다가 적의 총탄을 맞고 전사하였다.

한국학중앙연구원, 민족문화대백과사전 발췌 정리

▶ 정묘·병자호란의 전개 과정

1627	후금) 후금이 3만 명의 병력으로 조선에 침입 → 형제의 의를 맺을 것을 요구하는 서한 보냄 조선) 인조 강화도로 피신, 정봉수 의병 부대가 용골산성 전투에서 퇴각하는 후금군을 공격 / 횡성의 이인거 '척화대의' 내걸고 반란 일으킴 명) 의종(숭정제) 즉위
1633	조선) 묘향산 사고의 실록을 적상산사고로 옮김, 척화의 교지를 내리고 후금의 침입에 대비
1636	후금) 사신 용골대가 칭제하는 국서를 가지고 도읍으로 올 것을 요구(조선 거부), 국호 변경(청) / 조선 침략 조선) 인조 남한산성으로 피난
1637	조선) 강화도 함락, 전 우의정 김상용 자결, 인조 삼전도에서 청태종에게 항복하고 삼배구고두례 / 소현세자와 봉림대군 청 압송, 최명길 우의정으로 삼음, 명의 연호 폐지하고 청의 연호 사용

▶ 최명길과 김상헌 알아보기

◆ 최명길(崔鳴吉)

본관은 전주, 자는 자겸, 호는 지천이다. 일찍이 이항복 문하에서 이시백·장유 등과 함께 공부하였고, 1605년(선조 38) 급제하여 관직에 나갔다. 1614년(광해군 6) 병조좌랑으로 있다가 국내 정치문제와 관련한 조선인의 명나라 사신 일행과의 접촉 금지를 둘러싼 말썽으로 관직을 삭탈당하였다. 어버이의 상을 당한 뒤 벼슬에 나가지 않았는데, 1623년 인조반정에 가담하여 1등 공신이 되었다.

1627년(인조 5) 정묘호란 때, 강화의 수비가 열악함에도 강화 논의가 제대로 제기되지 못했으나 최명길이 대세로 보아 강화가 불가피함을 역설하여 강화가 논의되었고, 이후 화의가 성립되어 후금군이 돌아간 뒤에도 많은 지탄을 받았다.

1630년대 들어 후금이 명나라에 대한 공격에 조선이 원병을 보낼 것과 국경 무역 등을 요구하자, 조선에서는 화의를 단절하는 논의가 높아졌다. 그는 원망을 불러 일으켜 전쟁의 화를 재촉하는 것은 바른 대책이 아님을 지적하였다. 1636년 병자호란 때, 일찍부터 척화론 일색의 조정에서 홀로 강화론을 펴 극렬한 비난을 받았으나, 전쟁 전에 이미 적극적인 대책을 펴지 못한다면 현실적으로 대처할 수밖에 없다는 식의 강화론을 계속 주장하고 나섰다. 제대로 대응하지 못한 상황에 강화도와 산성을 지키는 것으로는 버틸 수 없다며 강력히 화의를 주장하였다. 이 해 겨울 다시 이조판서가 되어 인조를 따라 남한산성으로 들어갔다. 정세가 결정적으로 기울어져 다음 해 정월 인조가 직접 나가 청 태종에게 항복하였다.

이 때 진행 과정에서 김상헌이 조선측의 강화문서를 찢고 통곡하니, 이를 주워 모으며 "조정에 이 문서를 찢어버리는 사람이 반드시 있어야 하고, 또한 나 같은 자도 없어서는 안 된다."라고 말했다고 전한다. 청군이 물러간 뒤 우의정으로서 정사를 수습하고 가을에 좌의정이 되고 다음 해 영의정에 올랐다. 그 사이 청에 사신으로 가서 세폐를 줄이고 명 원정을 위한 징병 요구를 막았다. 이 때 임경업 등이 명나라와의 내통하고 조선의 반청적인 움직임이 청에 알려지자, 청나라에 불려가 김상헌 등과 함께 갇혀 수상으로서의 책임을 스스로 당하였다. 이후 1645년에 귀국하여 계속 인조를 보필하다가 죽었다.

◆ 김상헌(金尙憲)

본관은 안동, 자는 숙도, 호는 청음이다. 1590년(선조 23) 진사가 되고 1596년, 1608년 과거에 급제하였다. 북인의 우두머리인 정인홍을 탄핵하다가 좌천되었고, 광해군이 인목대비의 아버지 김제남을 죽일 때 혼인관계로 인해 파직되었다. 1623년 인조반정 이후 이조참의에 발탁되었지만, 공신 세력을 중심으로 운영되는 정치에 반대하였다.

1635년 대사헌이 되자 군비의 확보와 북방 군사 시설의 확충을 주장하였다. 이듬해 병자호란이 일어나자 예조판서로 주화론을 배척하고 끝까지 주전론을 펴다가 인조가 항복하자 안동으로 은퇴하였다. 1639년 청나라가 명나라를 공격하기 위해 요구한 출병에 반대하는 소를 올렸다가 청나라에 압송되어 6년 후 풀려나 귀국하였다. 효종이 즉위해 북벌을 추진할 때 그 이념적 상징으로 '대로'라고 존경을 받았다.

한국학중앙연구원, 민족문화대백과사전 발췌 정리

▶ **줄거리(영상내용 중심)**

[명량] 1597년 임진왜란의 발발로 일본군은 파죽지세로 조선을 침략하고, 누명을 쓴 이순신은 고초를 겪지만 원균의 전사 이후 다시 삼도수군통제사로 임명된다. 그러나 두려움에 빠진 병사와 백성, 그리고 12척의 배 밖에 없고, 거북선마저 불에 탄다. 항왜인인 준사와 탐방꾼인 임준영, 벙어리 아내 등이 전투를 위해 노력한다. 그러나 일본에게도 이순신의 복귀는 두려운 일이다. 대선단(영화는 330척, 실제는 133척 추정)을 이끌고 울돌목에서 맞붙은 이순신의 함대와 일본군의 전투가 벌어진다. 3시간이 넘게 홀로 싸운 대장선과 이후 총집결 명령에 함께하는 부하들의 배까지 합세한 전투에서 결국 조선의 수군이 승리한다.

[남한산성] 1636년 병자호란이 발발한 뒤 청의 공격을 피해 임금과 조정은 남한산성으로 들어간다. 강화를 맺어야 한다는 최명길과 끝까지 싸워 대의를 지켜야 한다는 김상헌 사이의 주장이 팽팽하다. 김상헌은 피난을 간 인조를 뒤따라 남한산성으로 들어간다. 산성 안에는 혹독한 추위와 부족한 식량으로 상황이 몹시 열악하다. 최명길은 많은 비난에도 불구하고 청과의 화의에 나선다. 김상헌은 산성 밖의 군사와의 호응을 위해 전령을 전하는 일을 대장장이 서날쇠에게 맡기고, 그는 이 일을 잘 수행해내지만 진군을 꺼린 도원수(김자점)는 서날쇠를 죽이려 한다. 군사의 도움이 없고 청의 공격이 극심해지자 결국 인조는 항복하고 삼전도에서 삼배구고두례를 행한다.

Who		주요 등장인물은?

	이순신 (최민식)	조선의 삼도수군통제사, 정유재란 이후 대패한 조선 수군을 수습하여 명량 해전을 승리로 이끈 지휘관이다.
명 량	구루지마 (류승룡)	당포해전에서 사망한 구루시마의 동생으로, 용병으로 전투에 참전하여 이 순신에 대한 복수를 하고자 한다. (가상의 인물)
	와키자카 (조진웅)	일본의 장수로 이순신에게 패한 전적이 있어 그를 두려워한다.
	임준영 (진구)	조선에서 일본으로 보낸 탐방꾼(밀정), 대장선을 구하고 죽는다.
	정씨여인 (이정현)	임준영의 아내로, 대장선을 구하기 위해 목숨을 던진 남편을 돕는다.
	이회 (권율)	이순신의 아들로, 그와의 대화를 통해 이순신의 마음을 유추할 수 있다.

	최명길 (이병헌)	이조판서, 청과의 강화를 주장하며 많은 비난을 받는다.
남 한 산 성	김상헌 (김윤석)	예조판서, 주화를 배척하고 척화론을 내세워 강경하게 대응한다.
	인조 (박해일)	조선의 임금, 주화와 척화 사이에서 갈등한다.
	이시백 (박희순)	남한산성 수어사, 청의 침입에 대해 강경하게 맞서 싸운다.
	서날쇠 (고수)	민중을 대표하는 인물로, 대장장이다. 성 밖의 군사에게 격서를 전하는 일 을 맡아 수행한다.(천민 출신이자 대장장이었던 서흔남, 승려 두청 등을 모 티프로 했으며 임금의 전령을 전하는 일을 하고, 실제 서흔남은 공을 인정 받아 상을 받음)

When	주요사건의 배경이 되는 시기는? [명량] 1597년 [남한산성] 1636~1637년

Where	주요사건의 배경이 되는 공간(장소)는? [명량] 전남 진도 울돌목 [남한산성] 경기 남한산성

※ 다음 제시된 주제 중 한 가지를 골라 2가지 근거를 들어 자신의 생각을 서술하시오.
  원고지 형식의 작성지 제시(1,000자 내외)

〈주제: 왜란〉

1. 이순신은 삼도수군통제사로 재임용되어 남은 군사와 배를 수습하였는데, 너무나도 빈약하고 초라한 군사와 전력으로 인하여 병사들의 사기는 바닥에 떨어졌다. 또한 칠천량에서의 패배가 준 충격이 상당하였기 때문에 군사들 사이에는 일본군에 대한 두려움이 팽배했으며 실질적인 전력의 차이도 상당하여 부하 장수를 비롯한 군졸들까지 전투에 나가기를 꺼리고 있다. 이순신은 해전의 중요성을 알리고 부하 장수와 군졸들의 사기를 올려 적극적으로 전투에 임하도록 해야 한다고 생각하고 있다. 이러한 이순신의 입장이 되어 부하 장수와 군졸들을 설득하는 연설문을 작성해보자.

2. 1597년 정유재란이 발생하고 원균이 칠천량 해전에서 패배함으로써 조선의 수군은 거의 궤멸하다시피 하였고, 원균의 전사로 삼도수군통제사의 자리도 비었다. 조정을 기만하고 임금을 무시한 죄, 적을 토벌하지 않고 나라를 저버린 죄 등 이순신의 죄는 결코 가볍다 할 수 없는 상황이며, 그를 변호하게 되면 이순신과 같은 죄목으로 처벌받을 수도 있다. 그럼에도 불구하고 당시 상황에서 조선 수군을 이끌 수 있는 이는 이순신이다. 그 당시 조정의 대신이 되어 이순신을 다시 삼도수군통제사로 재임용할 수 있도록 왕을 설득하는 상소문을 작성해보자.

〈주제: 호란〉

3. 왕과 조정의 신하들이 남한산성으로 들어온 지 한 달이 지났다. 성 주변으로는 청군이 에워싸고 있어 통행은 물론 모든 물자와 보급도 끊어졌고 바깥의 병사들과 호응할 수 있을지조차 알 수 없다. 성 안의 식량으로는 조정과 백성들이 얼마나 더 버틸 수 있을지도 모른다. 그러나 청에 항복한다고 하여 왕과 조정, 백성들의 안위가 보장된다는 법도 없다. 인조는 판단을 내리지 못하고 망설이고 있고 마지막까지 싸우기 위해서는 백성과 병사들이 싸워야 할 이유를 가져야 할 것이다. 이러한 상황에서 척화의 입장에서 백성과 병사들을 설득하는 연설문을 작성해보자.

4. 청의 장수 용골대는 멀지 않은 곳에서 남한산성을 향한 공격을 준비하고 있고, 남한산성 안은 추위와 배고픔으로 병사와 백성들이 신음하고 있다. 그럼에도 많은 신하들은 명과의 의리, 청이 오랑캐라는 점을 내세워 척화를 주장하고 있으며, 인조는 판단을 내리지 못하고 있다. 또한 청의 군사력이 조선을 압도하고 있는 상황에서 조선이 단순히 항복한다고 하여 모든 것이 무마되는 것이 아니라 조선이 감수해야 할 부분도 있을 것이다. 이러한 상황을 종합하여 그 당시 강화를 맺는 것이 최선이라는 입장에서 망설이는 왕과 척화를 주장하는 강경한 신하들을 설득하는 상소문을 작성해보자.

(3) 한국전쟁(6 · 25 전쟁) : 〈작은 연못〉, 〈태극기 휘날리며〉, 〈고지전〉

한국사를 소재로 한 역사영화 가운데 가장 많이 다뤄진 사건은 한국전쟁일 것이다(표 5 참고).[177] 하지만 세부적인 내용, 주제나 메시지, 전쟁을 바라보는 관점 등은 천차만별이다. 남과 북을 선악의 대립 구도 속에 놓고 전쟁 영웅의 성공 스토리에 초점을 맞춘 작품이 있는가 하면, 전쟁을 유발한 이들을 고발하고 전쟁의 참상과 그 속의 비인간화를 고발하는 작품도 있다. 또한 화려하고 웅장한 전투 장면에 초점을 맞춘 작품이 있는 반면, 전쟁 속에서도 꽃피는 사랑과 희망을 이야기하는 작품도 있다.

따라서 한국전쟁 소재의 역사영화를 수업에 활용하려면 수업의 목적과 그에 맞는 영화 선정이 가장 먼저 이루어져야 한다. 한국전쟁을 다룬 역사영화는 시대의 변천에 따라 다소의 차이는 있지만 필연적으로 이데올로기의 문제와 잇닿아 있다.[178] 그러나 우리의 목적은 영화 자체를 분석하거나 '영화를 수업'하는 것이 아니라 '영화를 활용한 수업'이므로 영화 선정의 기준은 교육과정에의 부합 여부에 두는 것이 좋을 것이다. 현행 교육과정에서는 한국전쟁이 일어난 원인과 과정 뿐 아니라 그 참상과 영향까지 다루도록 성취기준이 제시되어 있다.[179] 이에 전쟁의 과정이나 참상을 잘 살펴볼 수 있는 세 편의 역사영화를 선정하였다.

2010년에 개봉한 이상우 감독의 영화 〈작은 연못〉은 한국전쟁 중 충북 영동군 노근리 주민들이 미군에 의해 무차별적으로 학살당한 노근리 양민 학살 사건을 소재로 하였다. 이전에도 한국전쟁 속 미군에 대한 비판적 인식이 드러나는 영화들이 만들어졌지만, 〈작은 연못〉은 미군이 주체가 되어 민간인을 공격한 사실을 정면으로 다루며 비판하고 있다. 그 때문인지 영화의 제작부터 개봉까지 10여년이라는 긴 시간이 걸렸고, 개봉도 쉽지 않았으며 개봉 이후에도 영화에 대한 평가가 극명하게 갈리었다.[180]

이념적 논란의 여지가 있는 영화를 수업에서 다루어야 하는가에 대한 문제 제기가 있을 수 있지만, 〈작은 연못〉은 단순히 미군을 비판하는 것이 아니라 한국전쟁 때 일어난 실제 사건을 이야기하는 영화이다. 잘 알려지지 않았지만 실제로 있었던 사건, 그동안 가려지고 외면되어 왔던 전쟁 중 민간인 피해와 학살 문제를 정면으로 다루고 있기 때문에 의미 있는 학습 자료라고 할 수 있다. 따라서 이념의 문제로 접근하는 것이 아닌, 당시 일어난 사건 자체에 주목하고 이러한 사건이 발생한 원인을 탐구할 필요가 있다.

2004년에 개봉한 강제규 감독의 영화 〈태극기 휘날리며〉는 평범한 삶을 살던 한 형제가 한국전쟁 발발 이후 그 과정을 오롯이 겪으면서 변화하고 갈등하는 과정을 그리고 있다. 이 영화는 할리우드 영화의 형식적인 특징을 차용하면서도 서사구조는 한국적인 요소를 담고 있는 이른바 한국형 블록버스터로 분류되며,[181] 1998년에 개봉한 스티븐 스필버그 감독의 영화 〈라이언 일병 구하기(Saving Private Ryan)〉와 자주 비교되곤 하였다.[182]

피난을 간 대구에서의 강제 징집으로 형제 두 명이 모두 전쟁터로 내몰린 것, 낙동강 방어선에서의 끊임없는 전투와 사지가 찢기고 총상을 입은 전우의 모습, 서울을 수복한 뒤 평양으로, 혜산진으로 북진하는 과정에서 이어지는 살상은 여느 전쟁영화가 그러하듯 전쟁의 참혹함과 비인간화를 여지없이 드러낸다. 그러면서도 동생을 위해 죽기를 각오하고 싸우는 형과, 광기로 변해가는 형을 보며 반감을 드러내는 동생의 갈등은 우리의 특수한 분단 현실을 내포하고 있는 것처럼 보인다. 무엇보다 이 영화는 전쟁의 발발, 대구까지의 피난, 낙동강 방어선의 구축, 인천 상륙 작전, 서울 수복, 평양 및 혜산진 등으로의 북진, 중국군의 개입, 1·4 후퇴, 고지전의 반복 등 전쟁 전체의 주요 과정이 잘 드러난다는 특징이 있다.

특이한 것은 이 영화에 대해 '반미·반한' 영화라는 평가가 있는가 하면,[183] 민족주의 더 나아가 국가주의 영화라는 평가도 있다는 점이다.[184] 앞서 〈작은 연못〉이 노근리 사건을 다루었다는 것 자체로 논란이 되었다면, 〈태극기 휘날리며〉는 영화가 가진 관점이 논란의 대상이 된 것이다. 영화가 가진 관점이란 결국 어느 장면에 초점을 맞춰 영화를 보느냐에 따라 달라지는 것 같다. 강제 징집, 국민보도연맹과 청년단, 포로의 학살을 명령하는 한국군 장교 등에 초점을 맞추느냐, 인민군 소년병, 인민재판과 민간인을 학살하고 후퇴한 인민군, 진태와 진석을 만나지 못하게 가로막은 인민군 장교 등에 초점을 맞추느냐에 따라 평가가 달라지는 것이다. 이는 영화를 만든 감독의 관점이 영화를 수용하는 관객의 관점과 반드시 일치하는 것은 아니라는 점을 보여준다고 할 수 있다.

따라서 〈태극기 휘날리며〉를 활용한 수업은 영화의 관점을 확인하거나 평가하기보다는 영화가 잘 보여주고 있는 전쟁의 주요 흐름을 파악하고 이 과정에서 발생한 주요 사건을 깊이 있게 살펴보는 것이 더 적절할 것이다.

2011년에 개봉한 장훈 감독의 영화 〈고지전〉은 1953년 휴전협상이 난항을 거듭하는 중에 동부전선 애록고지에서 벌어지는 허구의 사건을 다루며 전쟁을 겪는 남북한의 군인들에게 초점을 맞추고 있다.

이 영화는 여러 가지 측면에서 그 이전의 한국전쟁 영화와는 결을 달리한다.[185] 전황에 초점을 둔 한국전쟁 영화는 대체로 전쟁 초반부에 해당하는 1950~1951년 사이를 배경으로 한다. 서로 밀고 밀리며 영화보다 더 영화 같은 극적인 반전이 많이 일어나는 시기이기 때문이다. 혹은 실제로 일어난 특정 전투나 사건을 소재로 하여 영화가 만들어지기도 한다. 그러나 〈고지전〉은 사람들이 잘 주목하지 않는 전쟁의 후반부, 그것도 허구의 장소와 전투[186]를 소재로 하여 이야기를 전개하고 있다. 전쟁 영웅을 보여주려는 것도, 실제 일어난 전투나 사건을 알려주려는 것도 아니다. 궁극적으로 전쟁의 참상과 비인간화를 고발하려는 것인지는 모르겠으나, 그런 거시적인 관점보다는 직접적으로 명분 없는 전쟁과 그 속에서 고통 받는 개인들에게 집중하고 있다.

영화 속의 모든 이들은 변했다. 아예 미쳐버린 이상억 외에도 이기기 위해서라면 동료까지도 미끼로 사용하는 김수혁은 십자가를 손에 쥐고 기도하던 이였다. 막내 신일영은 전쟁을 거듭하며 대위가 되었지만 모르핀에 의존해 버티고 있다. 전쟁에 대한 강한 신념을 가졌던 인민군 현정윤은 한국 군과 물건이나 편지 등을 교환하는 데 아무 거리낌이 없다. 전쟁을 온 몸으로 겪어내면서 그들은 모두 변한 것이다. 그들의 모습을 트라우마로 인한 고통, 또는 외상 후 스트레스 장애로 인한 병적 상태라고 말하기도 한다.[187] 내가 살기 위해 적군 뿐 아니라 아군을 향해 총격을 가해야 했던 포항 전투의 상흔이 모두에게 남아 있다. 휴전협정이 체결되었다는 방송을 듣고 기뻐하던 모습 뒤로 협정문의 효력이 발휘되기까지 한 뼘의 땅이라도 더 차지하기 위해 12시간에 걸친 전투가 이어진다. 그리고 강은표를 제외한 모두가 전사한다. 이들에게 한국전쟁이란 무엇일까?

한국전쟁을 주제로 한 수업에서 시각적으로 보이는 전쟁의 참상을 이해하는 것 뿐 아니라 전쟁을 겪어내는 한 사람, 한 사람의 상황과 입장을 생각해 보는 것은 매우 의미 있는 활동이라고 할 수 있다. 이에 〈고지전〉을 활용한 수업을 통해 당시 인물의 상황과 마음을 추체험해보고, '전쟁이란 무엇인가?'에 대해 생각해 보는 기회를 가질 수 있을 것이다.

실제 수업은 〈작은 연못〉, 〈태극기 휘날리며〉, 〈고지전〉 중 하나를 선택하여 이루어질 수도 있고, 세 편 모두를 활용할 수도 있다. 여기에서는 세 편 모두 아우를 수 있도록 수업을 구성하고 평가문항도 이에 맞게 작성하였다. 우선, 광복 이후 전쟁이 발발하기까지 한반도의 국내외적 상황을 살펴보고, 1950년 전쟁 발발부터 1953년 휴전협정이 체결되기까지의 과정을 북한(국제)과 남한을 중심으로 세밀하게 살펴보았다.

〈작은 연못〉을 활용한 수업은 노근리 사건 뿐 아니라 이 사건이 알려지게 된 AP 통신의 보도 과정을 함께 다루었다. 즉 우리 사회가 전쟁 중 민간인 학살 문제를 오랫동안 외면해 왔음을 확인하고, 다시 한 번 인권과 인간 존엄성의 문제에 대해 생각해 보도록 한 것이다. 이러한 이해를 토대로 역사영화를 본 뒤, 해당 사건이 이념 문제가 아닌 전쟁 중 인권의 문제임을 확인하기 위하여 베트남 전쟁 중에 일어난 밀라이 학살 사건에 대한 자료를 함께 제시하였다. 그리고 노근리 사건이 가진 문제점에 대한 자신의 생각을 작성해 보도록 하였다.

〈태극기 휘날리며〉를 활용한 수업은 영화의 내용과 한국전쟁의 전체 과정을 비교해 보도록 구성하고, 이를 바탕으로 역사영화를 보도록 하였다. 영화에서 다룬 국민보도연맹 사건은 교육과정에서 다루지 않아 학습자에게는 잘 알려지지 않았지만, 영화 안에서 영신의 죽음 및 형제의 갈등이 정점을 이루는데 영향을 미친 중요한 사건이다. 이에 국민보도연맹 사건에 대한 자료를 함께 제시하였다. 그리고 한국전쟁의 과정을 중심으로 영화의 줄거리를 작성해 보도록 하였다.

〈고지전〉을 활용한 수업은 한국전쟁의 과정 속에서 여러 인물들의 마음이 어떠했을지 생각하면서 역사영화를 보도록 구성하였다. 또한 휴전 회담은 영화 속 주요 사건이 일어나는 배경이자, 변수로 작용한다. 이에 휴전 협정과 주요 쟁점에 대한 자료를 함께 제시하였다. 그리고 영화 속 사건, 인물 등을 통해 감독이 영화를 만든 의도를 생각해 보도록 하였다.

세 편의 영화를 모두 활용하거나 혹은 한두 편의 영화만을 선택하더라도 궁극적인 수업의 목적은 학습자들이 한국전쟁에 대해 깊이 생각해보는 기회를 가지도록 하는 것이다. 이에 영화 속에서, 그리고 실제 상황에서 한국전쟁의 가장 큰 책임자와 피해자가 누구인지 생각해보고, 한국전쟁을 평가해 보도록 하였다. 이러한 평가 글쓰기가 수행평가(과정중심 평가)로 시행될 수 있다.

다음은 수업 설계안과 학습 활동지, 평가 문항에 대한 예시 자료이다.

수업의 개요

| 수업의 목적 수립 | 과거의
사실 이해 | + | 과거의
인물 이해 | ▶ | 역사적
평가와 판단 |

역사영화의 선정(유형)	재현형 역사영화	인물 창조형 역사영화	인물 창조형 역사영화
	〈작은 연못〉	〈태극기 휘날리며〉	〈고지전〉

탐구주제	영화가 말해주는 한국전쟁(6 · 25 전쟁)

| 탐구목표 | 1. 영화를 통해 한국전쟁의 과정을 시간적 흐름 속에서 파악할 수 있다.

2. 자료를 통해 한국전쟁의 책임과 피해에 대한 자신의 생각을 말할 수 있다.

3. 역사적 근거를 들어 한국전쟁을 평가하는 글쓰기를 할 수 있다. |

수업의 전개

수업 흐름

◆ 전시 확인 및 동기 유발
◆ 연표 확인 : 한국전쟁 발발 이전 / 전쟁 과정 흐름 파악하기
◆ 영화 내용 확인 : 영화의 줄거리 확인
◆ 영화별 수업 전개 ※ 별도
◆ 탐구활동(2) : 전쟁의 피해자와 가해자에 대한 생각 적어보기
◆ 탐구주제 해결[평가] :
  - 전쟁 중 가장 중요한 '역사의 한 장면'을 그림(표어)으로 표현하기
  - 한국전쟁에 대한 평가 글쓰기

※ 영화별 수업 전개

〈작은 연못〉	〈태극기 휘날리며〉	〈고지전〉
◆역사 정보 확인: 노근리 사건과 보도 자료 파악 ◆영화 시청 ◆탐구활동(1) 　- 영화의 3W 확인 　- 노근리 사건의 문제점 파악하기 　- [추가 자료 제시] 밀라이 학살 사건	◆영화 내용 확인: 3W 확인 ◆영화 시청 ◆탐구활동(1) 　- 전쟁의 과정 중심으로 줄거리 정리 　- [추가 자료 제시] 국민 보도연맹	◆영화 내용 확인: 3W 확인 ◆영화 시청 ◆탐구활동(1) 　- 영화 제작 의도 파악하기 　- [추가 자료 제시] 휴전 협상과 내용

> 영상

작은 연못	▶ 전쟁이 발발해도 일상적인 삶을 이어가는 대문바위골 주민들 ▶ 미군의 대피·소개명령으로 처음엔 산, 나중에는 남쪽으로 피난을 떠남. ▶ 철길과 쌍굴다리에서 공습과 총격으로 학살당하는 피난민, 에필로그
태극기 휘날리며	▶ (1950년 서울) 평범하던 진태와 진석의 가족은 전쟁으로 피난을 떠남. ▶ (1950년 대구) 강제징집으로 둘은 낙동강 방어선에 배치되고, 진태는 몸이 약한 동생을 제대시키기 위해 누구보다 앞장서 전공을 쌓음. ▶ 서울 수복, 평양 전투, 압록강 진격 과정에서 형제의 갈등이 깊어짐. ▶ 중국군의 개입으로 한국군이 후퇴하고 서울에서 보도연맹 문제로 영신이 사망함. 한국군에 의해 진석이 죽었다고 생각한 진태가 북한군이 됨. ▶ 진석이 인민군이 된 진태를 만나러가서 재회하지만 결국 진태는 죽음.
고지전	▶ (1953년 판문점) 휴전 협상은 난항을 겪고, 동부전선에서 일어난 불미스러운 사건 조사를 위해 강은표가 악어중대로 파견됨. ▶ 강은표는 1950년에 헤어진 전우 김수혁을 만나고, 애록고지 탈환 작전을 하던 중 악어중대가 북한군과 내통하는 사실을 확인함. ▶ 반복되는 고지전 속에서 부대원과 함께 북한군과 내통하는 강은표, 작전을 수행하며 전우를 잃는 일이 생기자 강은표와 김수혁은 갈등함. ▶ 최후 전투에서 애록고지를 잃고, 김수혁은 전사함. ▶ 휴전 협정이 조인되지만 공식 발표 전 전투를 개시하라는 명령을 받고 남북한군 모두 전사함.

	평가(채점) 기준			
태도		○ 성실하게 평가 과정에 임하여 수행과제를 제출하였는가? ○ 적극적인 태도로 평가 과정에 참여하였는가?		
내 용 평 가	기준		○ 명확한 이해를 바탕으로 논지를 전개하였는가? ○ 주장에 대한 논거 및 역사적 근거를 명확히 서술하였는가?	
	세 부 항 목	영화 내용	○ 내용이 논리적으로 타당한가? ○ 영화 속 주요 내용과 인물이 포함되었는가? ○ 지칭하는 대상이나 내용이 명확하게 드러나는가?	
		실제 역사	○ 주장이 논리적으로 타당한가? ○ 영화의 내용이 아닌 실제 역사에 근거하였는가?	
		평가 글	○ 평가에 대한 주장이 논리적이고 타당한가? ○ 주장에 대한 근거가 명확하고 역사적인가?	
		그 림 표 현	○ 한국전쟁의 과정, 의미 등을 잘 묘사하였는가? ○ 한국전쟁에 대한 자신의 생각이 잘 드러났는가? (실제로 있었던 사실을 작성할 것) ○ 소재의 선정 이유와 그림 설명이 타당한가?	

학생활동지

한국사 연표 (1)

국제 정치 /북한	연도	국내 정치
9/2 맥아더, 미소 양군의 한반도 분할 점령 발표(북위 38도선) 9/6 미군 사령부, 남한에 미군정 실시 포고 (하지 중장) 11월 중국 국공 내전(국민당-공산당) 시작 12/27 모스크바 3상회의, 신탁 통치 실시 결정(최고 5개년)	1945	8/15 광복 8/30 조선건국준비위원회 발족함(정 여운형, 부 안재홍) 9/6 조선인민공화국 수립 선언(정 이승만, 부 여운형) 12/12 하지 중장, 조선인민공화국 부인 성명 발표

국제 정치 /북한	연도	국내 정치
1/2 조선공산당, 모스크바 3상회의 결정 지지 선언 3/5 북조선 임시인민위원회 토지개혁법 발표 3/20 제1차 미소공동위원회 개최(미:아놀드, 소:스티코프) 5/6 제1차 미소공동위원회 결렬(참여세력범위)	1946	3/1 3·1 운동 기념행사(좌:남산, 우:서울운동장) 6/3 이승만의 정읍 발언(남한 정부 단독 수립) 6/14 좌우합작 회담 시작(여운형, 김규식) 9/7 공산당 간부에 대한 검거 시작 11/23 남조선노동당(남로당) 결성 12/2 이승만, 도미하여 남한단독정부 수립 주장
3/12 미, 트루먼독트린 발표 5/21 제2차 미소공동위원회개최(미:브라운, 소:스티코프) 8/26 소, 미소양군의 한반도 철수 제안(미 거부) 9/17 미, 유엔총회에서 한국 문제 상정 제의 10/20 미소공동위원회 사무 정지 10/30 UN총회, 한국 유엔위원단 파견 가결 (41:0)	1947	3/1 3·1 운동 기념행사에서 좌우익 충돌 7/19 여운형 피살(비밀결사인 백의사 지령) 12/22 김구, 남한 단독정부 수립 반대 성명(광복이후 폭동 집계 결과 총 402,778명 피살, 282 부상, 피해액 148,115,500원 발생, 대구 60,440명 피살)
1/8 유엔 한국 임시위원단 입국 2/26 유엔소총회, 남한에서만 총선거 실시 결정 8/26 한·미(잠정적) 상호방위조약 협정 체결 12/12 UN, 한국을 한반도 유일의 합법 정부로 승인	1948	2/10 김구, '3천만 동포에 읍고함' 성명 발표 3/8 김구, 남북 협상 제의 4/3 제주 4·3 사건 발생 4/19 남북연석회의 개최 5/10 5·10 총선거 실시(입후보 등록 349명) 7/17 헌법과 정부 조직법 공포 8/15 대한민국 정부수립 선포, 미군정 폐지 선포 10/19 여수·순천사건 발생 11/20 국가 보안법 제정 11/25 반민족특별조사기관법 제정
4/10 UN안보리, 한국의 유엔 가입안 부결 5/20 미, 미군철수 발표(~6/29, 군사고문단 제외 완료) 9/23 미, 소련의 원자폭탄 실험 사실 확인 10/1 중화인민공화국 정부 수립	1949	1/8 반민특위 발족 4/2 38도선에서 충돌 격증(월간 84회) 5/20 남로당 국회 프락치 사건 발생 6/6 반민특위 무기 압수, 특경대 해산 6/21 농지개혁법 발표 6/29 김구 암살(현역 소위 안두희 현장 체포)

국제 정치 /북한	연도	국내 정치
1/10 미, 에치슨 선언 발표 1/26 한미 상호방위원조협정 체결 4월 김일성, 소련 방문(스탈린 남한 침공 계획 동의) 5월 김일성, 중국 방문(마오쩌둥, 김일성 계획 동의)	1950	4/10 농지개혁 착수 5/30 제2대 민의원 총선 실시

한국사 연표 (2)

국제 정치 /북한	연도	국내 정치
6/25 UN안보리, 북한 공격을 침략으로 규정 6/27 미군참전 7/1 미 육군, 부산에 첫 상륙 7/4 북한, 남한 토지 개혁에 관한 정령 채택 7/7 한국군이 유엔군에 편입 7/12 한국군 통수권의 미군 이양 7/25 일본 도쿄에 유엔군 총사령부 설치 8/3 UN, 워커라인 구축(마산-왜관-영덕 방어선) 9/15 인천 상륙 작전 실시, 낙동강 전선 총반격 9/28 UN, 서울 완전 수복 9/30 미, 38도선 돌파 명령 10/25 중국군, 한국전 개입 11/15 중국군과 북한군, 총반격 시작	1950	6/27 정부, 대전으로 철수 6/28 정부, 한강 인도교 폭파, 서울 함락 7/16 정부, 대구로 이전 7/20 대전 함락 8/3 낙동강 철교 폭파 8/18 정부, 부산으로 이전 8/22 국민병 소집 시작 9/21 한강인도교 폭파 책임자(최창식 대령) 사형 9/28 이승만, 이북 진격 언명 10/19 국군, 평양 탈환 10/27 정부, 서울로 환도 12/4 국군, 평양에서 철수 12/24 서울 시민에게 피난령 발표, 흥남철수
1월 중국군의 남진, 서울 점령 2월 UN, 중국을 한국전 침략자로 결의 3월 맥아더 38선 이북으로의 진격 명령 4월 트루먼의 맥아더 해임 6월 소련대사, 38선 정전회담 제의, 16개국의 공동 수락 7월 김일성과 팽덕회, UN측 휴전 제의에 동의 9월 미일, 샌프란시스코 조약 조인	1951	1월 국방부, 간행물에 대한 사전 검열제 실시, 1·4 후퇴로 정부의 부산 이전, 이승만이 일본 참전설에 반대 담화 발표 2월 국군의 서울 진입, 반민법 폐지안 가결, 거창 양민학살 사건 발생 3월 서울 재수복, 국회의 국민방위군 사건 폭로 7월 개성 휴전 회담 12월 휴전회담에서 포로명단 교환, 자유당 창당

국제 정치 /북한	연도	국내 정치
2월 일본, 경찰예비대를 토대로 방위대 발족, 북한이 미군이 철원과 평강에 세균 살포했다고 주장 3월 국제민주법률가협회, 세균전 감행 조사단 파견 4월 미국, 극동군사령부 해체 12월 한미 경제 협정 조인, 미 아이젠하워 대통령에 당선 후 내한	1952	1월 이승만, 평화선 선언 2월 거제도 포로수용소 폭동(좌익) 5월 부산 정치 파동(직선제 개헌 목적) 6월 휴전협정 가조인 7월 발췌개헌안 기립 투표로 통과 8월 2대 대선에서 이승만 당선 9월 징병제 실시
7월 북한과 중국, 휴전협정 조인에 동의, 휴전(22시) 8월 중립국감시위원단, 군사정전위원회에서 활동 시작, 북한에서 허가이 자살, 박헌영·이승엽 등이 간첩행위와 내란, 정부전복 혐의로 기소됨 10월 한미상호방위조약 조인	1953	2월 정부, 독도 영유권 주장 성명 발표 4월 '통일없는 휴전반대' 국민회의 개최 5월 정부, 휴전반대 통고, 휴전회담 출석 거부 6월 포로 교환 협정에 조인, 반공 포로 석방 8월 정부, 서울로 환도, 비상계엄령 전면 해제
	1954	휴전 협정에 의한 중립국 포로 송환 임무 완료, 수복지구 행정권을 유엔군으로부터 인수

작은 연못

▶ 줄거리(영상내용 중심)

1950년 7월, 산골짜기 대문 바위골의 아이들은 세상이 어떻게 돌아가는 지도 모른 채 전국 노래 경연대회에 열을 올린다. 그러나 미군이 패하면서 전선은 읍내까지 내려오고 마을에 소개령이 내려진다. 이에 주민들은 피난길에 오르는데, 그들 머리 위로 폭탄이 떨어지고, 방어진지에 있던 병사들은 이들을 향해 난사를 시작한다. 마을 사람들은 도대체 총구가 왜 자기들에게 향하는지 이유도 모른 채 쓰러져간다.

▶ 3W 확인 (스스로 확인하기)

Who	주요 등장인물은?
When	주요사건의 배경이 되는 시기는?
Where	주요사건의 배경이 되는 공간(장소)는?

역사 이해하기

▶ 노근리 사건 알아보기

이 영화는 1950년 7월, 노근리의 철교 밑 터널 (속칭 쌍굴 다리) 속으로 피신한 인근 마을 주민 수백 명이 미군들의 무차별 사격으로 무참히 살해된 '노근리 사건'을 바탕으로 만들어진 작품이다. 1950년 7월, 전쟁 초기 북한군에게 밀린 미군은 전선을 후퇴시켜 대전에서 부산으로 가는 유일한 길목인 영동군 황간면 노근리 일대에 저지선을 구축하게 된다. 노근리 주변 마을인 주곡리, 임계리에는 미군에 의해 소개령이 내려지고 500여명의 주민들은 미군의 강압적인 인솔하에 피난길에 오르게 된다. 그러나 미군은 피난민 틈에 민간인으로 위장한 적군이 침투했다는 미확인 정보를 확신하여, 피난민들의 저지선 통과를 저지하라는 상부의 지시에 따라 남쪽으로 무작정 내려가던 피난민들을 향해 비행기 폭격을 감행한다. 미군의 저지선이 후퇴하기 전, 7월 26일부터 29일까지 3박 4일 동안 폭격에 살아남은 300여명의 생존자들은 기차길 밑 쌍굴 다리에 갇힌 채 제 1기병사단 7기병연대

2대대 병력으로부터 공격을 받는다. 300여명에 달했던 쌍굴 다리 안의 피난민들 중 최후까지 살아남은 사람은 25명. 이는 베트남 밀라이 사건과 더불어 20세기 최대 규모의 민간인 학살 사건이다.

"소대장은 미친놈(madman)처럼 소리를 질렀습니다. 발포하라. 모두 쏴 죽여라(kill'em all). 저는 총을 겨누고 있던 사람들이 군인인지 아닌지 알 수 없었습니다. 그런데 아이들이, 거기에는 아이들이 있었습니다. 목표물이 뭐든 상관없다. 여덟 살이든 여든 살이든, 맹인이든 불구자든 미친 사람이든 상관없다. 모두에게 총을 쐈습니다."

- 제 7기병연대 참전군인 조지 얼리의 증언

"다리 밑은 모래와 자갈이었습니다. 사람들은 빗발치는 총알을 피하기 위해 맨손으로 구멍을 팠습니다. 어떤 사람은 죽은 사람들을 바리케이드처럼 쌓아 그 뒤에 숨었습니다. 어떤 아이는 엄마가 죽은 줄도 모르고 계속 울었습니다. 우는 소리를 듣고 그 아이가 있는 곳을 향해 사격이 가해져 또 많은 사람이 희생을 당하자 아이의 아버지는 아이를 개울물에 넣어 질식 시켰습니다."

- 노근리 사건의 생존자 양해찬씨의 증언

▶ 사건의 보도

생존자를 중심으로 한 주민들의 끊임없는 진상규명 요구에도 불구하고 한국 정부와 미국 정부에 의해 50년간 부정되었던 이 사건은 1999년, AP 통신 기자들을 통해 그 진상이 밝혀졌다. 그들은 비밀 해제된 미(美) 군사문건을 검토, 사건 발생 당시의 미군 이동경로와 현장에 주둔했던 미군부대를 찾아내고 당시 가해자인 미군과 피해자인 한국의 생존자들의 증언으로, 잊혀졌던 사건의 궤적을 맞춰내는 등 수년간의 노력을 통해 '노근리 사건'의 전모를 밝혀냈다. 이 보도는 2000년 퓰리처상 보도부문을 수상하면서 세계적인 파장을 일으켰다. AP통신의 보도 이후 2002년, 영국의 BBC 방송은 다큐멘터리〈Kill'em All〉을 제작해 '노근리 사건'을 다시 한 번 전 세계에 알린다. 이후 '노근리 사건'은 한국전 당시 미군에 의해 벌어진 60여건의 민간인 학살 중 진상이 밝혀진 유일한 사건으로 기록된다.

1 노근리 사건이 가진 가장 큰 문제점은 무엇이라고 생각하는가?

2 다음 자료를 읽고 또다른 양민 학살 사건에 대해 알아보자.

윌리엄 캘리 중위가 지휘하는 미군은 밀라이라는 작은 마을에 베트콩 게릴라와 그 동조자들이 숨어 있다는 첩보를 받고 이들을 소탕하기 위해 파견되었다. 그러나 결과는 정당한 이유 없는 무차별 학살이었다. 훗날 군 당국의 진상 조사에 따르면 희생자는 남녀노소를 불문한 347명(베트남 측 주장은 504명)이었다. 이 사건은 처음에는 은폐되어 128명의 적군 병사를 사살한 군사작전으로만 보고되었다. 그러나 곧 루머가 돌기 시작했고, 론 라이든아워라는 군인이 닉슨 대통령을 포함한 몇 명의 정치인에게 이 참극을 보고하였다. 더 이상 감출 수 없게 되었지만, 유죄 판결을 받은 사람은 캘리 중위 한 명뿐이었다. 처음에는 계획적 살인 혐의로 종신형을 언도 받았지만, 캘리는 3년 반 동안 가택 연금에 처해졌을 뿐이다.

베트남 국민들의 눈에 고엽제, 네이팜탄, 대규모 폭격 등을 사용한 미국의 군사작전은 남베트남을 구원하기 위한 행동이라기보다 오히려 파괴하고 있는 것으로 비쳤다. 반미 감정이 확산되면서 미군은 어딜 가도 시민들의 적의를 상대해야 했다. 이로 인해 미군은 사살된 베트남인은 누구를 막론하고 베트콩이라고 추정하게 했다. 눈에 보이지 않는 적군을 찾아낼 수 없자, 모든 농민들이 베트콩과 담합하고 있다고 의심한 미군은 모든 베트남인을 증오하게 되었다. 밀라이 대학살에 대한 뉴스가 터져나오자, 미국 내의 반전운동은 한층 힘을 받게 되었고 많은 남베트남인들조차 미군의 전쟁터가 되느니 공산정권 아래서 사는 편이 나을지도 모르겠다고 생각하게 되었다.

- 죽기 전에 꼭 알아야 할 세계 역사 1001 Days -

영화 이해하기

▶ 줄거리(영상내용 중심)

1950년 6월, 서울 종로에서 구두닦이로 가족의 생계를 책임지고 있는 진태(장동건)는 제대로 배우지는 못했지만, 동생 진석(원빈)과 약혼녀 영신(이은주)을 위해 열심히 살아간다. 그러던 중 한반도에 전쟁이 일어나면서 이들은 피난을 떠난다. 대구에서 만 18세로 징집 대상이 된 진석이 강제로 입영열차에 오르자 진태는 천식이 있는 동생을 보호하고자 함께 열차에 오르고 낙동강 방어선에 배치된다. 열악한 상황 속에서 전투에 임하던 중 훈장이 있으면 동생을 제대시킬 수 있다는 대대장의 말에 누구보다 앞장서 전투에 임하고 혁혁한 전과를 올린다. 인천상륙작전의 성공으로 북진하여 서울, 평양 등으로 나아가는 과정에서 점점 변해가는 진태와 그런 형의 모습이 진석은 어색하다.

평양에서 북한 장교를 생포하려는 진태의 무리한 행동으로 전우 고영만(공형진)이 전사하자 형제의 갈등은 깊어진다. 압록강으로 올라가던 중에 자신의 구두닦이 조수조차 냉혹하게 포로로 잡아버리는 진태의 모습에 진석은 크게 실망한다. 진태는 그동안의 공을 인정받아 태극무궁훈장을 받게 된다. 그러나 중국군의 개입으로 인해 국군은 후퇴를 하게 되고 서울로 지나며 집에 들른 진태와 진석은, 청년단에 의해 보도연맹에 가입했다는 이유로 총살 위기에 처한 영신을 구해내려다 영신은 죽고 둘은 모두 체포된다. 진석은 무사히 풀려나지만, 진석이 국군에 의해 죽었다고 생각한 진태는 국군 장교를 죽이고 사라진다.

부상으로 인해 국군병원에 있던 진석은 본부로부터 형 진태가 북한군의 장교가 되어 혁혁한 공을 세우고 있다는 소식을 전해듣게 되고 형을 만나기 위해 전선으로 나아간다. 동생이 죽었다고 생각한 진태는 자신을 만나러 온 진석을 국군의 계략이라 여기고 만나려 하지 않고 전투가 벌어지는 현장에서 진석을 만나도 알아보지 못한다. 그러나 결국은 자신의 동생 진석을 알아보고 진석이 무사히 탈출할 수 있도록 북한군을 향해 기관총을 쏘다 전사한다.

▶ 3W 확인

Who	주요 등장인물은?

이진태 (장동건)	종로에서 구두닦이를 하며 가족의 생계를 책임지고 있다. 공부 잘하는 진석이 서울대에 가게 된 것이 너무 기쁘고 약혼녀 영신과 함께 행복한 일상을 살아가다가 전쟁의 화마에 휩싸인다. 동생을 전역시키기 위해 훈장을 받으려고 전공을 세우는데 혈안이 된다. 그러한 와중에 철저한 군인이 되어가고 동생과의 관계도 멀어지게 된다. 중국군의 개입으로 후퇴하던 와중 청년단과의 충돌로 영신을 잃고 동생마저 죽었다고 생각하자 북한군에 가담하여 국군을 적으로 싸운다. 구사일생으로 다시 만난 동생 진석을 살려보내기 위해 희생한다.
이진석 (원빈)	착하고 공부를 잘하며 천식이 있어 몸이 약하다. 대구에서 징집되면서 국군이 되고 전장에서도 휴머니즘을 잃지 않는다. 변해가는 형의 모습에 괴로워하고 그것이 자신 때문이라는 사실에 더욱 괴로워한다. 전우 고영만의 죽음과 영신의 죽음이 형 때문이고, 궁극적으로 그것이 자신 때문이라는 사실에 괴로워하며 형을 증오한다. 그러나 결국 북한군의 장교가 된 형을 만나기 위해 전선으로 달려가 형을 만나지만 함께 돌아오지 못한다.
영신 (故 이은주)	쌀이나 보리를 준다는 말에 보도연맹 가입 원서에 서명을 한다. 그러나 그것이 한국전쟁 과정에서 자신을 부역자로 몰아 죽음에 이르게 할 것이라고 생각하진 못했다. 진태의 약혼녀로 많은 동생들을 기르며 살아가다가 전쟁 중에 진태와 헤어진다. 다시 만났을 때 청년단에 의해 죽임당한다.
고영만 (공형진)	진태와 진석 형제가 군대에서 만난 전우로, 한 가정의 가장이다. 힘든 상황 속에서도 유쾌함을 잃지 않으려 하고 하고 싶은 말은 꼭 하려고 한다. 전우애가 깊지만 전우의 돌발 행동으로 인해 결국 전사한다. 진태와 진석이 갈라서게 되는 결정적 원인이 고영만의 죽음이다.

When	주요사건의 배경이 되는 시기(사건)은? 1950~1953년 무렵

Where	주요사건의 배경이 되는 공간(장소)는? 서울, 낙동강 방어선, 평양, 압록강, 서울 등

176 선생님들을 위한 교실 속 역사영화 읽기

▶ 국민보도연맹 알아보기

　국민보도연맹은 정부수립 이후 좌익 전향자를 계몽·지도하기 위해 조직되었다. 법률이나 훈령의 근거 없이 오제도 검사의 제안에 따라 정부의 주도로 만들어졌다. 정부는 급증하는 전향자들의 사상을 개조하고 효과적으로 통제하고자 했으며 이들을 통해 남아있는 좌익세력을 붕괴시키기 위한 목적도 있었다. 창설 초기 보도연맹 가입자는 전향자가 대부분이었다. 그러나 조직을 확대하는 과정에서 좌익과 관련이 없는 국민들이 가입되었고, 심지어 가입인원이 말단 행정기관에 할당되어 본인의 의사와 상관없이 강제로 가입된 경우도 있었다. 좌익에게 물자나 식량을 제공한 혐의로 강제로 가입된 경우, 주민 간의 사적감정에 따라 보복으로 가입된 경우, 비료나 배급 등 각종 혜택을 준다고 유인해 가입시킨 경우, 심지어 본인도 모르게 가입된 경우도 있었다. 보도연맹원에게는 '공민권'이었던 도민증이 지급되지 않았고, 대신 '보도연맹원증'이 지급되어 이들은 주거지를 옮기거나 떠날 때 반드시 관할 경찰서의 허가를 받아야 하는 등 거주·이전의 권리를 제한받았다. 정기적으로 동태를 감시당하는 '좌익혐의자' 또는 '요시찰인'으로 취급되었다. 6·25전쟁이 발발하자 정부는 보도연맹원 등을 곧바로 소집·구금하였고, 전황이 불리해지자 후퇴하면서 이들을 집단학살했다. 이는 정부가 위험인물로 분류해오던 보도연맹원을 연행해 법적절차 없이 살해했다는 점에서 '즉결처형' 형식을 띤 정치적 집단학살이었다. 사망자 수를 정확히 가늠하기는 어렵지만, 대체적으로 수만 명에서 20만 명 내외의 보도연맹원이 죽은 것으로 추정하고 있다. 이 사건으로 인한 피해는 희생자에게만 국한되지 않았다. 이승만 정부 이후 1990년대까지 역대 정부는 보도연맹원으로 사망한 사람의 가족과 친척들을 요시찰 대상으로 분류해 감시했고, 요시찰인 명부 등을 작성해 취업 등에 각종 불이익을 주면서 연좌제를 적용했다.

— 한국민족문화대백과사전 발췌 · 정리 —

1　6 · 25 전쟁의 전개 과정을 중심으로 영화의 줄거리를 간략히 정리해보자.

▶ **줄거리(영상내용 중심)**

　1953년 판문점에서 이루어지는 휴전협상은 양측의 대립으로 난항을 거듭한다. 이러한 가운데 방첩대 장교인 강은표(신하균) 중위는 부역자를 두둔하는 듯한 발언으로 교착전이 한창인 동부전선 최전방 애록고지로 파견된다. 징벌적 성격과 함께, 동부전선의 악어 중대에서 북한과의 내통이 의심되고 전사한 지휘관의 시신에서 아군의 총알이 발견되어 이에 대한 수사를 하기 위함이었다. 그곳에서 전쟁 중 죽은 줄로만 알았던 대학 동기 김수혁(고수)을 만나게 된다. 그는 유약했던 모습과 달리 2년 사이에 이등병에서 중위로 특진해 악어중대의 실질적 리더가 되어 있었다. 영웅적 명성과 달리 악어중대는 춥다고 북한 군복을 덧입거나 갓 스무살이 된 어린 청년이 대위의 지위에 올라있다.

　그러던 중 강은표는 김수혁을 필두로 한 국군 일부 세력이 애록고지 점령과 탈환을 반복하는 과정에서 북한군(류승룡, 김옥빈 등)과 소통하고 있었음을 알게 되지만 묵인하게 된다. 지속되는 전투 속에서 휴전만을 기다리던 중 저격수 2초(총알이 날아오고 2초 뒤 총소리가 들림, 그만큼 먼 곳에서 저격을 한 것임을 의미함)에 의해 막내 남성식이 전사하고, 전쟁 중 미쳐버린 이상억이 정신병원으로 후송된다. 최후의 일전을 준비하던 중, 김수혁은 무모한 전략으로 부대의 몰살을 자초하는 중대장을 살해한다. 가까스로 목숨을 구하지만 김수혁 역시 2초에 의해 전사한다.

　기다리던 휴전 소식이 들려왔지만, 당국은 22시의 전선이 휴전선이 될 것임을 천명하여 한 치의 땅이라도 더 가지기 위한 치열한 고지전이 벌어진다. 모두 전사하고 남은 남한의 강은표와 북한의 현정윤(류승룡)은 휴전 및 전투 금지 방송에 실소한다.

Who	주요 등장인물은?

강은표 (신하균)	방첩대 중위로, 적과의 내통이 의심되는 애록고지 수사를 위해 동부전선으로 파견된다. 적이라 할지라도 인간에 대한 연민을 기본적으로 가진 인물로 북한과 내통하는 국군의 행동을 눈감아 주고 동참한다. 2초 저격수의 존재를 알게 되었지만 죽이지 못한다.
김수혁 (고수)	전투 중에도 십자가를 부여잡고 기도를 멈추지 않던 유약한 이등병이 전쟁을 거치며 냉혈한 악어중대의 리더가 되었다. 적이라면 죽이기를 서슴지 않는다. 북한과 물건을 주고 받으며 소통하는 그의 모습에서 전쟁에 대한 환멸이 느껴진다.
신일영 (이제훈)	포항 탈출 시 아군을 살리기 위해 아군을 죽인 트라우마로 인해 고통이 엄습할 때마다 모르핀을 주사하여 고통을 느끼지 못하는 모르핀 중독에 걸린 악어중대의 대위이다. 몸을 사리지 않으며 전투를 이끈다.
오기영 (류승수)	가족을 두고 온 전장에서 분위기 메이커 역할을 하기도 하고 냉철한 현실 인식과 인간에 대한 따뜻한 감성이 함께 있는 존재이다.
양효삼 (고창석)	한국광복군으로 복무하다가 현재는 악어중대에서 나이가 많지만 오기영과 함께 분위기를 이끄는 인물이다. 남성식을 아끼고 지도해준다.
남성식 (이다윗)	악어중대에 배치된 신병으로 17살이다. '전선야곡'이라는 신곡을 국군부대에, 그리고 내통하는 북한 부대 내에 전파하는 인물이다.
현정윤 (류승룡)	혁명 정신에 투철하여 전쟁에 참여한 인물이지만 전쟁이 지속되는 과정에서 전쟁의 이유와 목적을 상실하고 전투를 위한 전투를 하며 국군과의 내통을 이끄는 북한군 장교이다.
차태경 (김옥빈)	2초라는 별명으로 한국군에 불리는 저격수이다. 국군에서는 그의 이름 때문에 본인의 사진을 여동생의 사진으로 오인하여 김수혁이 마음에 품는다.
유재호 (조진웅)	악어중대에 새로 부임한 중대장, 명령에 살고 명령에 죽는다. 무능하다.

When	주요사건의 배경이 되는 시기(사건)은? 1953년 한국전쟁 시기

Where	주요사건의 배경이 되는 공간(장소)는? 애록고지 (AERO-K)

▶ 휴전 협정이 길어진 이유 알아보기

(가) 국제 연합군 총사령관을 일방으로 하고 조선 인민군 최고 사령관 및 중국 인민 지원군 사령관을 다른 일방으로 하는 하기의 서명자들은 … 1. (휴전선의 설정), … 12. 적대 쌍방 사령관들은 육해공군의 모든 부대와 인원을 포함한 그들의 통제 하에 있는 모든 무장 역량이 한국에 있어서의 일체 적대 행위를 완전히 정지할 것을 명령하고 또 이를 보장한다. 본 항의 적대 행위의 완전 정지는 본 정전 협정이 조인된 지 12시간 후부터 효력을 발생한다.

〈휴전협정〉

(나) 정전 협상에서 가장 큰 쟁점 가운데 하나가 포로 교환 문제였다. 공산군측은 무조건 모두 교환하자고 주장하였고 유엔군측은 포로 각 개인의 자유 의사에 따라 결정하자고 주장하였다. 1953년 6월 8일 포로 송환 협정을 맺어 귀국을 원하는 포로는 휴전 후 60일 내에 송환하기로 하였다. 1953년 8월 5일부터 9월 6일 사이에 우선 송환 희망자 95,937명이 판문점에서 송환되고 송환 거부 포로 22,963명은 중립국 송환 위원회에 넘겨져 자유 의사에 따라 행선지를 결정하게 하였다. 그런데 이승만 대통령이 '한미방위조약체결 전에는 휴전할 수 없고 반공 애국 동포를 북한으로 보낼 수 없다'고 하면서 6월 18일 0시에 영천, 대구, 논산, 마산, 부산 등 7개의 수용소에 있던 반공 포로 3만 7천여명을 석방시켰다. 나아가 한국측 요구가 관철되지 않으면 휴전 교섭 파기를 위해 보다 강력한 조치를 취하겠다는 태도를 보였다. 이 사건은 국제적으로 적지 않은 문제를 일으켰고 북한측에서는 포로들을 재수용하라고 요구했다. 이에 미국은 '한미 상호 방위 조약'을 체결, 경제원조, 한국군 증강 등을 조건으로 하여 이승만에게 휴전 동의를 얻었다.

—『함께보는 한국 근현대사』,『한국 현대사 산책』외 —

 자신이 생각하기에 감독이 〈고지전〉이라는 영화를 만든 의도가 무엇이라고 생각하는가?

※ 다음 물음에 대한 자신의 생각을 서술하시오.

1　영화 속에 등장한 인물 가운데 전쟁의 가장 큰 책임은 누구에게 있다고 생각하는가?
　　이유는?

2　영화 속에 등장한 인물 가운데 전쟁의 가장 큰 피해를 입은 사람은 누구라고
　　생각하는가? 그 이유는?

3　전쟁의 가장 큰 책임은 누구에게 있다고 생각하는가? 이유는?

4　전쟁의 과정 중에 가장 큰 피해를 입은 사람은 누구라고 생각하는가? 그 이유는?

5　한국전쟁에 대한 자신의 평가를 역사적 근거를 들어 정리해보자

6　자신이 생각하는 한국전쟁의 가장 중요한 장면을 그림(표어) 등으로 표현하고
　　그 이유를 적어보자.

제목	
표현	
선정 이유	
그림 설명	

2) 근대 - 백 년 전 우리, 빛과 어둠 속에서

2019년 우리 사회는 3·1 운동과 대한민국 임시 정부 수립 100주년을 맞이하며 과거의 역사를 기억하는 많은 사업을 추진하고 있다.[188] 과거를 기억하고 기념하는 것은 의미 있는 일이지만, 그에 앞서 우리는 과거를 제대로 이해하고 있을까? 조선에서 대한제국, 그리고 국권 피탈, 광복과 정부 수립으로 이어지는 과정에서 나라 안팎으로 치열한 다툼과 갈등이 있었고, 그 잔해는 현재까지도 영향을 미치고 있다. 특정 인물과 사건에 대한 평가가 역사적·학술적 차원을 넘어 정치적으로 이용되기도 하고, 온전히 해결되지 못한 과거사는 생존자와 유가족을 여전히 과거 속에 묶어두고 있다.

이러한 갈등의 시작을 어디로 잡을 것인가에 대해서는 학자마다 이견이 있겠지만, 우리에게 선택지가 주어지고, 무수한 선택과 그 결과가 지금에 미친 영향을 되짚어보면 개항 무렵이 시작점이 아닐까 한다. 따라서 과거를 제대로 이해하기 위하여 그 당시의 상황과 그 당시를 살았던 인물들의 생각과 선택을 탐구해보는 것은 의미 있는 일일 것이다. 이에 개항 무렵부터 일제 강점기까지 지금의 우리에게 큰 영향을 미친 선택의 순간들을 역사영화를 통해 살펴보고자 한다.

(1) 새로운 문물의 유입
〈불꽃처럼 나비처럼〉
2009년에 개봉한 김용균 감독의 영화 〈불꽃처럼 나비처럼〉은 공적 인물로서 명성황후보다는 역사 속 한 개인으로서 민자영이라는 인물에 초점을 맞추고 있다. 이 영화는 작품성으로나 흥행으로나 별로 성공을 거두지 못했을 뿐 아니라[189] 과도한 허구적 설정과 역사적 오류[190]로 인해 수업에의 활용이 꺼려지는 작품이기도 하다.

그럼에도 불구하고 그의 생애가 결코 사적일 수 없었기 때문에 민자영에게 초점 맞춘 영화는 개항 이후 격변의 시기를 지나고 있는 조선의 모습을 보여 주고 있다. 그리고 개항 무렵 문호를 개방할 것인지, 통상 수교를 거부할 것인지를 두고 극렬하게 대립했던 두 입장을 명성황후와 흥선 대원군을 통해 정면으로 보여준다. 중전 간택부터 죽음에 이르는 30여년의 세월을 압축적으로 다루다보니 시간적 오류가 곳곳에서 드러나기는 하지만, 병인박해, 임오군란, 을미사변 등 격동기의 여러 사건을 한 번에 볼 수 있기도 하다.

그러나 명성황후나 흥선 대원군을 주인공으로 한 기존의 문학과 영상 작품에서 그들을 미화 또는 왜곡하는 경우가 적지 않았을 뿐 아니라[191] 그들 자체에 대한 평가도 극명하게 갈리는 것이 사실이다. 〈불꽃처럼 나비처럼〉도 역사적 인물을 객관적으로 그리고 있는가에 대해서는 여전히 의문이 있다. 따라서 이를 활용한 수업은 인물에 대한 평가보다는 배경이 된 당시의 상황과 각 인물의 선택에 초점을 맞추는 것이 적절할 것이다.

이에 실제 수업은 〈불꽃처럼 나비처럼〉을 통해 19세기 중반 이후 조선의 상황을 파악하고 당시 인물의 가치관을 확인하여 그들의 의사결정 과정을 추체험해 보도록 구성하였다. 이를 위해서는 무엇보다 수업의 목적에 맞는 영상의 편집이 이루어져야 한다. 무명과 민자영의 개인사나 불필요한 CG

액션, 애정신은 최대한 걷어내고 19세기 중반 이후 조선의 상황, 민자영의 중전 간택과 정치적 역량 발휘, 흥선 대원군과의 갈등, 민승호와 어머니의 폭사, 임오군란, 을미사변 등의 이야기 리듬으로 영상을 편집하였다. 수업은 19세기 한국사의 주요 흐름 속에서 명성황후와 흥선 대원군의 생애를 살펴보고, 영상의 내용을 중심으로 줄거리를 살펴보면서 시간적 오류 등 비역사적 사실을 수정하는 것으로 구성되었다. 그리고 역사영화를 본 뒤, 역사적 사실과 관련된 영상의 내용에 대해 질문을 던지고, 을미사변에 대한 추가 자료를 제시하였다. 그리고 수행평가(과정중심 평가)를 시행하기 위하여 그 당시 세력의 여러 정책을 평가하는 역사 글쓰기, 영화에 대한 비평 글쓰기를 제시하였다.

다음은 수업 설계안과 학습 활동지, 평가 문항에 대한 예시 자료이다.

수업의 목적 수립

과거의
사실 이해
+
과거의
인물 이해
→
역사적
평가와 판단

역사영화의 선정(유형)

재현형 역사영화 : 〈불꽃처럼 나비처럼〉

탐구주제

〈불꽃처럼 나비처럼〉속 명성황후의 삶을 통해 보는
100년 전 조선의 역사 탐구

탐구목표

1. 1860~1890년대 조선 사회에 일어난 변화의 모습을
   각 분야별로 정리할 수 있다.
2. 명성황후와 흥선대원군이 대립하게 된 원인을 파악
   할 수 있다.
3. 을미사변을 둘러싼 국내외적 정세 변화를 추론할 수
   있다.

수업의 전개

수업 흐름

◆ 전시 확인 및 동기 유발
◆ 연표 확인 : 19세기의 역사 속에서 흥선대원군과 명성황후의 생애 비교하기
◆ 영화 내용 확인 : 영화의 줄거리 및 3W 확인 (시간적 오류 수정하기)
◆ 영화 시청
◆ 탐구활동
  - 영상을 보며 주어진 질문에 대한 자신의 생각 작성하기
  - [추가 자료 제시] 을미사변에 대한 자료
◆ 탐구주제 해결[평가] :
  - 개항 이후 여러 세력이 취한 정책 평가하기
  - 을미사변을 중심으로 영화 비평글 작성하기

▶ 병인박해로 인해 가족을 잃은 무명의 이야기, 당시 국내외 정세를 알려주는 가운데 민자영의
중전 간택과 입궐
▶ 중전으로서의 활동과 흥선대원군과의 갈등, 무명과의 만남
▶ 조선이 러시아에 접근하자 일본과 대원군과의 갈등이 격화되고, 민승호와 어머니가 폭사됨. 전
등점화식에 참여함.
▶ 임오군란으로 중전이 무명과 함께 궁궐 밖으로 피신했다가 환궁함
▶ 을미사변이 발발하여 명성황후와 무명 등이 사망함.

평가기준

	평가(채점) 기준
태도	○ 성실하게 평가 과정에 임하여 수행과제를 제출하였는가? ○ 적극적인 태도로 평가 과정에 참여하였는가?
내용	○ 주제에서 제시한 당시 상황과 조건을 정확하게 이해하고 제시하였는가? ○ 자신의 주장에 대한 역사적 근거를 들어 논지를 명확히 하였는가? ○ 주장 및 논거에 대한 역사적 오류가 없는가? ○ 문법적 오류 및 오탈자가 없는가?

학생활동지

한국사 연표

한국사 연표	연도	흥선대원군	명성황후
순조 즉위(23대)	1800		
	1820	출생	
	1832	어머니 사망	
헌종 즉위(24대)	1834		
	1837	아버지 사망	
	1843	흥선군에 봉해짐	

한국사 연표	연도	흥선대원군	명성황후
철종 즉위(25대)	1849		
	1851		출생
고종 즉위(26대)	1863	대원군에 봉해짐, 섭정 시작	
병인박해, 병인양요	1866		왕비로 간택
신미양요	1871		
	1873	하야	
	1874		모친, 오빠(민승호) 폭사
강화도 조약(개항)	1876		
	1881	국왕폐립음모 가담(이재선 옹립)	
임오군란	1882	임오군란으로 재집권, 청 압송	궁궐 밖으로 탈출
갑신정변, 조 · 러통상조약	1884		
	1885	조선으로 귀국	
조 · 프통상조약	1886		
최초 전등 설치	1887	국왕폐립음모(이재황 옹립)	
동학농민운동, 갑오개혁, 청일전쟁	1894	갑오개혁 가담	
을미사변	1895		사망
아관파천	1896		
대한제국 수립	1897		명성황후로 추존
	1898	사망	

> 영화 이해하기

▶ 줄거리(영상내용 중심)

1863년 고종이 왕위에 오르면서 권력을 잡은 흥선대원군(천호진)은 세도 정치의 폐해를 또다시 겪지 않기 위해 한미한 가문의 민자영을 간택하여 중전으로 삼는다. 1866년 병인박해로 인해 어린 시절 부모를 잃은 무명(조승우)은 우연히 만난 민자영(수애)에게 빠져 궁궐 수비대로 입궐한다. 왕비가 된 민자영은 서재를 꾸미고 신식 문물을 받아들이며 정치 일선에 나서고 통상수교거부정책을 추구하던 흥선대원군과 갈등을 일으킨다. 조선과 러시아가 비밀리에 협약을 맺으며 긴밀한 관계를 맺어가자 일본은 조선 정부를 압박한다. 이 가운데 **1874년** 의문의 함이 민승호의 집으로 배달되고 폭탄이 터지며 중전의 어머니와 오빠가 사망한다. 이러한 상황에서도 **1887년** 중전은 전등 점화식에 참석하고 무명은 폭탄 배달 사건의 배후가 흥선대원군이라고 판단하고 그의 부하와 일전을 벌인다. 1882년 개화정책에 반발한 도시 빈민과 군인의 봉기로 임오군란이 일어나고 중전은 무명과 그의 친구들 도움으로 가까스로 목숨을 건져, 이사벨·언더우드의 도움으로 궁궐로 돌아온다. 일본은 조선 침입의 방해물로 인식되는 중전을 제거하기 위해 흥선대원군을 찾지만 거절당하고 일본 공사 미우라는 낭인들을 동원하여 궁궐을 침입한다. 고종은 아무것도 할 수가 없고, 무명은 중전을 지키기 위해 목숨을 건다. 명성황후는 일본 낭인들에 의해 최후를 맞이한다.

▶ 3W 확인

Who	주요 등장인물은?

민자영 (수애)	명성황후, 실존인물 대원군에 의해 중전으로 간택되었으나 개방적 세계관으로 시아버지인 흥선대원군과 대립했으며, 임오군란, 을미사변 등을 겪고 사망함.
무명 (조승우)	허구인물, 홍계훈 모델로 함 홍계훈은 임오군란 당시 명성황후를 궁궐 밖으로 피신시킨 것을 계기로 승진하게 되고, 을미사변 당시 훈련대장으로 궁궐을 지키다 사망함.
흥선 대원군 (천호진)	실존인물 고종의 친아버지로, 고종 즉위 후 권력을 잡았으나 실권 이후 며느리와 대립함.
고종	실존인물
뇌전	흥선대원군의 부하
미우라	일본 공사로 을미사변 주도

When	주요사건의 배경이 되는 시기(사건)은? - 한국사 연표 참고

1863-1873	흥선대원군 집권기(중전 간택)
1873~1882	민승호 폭사사건(전등 점화식-시기가 맞지 않음)
1882	임오군란
1895	을미사변

Where	주요사건의 배경이 되는 공간(장소)는? 한양(경복궁)

▶ 을미사변에 대한 두 자료 비교하기

(가) 그 동안 일본이 성심성의를 다해 성취한 개혁을 조선 왕실은 자기네 마음대로 파괴하였는데도, 일본은 외교적 절충으로만 그것을 저지하려다 실패하고 말았다. 하물며 러시아 세력의 진출을 겨우 외교사의 수단만으로 저지할 수 있다고 생각할 수는 더더욱 없는 처지였다. 그렇다면 일본이 마땅히 취해야 할 방도는 무엇이겠는가? 오직 비상수단으로 조선과 러시아의 관계를 단절시키는 수 밖에 다른 방법이 없었다. 즉 러시아와 조선 왕실이 굳게 손잡고 온갖 음모를 추진하고 있는데 대해서는 문자 그대로 일도양단, 즉 한쪽의 손을 잘라내어 양쪽이 서로 손을 잡지 못하게 하는 것 외에는 수가 없었다. 바꾸어 말하면 왕실의 중심인물인 민비를 제거함으로써 러시아와 조선의 결탁을 근본적으로 파괴하는 수밖에 다른 좋은 방법이 없었다.

고바야카와 히데오, 〈민비 시해 사건의 진상〉

(나) 묘시에 왕후가 곤녕합에서 세상을 떠났다. 이보다 앞서 훈련대 병졸과 순검이 서로 충돌하여 양편에 다 사상자가 있었다. 19일 군부대신 안경수가 훈련대를 해산하자는 의사를 밀지에 의해서 일본 공사 미우라에게 가서 알렸으며, 훈련대 2대대장 우범선도 같은 날 일본 공사를 가서 만나보고 알렸다. …(중략)… 난동은 더 심상치 않게 되어 드디어 왕후가 거처하던 곳을 잃게 되었는데 이때 피살된 사실을 후에야 비로소 알았기 때문에 즉시 반포하지 못한 것이었다.

〈고종실록〉

1-1 영상 속에서 흥선대원군이 무기 개발에 관심을 쏟은 이유를 찾아보면?

1-2 영상을 통해 알 수 있는 천주교 및 서양 세력에 대한 조선 정부, 흥선대원군의 입장을 정리해보면?

1-3 임오군란에서 흥선대원군이 취한 입장은?

2-1	영상 속에서 조선이 새롭게 수용한 문물의 종류는?
2-2	영상을 통해 알 수 있는 서양 세력과 문물에 대한 명성황후의 입장을 정리해보면?
2-3	임오군란 때 명성황후가 궁궐 밖으로 피한 이유는?

3-1	영상 속에 나온 을미사변을 일으킨 세력과 그 원인은?
3-2	을미사변과 관련하여 일본과 러시아의 대립은 어떻게 전개되는가?

수행평가 문항

1	흥선대원군과 명성황후가 가진 세계관의 비교를 통해 두 인물을 대표하는 정치 세력이 개화시기에 취한 여러 정책을 역사적 근거를 들어 평가하는 글쓰기를 해보자.
2	을미사변에 대한 자신의 평가를 중심으로 영화 〈불꽃처럼 나비처럼〉에 대한 비평글을 자유롭게 작성해보자.

〈작성조건〉

○ 주제에서 제시한 조건을 정확하게 이해하고 제시하였는가?
○ 자신의 주장에 대한 역사적 근거를 들어 논지를 명확히 하였는가?
○ 주장 및 논거에 대한 역사적 오류가 없는가?
○ 문법적 오류 및 오탈자가 없는가?

〈YMCA 야구단〉

2002년에 개봉한 김현석 감독의 영화 〈YMCA 야구단〉은 대한제국 때 만들어진 황성기독교청년회(YMCA) 야구단과 그에 속한 가상 인물들의 이야기이다. 영화의 배경이 된 대한제국 시기는 새로운 문물이 도입되고 사회의 변화가 가속화되는 시기이자, 일본의 침략에 의해 국권을 빼앗겨 가는 시기이다.

영화 속에서 베쓰볼로 불리는 야구가 유행하고 도심 한복판에 전차가 다니며 서양식 복장과 머리 모양이 흔해진 모습은 대한제국 당시의 모습과 크게 다르지 않을 것이다. 그리고 민정림이나 류광태처럼 새로운 문물 수용에 적극적인 이들과 호창의 아버지처럼 전통적인 것을 지키려는 이들은 과거에도 동일하게 존재했을 것이다. 영화 속에서 승승장구하던 야구단의 위기는 을사늑약의 체결과 함께 시작되었다. 그리고 실제 을사늑약을 전후로 하여 광태의 아버지처럼 일본의 침략적 행위에 적극적으로 협력하는 이들이 있었을 것이고, 소위 을사오십적단으로 활동한 민정림이나 오대현처럼 국권을 지키려는 이들도 있었을 것이다. 바꾸어 말하면 가상의 인물과 그들을 둘러싸고 일어나는 일들은, 20세기 초반 대한제국과 비교하여 역사적 핍진성과 역사적 개연성이 매우 높다는 것을 보여준다.

〈YMCA 야구단〉은 대한제국 당시의 상황 뿐 아니라 새롭게 도입되는 문물, 그리고 을사늑약 전후로 상반된 행보를 보이는 인물들의 모습을 확인할 수 있는 작품이다. 이에 실제 수업은 영화를 통해 대한제국 시기에 새롭게 도입된 문물을 파악하고, 이 시대를 살았던 여러 인물들의 모습을 비교해 보도록 구성하였다. 우선 대한제국 당시의 주요 정치적 흐름과 경제·사회·문화적 사실을 비교하여 살펴보고, 영화의 개략적인 정보를 파악한 뒤 역사영화를 보도록 하였다. 그리고 영상 속에서 새로운 문물의 사례를 찾도록 하고, 등장인물의 가치관을 비교해 볼 수 있는 여러 질문을 던졌다. 수행평가(과정중심 평가)를 시행하기 위하여 당시 상황과 인물의 입장을 고려하여 새로운 문물 도입에 대한 자신의 생각을 묻는 문항과 국권피탈 과정에서 자신은 어떤 선택을 할 것인지 묻는 문항을 제시하였다.

다음은 수업 설계안과 학습 활동지, 평가 문항에 대한 예시 자료이다.

수업의 목적 수립   과거의 인물 이해 → 역사적 평가와 판단

역사영화의 선정(유형)   인물 창조형 역사영화 : 〈YMCA 야구단〉

탐구주제   〈YMCA 야구단〉 속 다양한 인물들을 통해 보는 대한제국 시기 사람들

탐구목표

1. 당시 사람들의 입장에서 새롭게 도입되는 문물에 대한 생각을 비교해 볼 수 있다.
2. 을사조약 전후 서로 다른 행보를 보이는 인물들의 모습을 비교해 볼 수 있다.
3. 급변하는 시대를 살아가는 여러 인물들의 사고와 생활 모습을 비교해 볼 수 있다.

수업의 전개

수업 흐름

◆ 전시 확인 및 동기 유발
◆ 연표 확인 : 1894~1910년 대한제국의 정치와 사회·경제·문화 비교하기
◆ 영화 내용 확인: 영화의 줄거리 및 3W 확인
◆ 영화 시청
◆ 탐구활동
  - 새롭게 도입된 문물 파악하기
  - 인물 관계도 통해 당시 인물들의 가치관 비교하기
◆ 탐구주제 해결[평가] : 탐구활동에 대한 자신의 생각 글쓰기

▶ 민정림을 통해 야구를 접한 호창 등은 황성 YMCA 야구단으로서 활약하며 지속적인 승리로 유명해지게 됨.
▶ 을사조약으로 민정림의 아버지는 자결하고 친일파 광태의 아버지는 피습을 당함. 일본팀과의 야구 시합 중 YMCA 야구단이 패배함.
▶ 아버지와 갈등을 일으킨 호창은 낙향하고 오대현과 민정림의 정체가 드러나 야구단은 해체됨. 일본의 계략으로 야구 경기가 재개됨.
▶ 일본팀과의 재시합에서 승리하고 오대현-민정림이 도망하자 일본군이 민중을 폭력 진압함, 에필로그

평가기준

	평가(채점) 기준
태 도	○ 성실하게 평가 과정에 임하여 수행과제를 제출하였는가? ○ 적극적인 태도로 평가 과정에 참여하였는가?
내 용	○ 제시된 조건을 명확히 이해하고 문제를 해결하였는가? ○ 내용이 논리적으로 타당한가? ○ 주장에 대한 논거 및 역사적 근거를 명확히 서술하였는가? ○ 문법적 오류 및 오탈자가 없는가?

학생활동지

한국사 연표

정치사	연도	경제·사회·문화
동학농민운동, 갑오개혁, 청일전쟁	1894	신분제 폐지
을미사변, 항일의병운동 시작	1895	단발령
아관파천	1896	태양력 사용, 최초 전화 개통, 독립신문 창간
대한제국 수립	1897	
	1898	한성전기회사 설립, 황성신문 발행
	1899	전차 개통(서대문-청량리), 경인선 철도 완성

정치사	연도	경제 · 사회 · 문화
	1900	종로에 전기 가로등 설치
	1903	황성기독교청년회 창립
러일전쟁, 제1차 한일협약 체결	1904	대한매일신보 창간
제2차 한일협약(을사조약) 체결	1905	민영환 · 조병세 · 송병선 자결, 을사오적 처단 상소(조병세)
초대 통감 이토 히로부미 입국	1906	의병 봉기, 최초의 야구 경기(덕어학교 승리)
헤이그 특사 파견, 고종퇴위	1907	국채보상운동 전개, 신민회 결성
전명운 · 장인환 의거	1908	원각사(극장) 개설
안중근 의거	1909	대종교 창시
국권피탈, 데라우치 총독 임명	1910	만주 신흥강습소 설립, 황현 자결

영화 이해하기

▶ 줄거리(영상내용 중심)

대한제국이 수립된 후 전기 회사가 세워지고 전차가 놓이는 등 황성(현 서울)의 모습은 많이 달라졌다. 선비 이호창(송강호)을 비롯한 류광태(황정민), 성한, 병환 등은 황성기독교청년회(황성 YMCA)에서 민정림(김혜수), 오대현(김주혁)과 함께 야구단을 결성하고 연전연승으로 황성 사람들의 사랑을 받는다. 을사조약이 체결되자 이에 반발한 정림의 아버지는 자결하고 매국활동에 앞장 선 광태의 아버지는 을사오십적 암살단으로부터 습격을 당한다.

한편, YMCA 야구단의 연습장은 일본군의 주둔지로 바뀌게 되고 이를 계기로 YMCA 야구단은 일본군 클럽팀인 성남 구락부와 대결을 하게 된다. 그러나 전날의 의거로 부상을 당한 투수 대현의 부진, 아버지의 눈을 피하느라 실력 발휘를 못한 호창으로 인해 팀은 대패를 한다. 이후 광태 아버지의 피습 사건 주모자가 대현임을 눈치 챈 광태에 의해 대현과 정림은 일본군에 쫓기게 되고 야구단은 해체된다. 낙심한 호창은 고향으로 내려가 아버지의 서당 일을 돕는다. 대현과 정림을 잡기 위해 YMCA 야구단과 성남 구락부와의 재대결 경기가 열리고, 위험을 무릅쓰고 대현과 정림은 경기에 임한다. 호창 역시 고향에서 올라와 경기에 참가하고 팀은 승리를 거둔다.

Who		주요 등장인물은?

이호창 (송강호)	글 공부보다 운동을 더 좋아하는 선비, 유일한 꿈이었던 과거제가 폐지된 이후 삶의 목표를 잃고 하루하루를 보낸다. 그의 아버지(신구)는 관직을 그만두고 서당을 운영하며, 그의 형은 의병 활동을 하기 위해 집을 떠났다.
민정림 (김혜수)	외국에서 유학하고 신문물을 접한 신여성, YMCA 야구단 창립의 결정적 역할을 한 인물로 아버지의 죽음 이후 매국활동을 펼친 인사들을 처단하는 비밀 활동을 전개한다.
오대현 (김주혁)	일본에서 유학하고 야구를 잘하는 인물로 정림과는 과거 연인이었다. 을사조약 체결 이후 매국활동을 펼친 인사들을 처단하는 비밀 활동을 전개한다.
류광태 (황정민)	호창의 친구로 유유자적 살아가다가 야구단에 입단하게 된다. 그의 아버지는 일본과 긴밀한 관계를 가지고 매국활동을 펴며, 그런 아버지가 부끄럽기도 하지만 저버릴 수도 없다.
성한	야구단원으로 병환의 집에서 머슴을 살았다.
병환	야구단원, 아직도 신분제에 대한 인식이 남아있다.

When	주요사건의 배경이 되는 시기는? 1905년 전후

Where	주요사건의 배경이 되는 공간(장소)는? 대한제국의 수도 황성(서울)

영상 보며 탐구하기

1 영상 속에 표현된 대한제국의 새로운 모습을 표현해 봅시다.

2 인물 관계도 그리기: 다음을 참고하여 각 인물의 관계와 줄거리가 잘 드러나도록 그려봅시다.

> ▷ 이호창, 류광태, 오대현, 민정림, 호창부, 광태부, 성한, 병환
> ▷ = (상호 친밀), ↔ (대립, 부정적 감정), → / ← (긍정적 감정) 등

3-1 호창과 호창의 아버지가 갈등하는 요인은 무엇 때문인가? 이들 인식의 차이는 무엇일까?

3-2 '광태+ 광태 아버지'vs '대현+정림' 이 갈등하는 요인은 무엇 때문인가? 이들 인식의 차이는 무엇일까?

3-3 성한과 병환이 갈등을 일으키는 요인은 무엇 때문인가? 이들 인식의 차이는 무엇일까?

수행평가 문항

1 영화 〈YMCA 야구단〉의 등장인물들은 새로운 문물 도입에 대하여 서로 다른 생각과 입장을 보인다. 이들의 생각과 행동을 비교하며, 새로운 문물의 도입과 관련하여 어떤 태도를 지니는 것이 좋을지 자신의 생각을 자유롭게 작성해 보자.

2 영화 〈YMCA 야구단〉의 등장인물들이 국권피탈 과정에서 보인 모습을 비교하여, 국권이 피탈되어가는 당시 상황 속에서 자신은 어떤 삶을 살 것인지에 대해 자유롭게 작성해 보자.

〈작성조건〉

○ 제시된 조건을 명확히 이해하고 문제를 해결하였는가?
○ 내용이 논리적으로 타당한가?
○ 주장에 대한 논거 및 역사적 근거를 명확히 서술하였는가?
○ 문법적 오류 및 오탈자가 없는가?

(2) 일제 강점기

〈밀정〉

2016년에 개봉한 김지운 감독의 영화 〈밀정〉은 정채산, 김우진을 비롯한 의열단과 그들을 잡으려는 이정출의 이야기가 핵심 줄기를 이룬다. 이 영화는 실제로 있었던 '김시현-황옥 경부 사건'[192]을 바탕으로 하였으며, 정채산은 김원봉, 김우진은 김시현, 이정출은 황옥을 모델로 한 것이다. 실제로 경기도경찰부 경부였던 황옥은 1923년 의열단의 국내 폭탄 반입 계획에 주도적으로 참여하였다가 중간에 검거되었다. 그리고 법정에서 자신이 일본 경찰의 밀정으로서 의열단에 잠입하였음을 항변하였다.[193] 이러한 그의 행적에 대해 학계에서는 황옥을 일본의 밀정으로 보는 경향이 강하다.[194]

그러나 영화 〈밀정〉은 역사학계의 일반적인 결론과는 다른 설정으로 내러티브를 구성하고 있다. 즉 조선총독부 경무국 경부 이정출의 정체성을 밀정이 아닌 의열단원으로 본 것이다. 처음에 의열단을 잡기 위해 김우진에게 접근하였지만 정채산과의 만남 이후 지속적인 내적 갈등을 겪다가 의열단의 국내 폭탄 반입을 돕게 된다는 것이다. 법정에서 스스로를 밀정이라 항변한 것은 국내로 들여온 폭탄을 지켜 거사를 도모하기 위한 술책이었으며, 구금된 김우진을 대신하여 식민통치 기관에 대한 폭탄 의거를 성공시킨다는 내용이다. 황옥을 일본 경찰의 밀정으로 볼 것인지, 아니면 의열단원으로 볼 것인지에 따라 이 사건의 내러티브는 완전히 달라진다. 〈밀정〉은 후자의 입장을 택하였고, 이를 바탕으로 내러티브를 완성한 것이다.

황옥의 정체에 대한 의문은 여전히 남아 있지만, 〈밀정〉을 통해 분명해진 것은 '역사'와 '역사영화'는 엄연히 다르다는 사실이다. 사료를 통해 과거의 역사적 진실을 밝히는 데 있어 '역사'는 엄밀하고 신중하다. 반면, '역사영화'는 영화가 허구적 장치라는 인식 위에서 사료의 빈 공간을 역사적·영화적 상상력으로 메우는 데 있어 자유로운 편이다. 그 다름을 인정하는 바탕 위에서 조금 더 자유롭게 역사영화를 교육적으로 활용할 수는 없을까? 상상력의 허용 범주 차이가 확연한 역사와 역사영화의 경계를 허물자는 말도, 역사 연구에서 상상력의 발휘가 장려되어야 한다는 말도 아니다. 역사적 진실이 무엇인지 단정할 수는 없지만, 잘 알려지지 않았던 김시현과 황옥의 이야기를, 그리고 의열단의 이야기를 널리 알렸다는 점에서 역사영화인 〈밀정〉의 교육적 의미를 찾을 수 있지 않을까? 더구나 〈밀정〉은 허황된 상상이 아닌 사료에 기반을 둔 역사적·영화적 상상력을 발휘한 것이다.

〈밀정〉은 소재가 된 역사적 사건을 확인할 수 있을 뿐 아니라 역사적 사실이 역사영화로 재구성되는 과정을 통해 역사와 역사영화의 차이를 살펴볼 수 있는 작품이다. 이에 실제 수업은 영화를 통해 의열단의 활동과 김시현-황옥 경부 사건을 파악하는 한편, 영화의 내용과 비교하여 실제 역사적 사실이 어떻게 재구성되고 영화화되었는지를 살펴보도록 구성하였다. 우선 일제 강점기의 정치적 상황과 주요 인물의 활동을 비교하여 살펴보고, 의열단의 활동과 황옥 사건의 개요를 파악하도록 하였다. 이러한 정보를 토대로 역사영화를 본 뒤, 영화의 내용과 황옥 경부 사건을 비교하여 그 차이점을 확인하게 하였다. 수행평가(과정중심 평가)는 역사적 사건이 〈밀정〉이라는 영화로 만들어진 것처럼, 교과서에서 미처 다루지 못했던 독립 운동가를 조사하여 시놉시스로 작성하는 활동을 제시하였다. 파편처럼 남아 있는 사료에 역사적ㆍ영화적 상상력을 덧입혀 역사를 훼손하고자 함이 아니라 우리 역사 속 수많은 독립 운동가의 생애와 활동을 발굴하고 아는 것에 의미를 두고자 함이었다.

다음은 수업 설계안과 학습 활동지, 평가 문항에 대한 예시 자료이다.

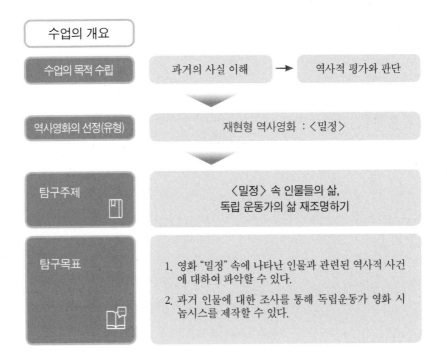

수업의 개요

| 수업의 목적 수립 | 과거의 사실 이해 → 역사적 평가와 판단 |

역사영화의 선정(유형) → 재현형 역사영화 : 〈밀정〉

| 탐구주제 | 〈밀정〉 속 인물들의 삶, 독립 운동가의 삶 재조명하기 |

| 탐구목표 | 1. 영화 "밀정" 속에 나타난 인물과 관련된 역사적 사건에 대하여 파악할 수 있다.
2. 과거 인물에 대한 조사를 통해 독립운동가 영화 시놉시스를 제작할 수 있다. |

수업 흐름

◆ 전시 확인 및 동기 유발
◆ 연표 확인 : 일제 강점기 시대적 상황과 주요 인물의 활동 파악하기
◆ 영화 내용 확인 : 영화의 줄거리 및 3W 확인
◆ 역사 정보 확인 : 의열단 조직과 활동, 황옥 경부 사건 개요 파악하기
◆ 영화 시청
◆ 탐구활동(1)
  - 황옥 경부 사건이 영화화되는 과정 알아보기
  - 영상을 보며 질문 해결하기
  - [추가 자료 제시] 황옥 경부 사건
◆ 탐구활동(2)
  - 일제 강점기 독립운동가 조사하기(개인과제)
◆ 탐구주제 해결[평가] : 독립운동가 소재의 역사영화 시놉시스 작성하기(모둠활동)

영상

▶ 김장옥의 순국으로 이정출은 의열단에 대한 정보를 수집하여 김우진에게 접근해 친분을 쌓음. 의열단은 포위망을 피해 상하이로 도망함.
▶ 의열단을 잡기 위해 이정출과 하시모토가 상하이로 감. 정채산을 만난 이정출은 의열단의 폭탄 밀반입을 돕게 됨.
▶ 경성행 기차에서 하시모토가 죽고 경성역에서 연계순이 붙잡힘. 잇달아 의열단원들이 체포되고 김우진도 이정출과 함께 체포됨.
▶ 재판에서 이정출은 밀정임을 호소하고 한달간 수감됨.
▶ 출옥한 이정출은 조선총독부 연회에서 폭탄의거를 감행하고, 김장옥을 밀고한 부호를 처단하고 의열단에게 남은 폭탄을 넘김.

	평가(채점) 기준		
핵심	○ 전체 줄거리가 과거의 사실과 상황을 잘 묘사하는가? ○ 전체 흐름이 역사적 맥락 안에서 자연스럽게 연결되는가?		
세부 평가 기준	수행의 성실도	○ 모둠활동에 적극적으로 참여하였는가? ○ 모둠별 시놉시스, 개인별 과제 활동지를 제출하였는가?	
	영화의 줄거리	○ 실제 역사적 사실(배경, 사건)과 인물을 모티프로 하였는가? ○ 과거의 상황과 시대적 특징이 잘 나타나는가? ○ 전체적인 이야기의 흐름이 개연성 있게 전개되는가? ○ 새로운 인물과 사건에 대한 조사가 이루어졌는가?	
	역사 관련성	○ 역사적 사실과 영화적 상상력을 구분하여 제시했는가? ○ 영화적 상상력이 역사적 사실에 근거하여 표현되었는가?	

학생활동지

한국사 연표

국가사	연도	인물사
국권피탈, 조선총독부 설치(데라우치)	1910	안중근 사형, 이완용 합병조약 조인, 황현 등 자결
105인 사건 검거 시작(1912 판결)	1911	이상설 등 권업회(블라디보스토크) 조직, 중광단 조직
토지조사령 공포	1912	안창호 흥사단 창립, 임병찬 독립의군부 조직
호남선(대전-목포), 경원선 완성	1914	박용만 국민군단(하와이) 조직
	1915	박은식 신한혁명당(상하이) 조직, 대한광복회 조직
고종 서거, 3·1 운동 발발, 대한민국 임시정부 수립	1919	김원봉 의열단 조직
청산리 대첩, 간도참변, 조선·동아일보 창간, 산미증식계획	1920	박재혁 부산경찰서 의거
자유시 참변	1921	김익상 조선총독부 의거, 조선어 연구회 조직

국가사	연도	인물사
임정 국민대표회의 개최, 관동대학살 발생	1923	김상옥 종로경찰서 의거, 신채호 조선혁명선언 작성
치안유지법 제정	1925	박헌영 고려공산청년회 창립
6 · 10 만세운동	1926	나운규 아리랑 상영, 나석주 동척 의거
신간회 창립	1927	신민부-정의부-참의부 대표 회합 (신안둔)
광주학생항일운동 발발, 원산총파업 발생	1929	
미츠코시백화점 준공	1930	김좌진 피살
신간회 해체, 만주사변	1931	김구 한인애국단조직
한중연합군 조직, 쌍성보 전투 승리(한국독립군)	1932	이봉창 도쿄 의거, 윤봉길 홍구공원 의거
민족혁명당, 한국국민당 조직, 총독부 신사참배 강요	1935	심훈 상록수 발표
	1936	신채호 옥사, 손기정 베를린OP 마라톤 우승(일장기 말소)
총독부 황국신민서사 강요, 중일전쟁, 소련 한인 강제 이주	1937	동북항일연군(보천보 전투)
조선육군지원병력 공포, 국가총동원법 공포, 신사참배거부운동	1938	
창씨개명 공포, 국민 징용령	1939	
임정 한국광복군 창설, 동아 · 조선일보 폐간	1940	조선사편수회 조선사 완간(37권)
임정 대일선전포고, 일본 진주만 기습	1941	대구 · 광주 등 중학생(고) 항일비밀결사 조직
조선어학회사건	1942	김원봉 조선의용대를 광복군에 편입
징병제 공포	1943	홍범도 사망, 이광수(징병제의 감격과 용의) 발표
학병의 강제 입영	1944	주기철 목사 순교(신사참배항거), 여운형 건국동맹 조직
광복(독일 · 일본 패망)	1945	윤동주 사망

▶ 줄거리(영상내용 중심)

　　독립운동 자금을 구하기 위해 친일 부호를 찾은 의열단 소속 김장옥(박희순)은 밀정의 고발로 현장에서 순국한다. 오래전 임시정부에서 김장옥과 함께 활동하다가 변절하여 조선총독부 경무국 경부가 된 이정출(송강호)은 새롭게 경성으로 잠입한 의열단원인 김우진(공유)에게 접근한다. 그러나 눈치를 챈 의열단원들은 상하이로 빠져나가고 이들을 잡기 위해 이정출은 하시모토와 함께 상하이로 향한다. (서로의 정체를 알지만) 서로의 정체를 숨기고 가까워지던 중, 의열단장 정채산은 이정출을 의열단의 밀정으로 만들기 위해 그를 만난다. 결국 의열단은 돕기로 한 이정출은 폭탄을 경성으로 들여오는데 협조하지만, 그 과정에서 하시모토가 죽고 히가시 경무국장의 의심을 산다. 그리고 의열단원들도 모두 체포되어 재판에 넘겨진다. 그 과정에서 김우진을 도운 이정출도 함께 체포되어 재판을 받는다. 재판정에서 자신은 의열단원이 아니며, 총독부의 밀정이었음을 항변하고 한 달만에 풀려난다. 이정출은 체포되기 직전 김우진으로부터 넘겨받은 폭탄을 총독부 관리들의 연회에서 터트려 의거에 성공(히가시를 포함한 총독부 관리 암살)하고, 남은 폭탄들은 경성에서 활동하는 의열단원들에게 전달하며 의거를 돕는다.

▶ 3W 확인

Who	주요 등장인물은?
이정출 (송강호)	임시정부에서 활동했으나 변절하여 조선총독부 경무국 경부가 되었다. 동지였던 김장옥의 죽음 이후 의열단원인 김우진에게 접근하지만 의열단장 정채산을 만난 후 마음을 바꿔 의열단을 돕는다. 경부로써의 자리와 의열단원으로써의 자리에서 갈등하지만 결국 김우진을 돕고 의열단의 의거를 돕는다. (황옥 경부를 모델로 했으며, 실제 황옥의 정체는 밝혀지지 않았지만 이정출은 의열단원으로 묘사되었다.)
김우진 (공 유)	경성 의열단의 핵심 단원으로 이정출의 접근 대상이 된다. 상하이에서 이정출을 설득하여 경성으로의 폭탄 반입에 성공하지만 의열단원이 모두 체포되고 고문으로 말을 하지 못하게 된다. 이정출에게 마지막 부탁을 하여 폭탄 의거를 성공시킨다. (의열단원 김시현을 모델로 했으며, 말을 잃거나 이후 폭탄 의거의 성공은 영화적 허구이다.)
하시모토 (엄태구)	조선인이지만 적극적으로 일본에 협력하며, 이정출과 대립한다. 이정출을 의심하지만 결국 경성으로 향하는 기차에서 목숨을 잃는다.
히가시 (츠루미신고)	임정 출신인 이정출을 믿어 등용하고 하시모토와 이정출을 경쟁시켜 의열단을 잡기 위해 애쓴다. 이정출에 의해 폭사한다.

조회령(신성록)	의열단원, 계속되는 실패에 의열단을 밀고하는 변절자가 된다.
연계순(한지민)	의열단원, 폭탄 국내 반입 의거 도중 체포되어 옥사한다.
김장옥(박희순)	의연금 모금 과정에서 일본 경찰과 총격전을 벌이다 순국한다.
정채산(이병헌)	의열단장, 이정출을 설득하여 폭탄의 국내 반입을 성공시킨다.

When	주요사건의 배경이 되는 시기는? 1923년

Where	주요사건의 배경이 되는 공간(장소)는? 경성, 상하이 등

역사 이해하기

▶ **의열단**

1919년 11월 만주 지린성 파호문 밖 중국인 반모의 집에서 모인 독립지사들은 항일비밀결사인 의열단을 조직하였다. 이들은 과격하고 급진적인 폭력투쟁을 목적으로 하였다. 창단 당시의 단원은 대체로 신흥무관학교 출신이 중심이 되었고, 김원봉·윤세주·이성우·곽경·강세우·이종암·한봉근·한봉인·김상윤·신철휴·배동선·서상락·권준 등 13명이며, 단장에는 김원봉이 선출되었다. 의열단의 독립 투쟁 노선과 행동강령은 신채호가 1923년 1월에 완성, 발표한 〈조선혁명선언〉(일명 의열단선언)에 잘 나타나 있다. 문화주의·외교론·준비론 등 일체의 타협주의를 배격하고, 오직 폭력적 민중혁명에 의한 일제의 타도라는 전술을 통하여 독립의 쟁취를 목표로 한 것이다.

의열단은 창단 직후 '공약10조'와 뒤에 '5파괴', '7가살'이라는 행동목표를 기본규약으로 삼았다. 7가살은 ① 조선총독 이하 고관, ② 군부 수뇌, ③ 대만총독, ④ 매국노, ⑤ 친일파 거두, ⑥ 적탐(밀정), ⑦ 반민족적 토호열신 등이며, 5파괴는 ① 조선총독부, ② 동양척식회사, ③ 매일신보사, ④ 각 경찰서, ⑤ 기타 왜적 중요기관 등 일제의 식민지 통치기관 및 그 관련기관의 시설이다.

주요 활동으로는 ① 밀양·진영 폭탄반입사건(1920년, 곽재기와 이성우가 밀양의 김병완, 진영의 강원석에게 폭탄을 보냈다가 검거됨) ② 부산경찰서 폭탄투척의거(1920년 9월, 박재혁, 투옥후 단식 자결), ③ 밀양경찰서 폭탄투척의거(1920년 12월, 최수봉,

(실패). 자결실패, 대구에서 사형), ④ 조선총독부 투탄의거(1921년 9월, 익명-1922년 육군대장 나나카 암살저격사건의 김익상의 실토로 밝혀짐, 의거 이후 무사 귀환) ⑤ 상해황포탄의거(1922년 3월, 오성륜, 김익상, 이종암, 실패, 김익상 출옥 후 암살당함), ⑥ 종로경찰서 폭탄투척 및 삼판통·효제동 의거(1923년 1월, 익명-김상옥, 5일 후 삼판통 고봉근의 집이 포위되어 단신 총격전 벌인 뒤 도망, 효제동 이혜수의 집이 포위되어 단신 총격전 후 자결), ⑦ 황옥·김시현 등의 폭탄반입사건(1923년 고성능 폭탄 제조 후 국내 반입, 내부 배신으로 폭탄 압수, 체포), ⑧ 동경 니주바시 폭탄투척의거(1924년 1월, 김지섭, 폭탄 불발, 옥사), ⑨ 동양척식회사 및 식산은행폭탄투척의거(1926년 12월, 나석주, 자결) ⑩ 제3차 폭탄계획·대구부호암살계획·북경밀정암살사건·이종암사건 등이 있다.

— 한국민족문화대백과사전 —

▶ 황옥 경부 사건

1923년 일제 소속 경찰관이었던 황옥이 의열단 단원과 함께 중국에서 국내로 폭탄을 반입했다가 발각된 사건이다. 일본 경찰로 활동하던 황옥은 1920년 의열단 단원인 김시현을 만나 조국 독립에 헌신할 것을 약속하고 의열단 단원이 됐다. 이후 황옥은 1923년 종로경찰서에 폭탄을 던진 범인을 체포하기 위해 중국 톈진으로 향했고 이곳에서 의열단 단장인 김원봉을 만났다. 황옥은 김원봉으로부터 의열단 단원과 함께 고성능 폭탄 36개와 권총 5개를 경성까지 운반하라는 지령을 받았다. 이는 일제 주요기관과 요인·친일파를 암살하는 작전을 위한 것이었다. 이에 황옥은 김시현, 권동산, 김재진 등과 함께 단둥, 신의주를 거쳐 경성까지 폭탄을 운반했으나 김재진이 일본 경찰에 밀고하면서 모든 작전이 발각되고 작전에 투입된 황옥을 포함해 10여 명의 독립운동가들이 검거됐다. 이후 황옥은 재판정에서 일본 경찰의 지시를 받고 밀정으로서 의열단에 잠입한 것이라고 주장했으나 징역 10년을 선고받고 1929년 가출옥했다. 이 사건에 대해서는 황옥이 일제의 밀정이었다는 의견과 의열단원이었다는 의견, 이중간첩이었다는 의견이 대립하고 있으나 학계에서는 황옥이 일제를 위한 밀정으로 활동한 것이라 보고 있다.

— 시사상식사전 —

* (영화 〈밀정〉은 의열단원이었다는 가정 아래 이야기가 전개된다.)

영상 보며 탐구하기

1 실제 인물을 모티프로 한 영화 속 인물을 찾아 실제 인물과 비교해 봅시다.

2 영화 속 이정출(송강호)의 입장이 되어 '경성으로 향하는 기차' 안에서 어떤 선택을 했을지 그 이유와 함께 적어 봅시다.

3 자신이 더 알고 싶은 독립운동가의 삶에 대해 조사해 봅시다.

인물(생애)	주요 활동	조사내용의 출처, 근거

수행평가 문항

※ 조사한 내용으로 독립운동가를 소재로 한 시놉시스를 작성해 봅시다.

1 영화의 전체 줄거리

2 영화 vs 영화

	실제 역사	영화 시놉시스
공통점		
차이점		

3 인물 관계도 : 주요 인물 소개 및 실존 모델과의 관계 설명

[인물명(실존모델)]		

〈작성조건〉

1. 영화의 전체 줄거리, 인물 관계도, 실제 역사와의 관련성(차이점) 등 3가지 항목을 모둠원 전체가 작성한다.
2. 줄거리 작성시 유의사항
   - 실제 역사적 사실(배경, 사건)과 인물을 모티프로 하거나 실화 자체를 다루는 내용일 것.
   - 역사가 밝히지 못하는 부분에 영화적 상상력을 허용할 수 있으나, 이는 당시의 상황을 반영하는 정도(역사적 핍진성)와 역사적 개연성을 전제로 할 것.
3. 인물 관계도 작성시 핵심 인물에 대한 주요 설명과 실존 인물을 모델로 한 경우 이를 설명할 것.
4. 각 인물간의 관계가 잘 드러나도록 할 것
5. 실제 역사와의 관련성과 차이점을 명기하여 사실과 영화적 상상력을 구분하여 제시할 것.

〈암살〉

2015년에 개봉한 최동훈 감독의 영화 〈암살〉은 복잡한 가정사를 가진 안옥윤이라는 인물과 그의 동지들이 친일파 암살 작전을 수행해 나가는 과정을 그리고 있다.

〈암살〉이 개봉하기 전에는 일제 강점기를 배경으로 한 역사영화들이 큰 성공을 거두지 못하였다.[195] 그러한 와중에 〈암살〉이 천만 명 이상의 관객을 동원하며 큰 성공을 거두자 이에 대한 많은 연구가 이루어졌으며, 비판과 논란도 만만치 않게 일었다.[196] 〈암살〉의 흥행은 당시의 사회적 분위기와도 무관하지 않겠지만,[197] 가장 중요한 요인은 서사가 가진 힘과 개연성 있는 캐릭터의 힘이었을 것이다. 주인공 안옥윤을 비롯하여 염석진, 하와이 피스톨, 황덕삼, 속사포, 영감, 아네모네 마담 등 대부분의 등장인물은 허구의 존재들이다. 그러나 다소간의 차이는 있지만 그들의 전사(前史) 속에서 그들의 존재와 활동은 개연성을 가지게 되고, 한 명의 개인이 아닌 그 시대를 살았던 특정 유형의 사람들, 혹은 그 시대에 있었을 법한 인물로 받아들여지게 되는 것이다.

〈암살〉은 일제 강점기를 살았던 여러 인물들이 그들을 둘러싼 상황과 맥락 속에서 어떤 선택과 생각, 행동을 했는지를 간접적으로 경험할 수 있게 해준다. 이에 실제 수업은 그 당시의 인물을 이해하고, 그들의 삶의 방식에 대해 생각해 보도록 구성하였다. 그런데 〈암살〉의 내용은 두 시간이 훨씬 넘을 뿐 아니라 입체적인 인물들이 다수 등장한다. 따라서 이야기가 산만하게 받아들여질 수도 있고, 수업을 위해 편집·가공하는 과정에서 누구에게 초점을 맞추느냐에 따라 줄거리가 완전히 달라질 수도 있다. 그래서 전체적인 이야기 리듬을 훼손하지 않으면서도 그 시대의 인물상을 잘 파악할 수 있는 핵심 인물을 골라 3가지 버전으로 편집하였다.

　주인공인 안옥윤은 친일파인 아버지에 의해 어머니를 잃고, 쌍둥이로 태어났지만 유모의 손에 혼자 자랐다. 어머니로 알고 자란 유모를 간도참변으로 잃었고, 독립군 저격수로 활약했지만 자신이 저격해야 할 대상은 친부였으며, 겨우 만난 쌍둥이 언니는 자신을 대신해 눈앞에서 아버지에 의해 죽임당하는 것을 보았다. 함께하던 동지를 모두 잃었고 자신의 이름 대신 쌍둥이 언니로 살아가야 했다. 삶 자체만 놓고 본다면 이런 삶을 산 인물이 또 있을까 싶을 정도로 기구한 삶이다. 하지만 어린 나이에 간도참변을 겪은 그의 말 속에서,[198] 또 간도에서의 생활에 대한 그의 말 속에서[199] 독립군으로 살아가는 안옥윤이라는 인물은 개연성을 가지게 된다. 그렇지만 그 외의 많은 설정들은 극의 재미는 높일지 몰라도 수업 자료로서는 불필요한 내용들이다. 이에 역사적인 핍진성과 개연성을 높이기 위하여 인간 안옥윤보다는 독립군 안옥윤에 초점을 맞추고, 황덕삼, 속사포, 아네모네 마담 등 그의 동지들의 이야기를 함께 포함하여 독립군을 중심으로 영상을 편집하였다.[200]

　염석진도 매우 입체적인 변화를 겪는 인물이다. 1911년 데라우치 총독의 암살에 나섰으나 실패하고, 잡혀 고문을 당하다가 일본의 밀정이 되기로 하고 풀려난다. 밀정임을 숨긴 채 임시정부의 경무국 대장을 맡아 암살단을 조직·파견하지만 하와이피스톨을 통해 그들을 제거하고자 한다. 김구에게 밀정임을 의심받자 경성으로 도피해 암살 계획을 일본측에 알려주고 일본 수사관이 된다. 광복 이후 반민특위 재판에 넘겨지지만 무죄를 선고 받고, 미츠코로 살아가던 안옥윤에 의해 암살된다. 결코 평범하다고 할 수 없는 삶이지만, 그가 보여준 독립군에서 밀정으로의 변화, 반민특위 재판에서의 발언, 안옥윤 앞에서의 변명 장면에서는 기시감이 느껴지기도 한다. 그의 삶 자체가 일제 강점기를 살았던, 그리고 이후의 역사에 등장하던 어떤 인물군을 표상하기 때문일 것이다. 따라서 그의 삶에 대한 지지 여부를 떠나 그 시대의 인물상을 보여주는 대표적인 예시로서, 염석진을 중심으로 영상을 편집하였다.

이야기를 이끌어가는 핵심 인물 가운데 가장 비역사적이고 판타지적인 인물은 하와이피스톨일 것이다. 그는 일제 강점기를 배경으로 한 영화에서 주로 등장하는 인물 유형과는 차이가 있다. 독립 운동가도, 친일파도 아니고, 300불만 주면 무슨 일이든 하는 살인청부업자이다. 우연히 만난 안옥윤에게 호감을 가지게 되지만, 염석진으로부터 그들에 대한 살인을 청부받아 경성으로 향한다. 안옥윤의 정체를 알고 그를 구해주지만, 자신은 친일파의 아들들이 서로의 아버지를 죽이기 위해 만든 살부계의 일원이었음을 말하며 독립 운동에 대한 회의적 생각을 말한다. 하지만 경성으로 오는 길에 만났던 카와구치의 만행을 보며 그를 죽이기로 결심하고 결혼식장에서 강인국과 카와구치의 암살에 성공한다. 그러나 안옥윤을 살리고 도망가던 중 일본군에 의해 죽임을 당한다. 하와이피스톨의 급작스러운 심경 변화는 설득력이 떨어지는 것처럼 보이기도 하지만, 그의 전사(前史)를 고려해볼 때 이러한 변화 양상은 그 시대에 흔히 볼 수 있는 모습으로 치환될 수 있다. 그 시대에 이름이 알려지지 않은 수많은 이들은 방관하기도 했고, 분노하기도 했고, 그리고 행동하기도 했었다. 그래서 이질적인 존재였던 그가 그 시대를 대변하고, 관객의 심정적 동조를 이끌어낼 수 있었을 것이다.[201] 이에 하와이피스톨을 중심으로 영상을 편집하였다.

실제 수업은 3가지 버전 중 하나를 선택할 수도, 모두를 활용할 수도 있다. 우선, 〈밀정〉 수업과 유사하게 일제 강점기의 정치적 상황과 주요 인물의 활동을 비교하여 살펴보고, 영화의 기본적인 정보를 파악하도록 하였다. 그리고 각 버전을 선택하여 역사영화를 보게 하였다. 그리고 '독립군', '염석진', '하와이피스톨'을 중심으로 한 영상을 활용할 때, 각각 간도참변, 반민특위에서의 염석진의 태도, 하와이피스톨의 생애에 대해 생각해 보도록 질문을 던졌다. 그리고 공통적으로 반민특위 재판에 대한 추가 자료를 제시하여 탐구하도록 하였다. 수행평가(과정중심 평가)를 시행하기 위해 과거 인물들의 상황과 마음을 추체험하여 영화 속 인물을 평가하는 글쓰기 주제를 제시하였다. 여러 인물의 행위나 의사결정과정, 삶의 모습을 통해 그 당시 사람들이 어떻게 살고 생각했을지, 더 나아가 어떻게 살아야 하는지, 무엇이 옳은 가치인지 등에 대하여 생각해보는 기회를 가질 수 있을 것이다. 이때 무조건적인 공감과 이해 대신 제3자적인 관점에서 인물을 바라볼 수 있도록 '미래의 자녀에게 들려주는' 이라는 조건을 설정하였다.

다음은 수업 설계안과 학습 활동지, 평가 문항에 대한 예시 자료이다.

수업의 목적 수립	과거의 인물 이해 → 역사적 평가와 판단

역사영화의 선정(유형)	인물 창조형 역사영화 : 〈암살〉

탐구주제	〈암살〉을 통해 일제 강점기를 살았던 사람들의 마음 되어보기

탐구목표	1. 영화 "암살"을 통해 일제 강점기를 살았던 사람의 마음이 되어 당시를 추체험해 볼 수 있다. 2. 영화 속 인물에 대한 편지 글쓰기를 통해 당면한 현실에서 가져야 할 바람직한 가치관에 대하여 생각해 보는 기회를 가진다.

수업의 전개

수업 흐름

◆ 전시 확인 및 동기 유발
◆ 연표 확인 : 일제 강점기의 주요 사건과 흐름 파악하기 ※ 〈밀정〉과 동일
◆ 영화 내용 확인 : 영화의 줄거리 및 3W 확인

독립군 중심	염석진 중심	하와이피스톨 중심
◆영화 시청	◆영화 시청	◆영화 시청
◆탐구활동(1)	◆탐구활동(1)	◆탐구활동(1)
- 간도참변	- 반민특위 재판에 임하는 염석진	- 하와이피스톨과 같은 사람들

◆ 탐구활동(2) : 염석진의 재판 - 반민특위 재판에 대해 알아보기
◆ 탐구주제 해결[평가] : 미래의 자녀에게 등장인물에 대한 편지글 쓰기

독립군 중심	▶ (1932년 상하이) 김구와 김원봉은 카와구치, 강인국의 암살 작전을 위해 단원을 모으고, 염석진은 하와이 피스톨에게 단원의 암살을 청부함. ▶ (1932년 경성) 아네모네 다방을 중심으로 암살 작전을 준비하던 중 하와이피스톨에 의해 속사포가 부상을 당하고 1차 작전은 결국 실패함. ▶ 하와이 피스톨이 안옥윤의 정체를 알고 협조하고, 안옥윤은 작전을 재개하여 성공하지만, 속사포와 하와이피스톨 등이 사망함. ▶ (1945년 충칭) 해방을 기뻐하는 임정 식구들과 김구 · 김원봉의 추념 ▶ (1949년 서울) 반민특위 재판에서 무죄를 받은 염석진이 암살당함.
염석진 중심	▶ (1911년 경성) 염석진이 데라우치 총독을 암살하려다가 잡힘. ▶ (1932년 상하이) 염석진이 임정의 암살 작전에 대한 정보를 일본에 넘기고, 김구의 의심을 사자 하와이피스톨에게 단원의 암살을 청부함. ▶ (1932년 경성) 암살단의 1차 작전은 실패하고 염석진은 경성에 와서 일본의 수사관이 되지만, 암살단의 2차 의거는 성공을 거둠. ▶ (1945년 충칭) 해방을 기뻐하는 임정 식구들과 김구 · 김원봉의 추념 ▶ (1949년 서울) 반민특위 재판에서 무죄를 받은 염석진이 암살당함.
하와이 피스톨 중심	▶ (1932년 상하이) 김구와 김원봉이 준비하는 암살 작전에 동원된 안옥윤은 살인 청부업자인 하와이피스톨을 우연히 만나게 됨. ▶ 염석진의 청부를 받고 경성을 가던 중 카와구치 대위를 만남. ▶ (1932년 경성) 암살단을 밀정으로 알고 쫓다가 속사포에게 부상을 입히고, 염석진의 개입으로 독립군의 1차 작전은 실패함. ▶ 독립군의 정체를 알고 2차 작전을 도와 성공하나 염석진에 의해 사망함. ▶ (1945년 충칭) 해방을 기뻐하는 임정 식구들과 김구 · 김원봉의 추념

	평가(채점) 기준
태도	○ 성실하게 평가 과정에 임하여 수행과제를 제출하였는가? ○ 적극적인 태도로 평가 과정에 참여하였는가?
내용	○ 주제에서 제시한 당시 상황과 조건을 정확하게 이해하고 제시하였는가? ○ 내용이 논리적으로 타당한가? ○ 주장 및 논거에 대한 역사적 오류가 없는가? ○ 문법적 오류 및 오탈자가 없는가?

▶ 줄거리(영상내용 중심)

　1933년 대한민국 임시정부는 일본 측에 노출되지 않은 세 명을 암살 작전에 지목한다. 한국 독립군 저격수 안옥윤, 신흥무관학교 출신 속사포, 폭탄 전문가 황덕삼! 김구의 두터운 신임을 받는 임시정부 경무국 대장 염석진은 이들을 모으고 암살단의 타깃은 조선주둔군 사령관 카와구치 마모루와 친일파 강인국이다. 한편, 염석진에게 거액의 의뢰를 받은 청부살인업자 하와이 피스톨이 암살단의 뒤를 쫓는다.

　경성에 도착한 3인은 강인국에게 접근하여 암살 작전을 준비한다. 하와이 피스톨은 안옥윤, 속사포, 황덕삼이 일제의 밀정이라 여기고 속사포를 제거하는 데 성공하고, 속사포가 사라진 후 작전을 변경한 3인은 거사 당일 암살 작전을 거행한다. 일제의 밀정이었던 염석진은 김구에 의해 자신의 밀정 활동이 드러나자 경성으로 가서 암살단의 작전을 제보하고 그의 제보로 미리 대비하던 강인국 일행 제거에 실패한 안옥윤은 하와이 피스톨의 도움으로 탈출, 치료를 받게 된다. 이후 안옥윤은 자신의 쌍둥이 언니가 아버지 강인국에 의해 피살되는 모습을 목격한다.

　죽은 언니를 대신해 카와구치와 결혼식을 치르기 위해 강인국의 집에 잠입한 안옥윤은 결혼식 당일 나타난 속사포, 하와이 피스톨과 함께 작전 대상 제거에 들어간다. 간신히 피신한 하와이 피스톨은 염석진에 의해 살해되고 시간이 흘러 해방을 맞이한다. 반민특위에 회부된 염석진은 결국 풀려나지만 안옥윤에 의해 암살된다.

▶ 3W 확인

Who	주요 등장인물은?

안옥윤 (전지현)	친일파 강인국의 쌍둥이 딸로 태어났으나, 항일 운동을 하던 어머니에 의해 빼돌려져 간도에서 유모의 손에 의해 자랐다. 간도 참변을 겪으며 독립군 저격수로 활약하다 상관을 죽인 죄로 독립군 감옥에 갇혔지만 임시정부의 요청에 따라 암살 작전에 투입된다. 암살 작전 제거 대상은 친아버지인 강인국이었으나 결국 암살 작전에 성공하고, 아버지에 의해 죽은 쌍둥이 언니 대신 미츠코로 살아간다.
염석진 (이정재)	1911년 데라우치 총독 암살 작전을 하다 붙잡혀 일본의 밀정이 되고 임시정부의 경무국 대장으로 신임을 얻는다. 강인국 암살 작전을 준비하지만 그 와중에 김구에게 실체가 드러나 결국 일본에 적극 협력하고 광복 이후 대한민국 경찰로 살아간다.
하와이 피스톨 (하정우)	아버지가 일본에게 남작 작위를 받자 살부(殺父)계를 만들어 활동하다 결국 상하이로 와서 청부살인을 하며 살아간다. 안옥윤을 죽이라는 청부를 받았지만 결국 독립운동가들을 돕다 최후를 맞는다.
속사포 황덕삼	신흥무관학교 출신 속사포(추상옥)와 폭탄 전문가인 황덕삼은 강인국 암살작전에 투입되어 결국 죽음을 맞는다.
강인국 (이경영)	일본에 적극 협력하여 많은 부와 명성을 쌓았으나 김구와 김원봉이 추진한 암살 작전의 대상이 되고 결국 죽음을 맞이한다.

When	주요사건의 배경이 되는 시기는? 1911년, 1930년대

Where	주요사건의 배경이 되는 공간(장소)는? 상하이, 경성

영상 보며 탐구하기

 1   염석진에 대한 재판은 무엇이며, 이런 재판이 왜 진행된 것인지 자료를 참고하여 적어봅시다.

반민족 행위 특별법은 제헌 헌법 101조의 "국회는 1945년 8월 15일 이전의 악질적인 반민족 행위를 처벌하는 특별법을 제정할 수 있다."라는 조항에 근거하여 1948년 8월 5일 제헌 국회 제40차 본회의에서 발의되어 수차례 수정된 끝에 9월 22일에 공포되었다. 이 법에 따라 반민족 행위 특별 조사 위원회(반민특위), 반민족 행위 특별 검찰부, 반민족 행위 특별 재판부가 설치되었다. 그러나 이승만 정부의 비협조와 친일 세력의 방해로 반민족 행위자 처벌은 성과를 거두지 못하였다.

III. 수업 속으로 215

▶ 독립군 중심 영상

 안옥윤이 어머니(유모)를 잃게 된 사건이 왜 일어났는지 자료를 참고하여 생각해 봅시다.

1919년 3·1운동을 계기로 한·만 국경지대에는 수많은 독립군 부대가 편성되어 활발한 독립 전쟁을 전개하였다. 1920년에 들어서면서 독립군의 국내 진입 작전이 더욱 활기를 띠자 일본은 정규군 대부대를 만주에 투입해 일거에 한국 독립군을 소탕할 음모를 꾸미게 되었다. 청산리에서 한국 독립군에 의해 대패를 당한 일본군은 이에 대한 보복으로 무차별 한인 학살 작전을 감행하였다. 한국인 마을을 포위, 습격한 뒤 남자들을 한 자리에 모아놓고 총이나 창으로 학살하고 부녀자들을 겁탈하고 살해하였다. 모든 민가를 불태우고 가축을 약탈하였다. 1920년 10월 9일 ~ 11월 5일까지 27일간 간도 일대에서 학살된 한국인은 3,469명이며 3, 4개월간 지속된 일본군의 무차별 학살로 수많은 동포가 참혹한 죽음을 당하였다.

▶ 염석진 중심 영상

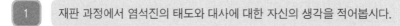 재판 과정에서 염석진의 태도와 대사에 대한 자신의 생각을 적어봅시다.

▶ 하와이피스톨 중심 영상

 영상 속 하와이피스톨이 하는 일과 이러한 일을 하게 된 계기는 무엇인가?

2 하와이피스톨의 입장이 되어 안옥윤 일행을 돕게 된 계기를 생각해 봅시다.

> 수행평가 문항

※ 시청한 역사영화에 맞는 인물의 입장에서 편지글을 작성해 봅시다.

1 (독립군 중 한 사람 / 염석진 / 하와이 피스톨)의 입장이 되어 미래의 자녀에게 자신의 생애에 대한 이야기를 들려주는 편지글을 적어보자.

〈 작성조건 〉

※ 수신자: 미래의 자녀
※ 편지글 속에 영화 속 다른 인물에 대한 이야기도 포함하며, 그 인물을 편지글에 포함하는 이유를 함께 작성할 것.

〈귀향〉

2016년에 개봉한 조정래 감독의 영화 〈귀향〉은 '일본군 위안부'로 끌려간 정민과 영희 등 소녀들의 이야기이다. 감독은 시놉시스를 작성하고 영화가 개봉하기까지 13년의 시간이 걸렸다고 말한다.[202] 위안부 강제 동원 피해자의 이야기를 '문학적 증거'로 남기겠다고 다짐했지만, 그 소재에 대한 거부감으로 투자와 배급이 쉽지 않았던 것이다. 다행히 크라우드 펀딩(crowd funding)을 통한 대중의 제작비 모금, 배우와 제작진의 재능 기부로[203] 영화는 긴 시간을 거쳐 빛을 볼 수 있었다.

영화의 개봉 직전인 2015년 12월 28일, 우리 정부는 일본 정부와 위안부 문제에 관해 최종적이고 불가역적인 합의(2015 한일 위안부 합의)를 공표하였다. 일본 대사관 앞 소녀상을 철거·이전해야 한다는 것과, 진정성 있는 사과도 피해자의 목소리도 반영되지 못한 합의에 시민들의 반감은 커져갔다.[204] 이러한 사회적 분위기 속에서 개봉한 〈귀향〉에 대한 관심은 350여만 명의 관객 동원으로 이어졌다.

흥행에 성공한 여느 역사영화가 그러한 것처럼 〈귀향〉에 대해서도 많은 비판과 논란이 일었다. 비판은 주로 내러티브 구조나 위안부 묘사에 관한 것이었다. 예를 들면 국가나 사회적 차원이 아닌 씻김굿을 통한 문제 해결 방식이나 과거의 공간 속에 슬픔을 가둬두는 마무리, 여성 폭력의 문제를 '소녀'로 제한한 것, 위안소의 집단 강간 장면과 같은 선정적·폭력적 재현 등이다.[205]

감독은 영화가 한 번 상영될 때마다 한 분의 영혼이 고향으로 돌아온다고 생각하여 영화의 제목을 歸(돌아갈귀)鄕이 아닌 鬼(귀신귀)鄕으로 썼다고 한다.[206] 그는 '타국에서 안타깝게 죽어간 소녀들의 영혼을 위로하는 마음'으로 영화를 만들었던 것이다. 영화 속에도 등장하는 김학순 할머니의 기자회견은 1991년에 있었던 일이다. 그 이후 일본 대사관 앞에서 매주 수요일, 일본군 위안부 문제 해결을 위한 집회가 이어졌다. 하지만 우리 정부는, 그리고 우리들은 피해자와의 눈높이를 맞추지 못했던 것 같다. 이러한 우리들에게 〈귀향〉은 그 시대에, 그 곳에서 무슨 일이 있었는지를 알려주려고 했던 것이다.

역사는 과거에만 머물러 있는 것이 아니다. 시간이 흘러가고 인간의 삶이 지속되어오듯 역사도 끊임없이 현재로, 미래로 흘러가고 있다. 그래서 과거에 채 매듭짓지 못한 역사적 문제들은 현재 우리의 삶에도 지대한 영향을 끼치게 마련이다. 따라서 여전히 해결되지 못하고 있는 일본군 위안부 문제의 실상을 파악하고, 강제 동원과 인권 유린의 역사에 대해 탐구하는 것은 의미 있는 일일 것이다. 이에 영화 〈귀향〉을 통해 역사적 차원에서 일본군 위안부 문제를 살펴보고, 이를 토대로 '2015 일본군 위안부 합의'에 대해 탐구해 보고자 한다.

실제 수업은 과거에 있었던 역사적 사건의 실상을 파악하는데 1차적인 목적을 두었다. 우선 일본군 위안부 문제와 관련된 역사적 사실들을 시간적 흐름 속에서 살펴보고, '정신대', '위안부', '성노예' 등 각 용어가 가진 의미를 비교해 보도록 추가 자료를 제시하였다. 그리고 영화의 개략적인 정보를 파악한 뒤 역사영화를 보도록 하였다. 〈귀향〉은 두 개의 이야기가 교차되며 전개된다. 하나는 할머니가 된 영희의 현재 이야기이고, 다른 하나는 영희의 회상 속 정민과 영희, 그리고 소녀들의 이야기이다. 이 가운데 수업의 목적에 맞게 과거의 이야기에 초점을 맞춰 역사영화를 편집하였다. 앞서 살펴본 비판을 고려하여 직접적이고 선정적인 장면을 가급적 제외하되, 이야기 리듬을 훼손하지 않게 편집하여 당시의 실제적 상황에 접근해 볼 수 있도록 하였다.

수업의 또 다른 목적은 '2015 한일 위안부 합의'에 대해 탐구해 보는 것이다. 합의문의 내용과 합의 과정을 조사하여 파악하게 하고, 이를 수행평가(과정중심 평가)와 연계하였다. 그래서 '2015 한일 위안부 합의'에 대한 자신의 생각을 적어보고, 모둠별 토론을 통해 자신이 생각하는 한일 위안부 합의문을 작성해 보도록 하였다. 이러한 과정을 통해 과거의 문제가 현재까지 이어진다는 점, 과거에 대한 정확한 인식이 현재와 미래의 문제를 해결할 수 있는 시작점이 된다는 것을 이해할 수 있을 것이다.

다음은 수업 설계안과 학습 활동지, 평가 문항에 대한 예시 자료이다.

수업의 목적 수립 과거의 사실 이해 → 역사적 평가와 판단

역사영화의 선정(유형) 재현형 역사영화 : 〈귀향〉

탐구주제

〈귀향〉이 말해주는 역사적 진실

탐구목표

1. 영화 "귀향"을 통해 일본군 위안부에 대한 역사적 사실을 파악할 수 있다.
2. 3가지 이상의 근거를 들어 '2015 한일 위안부 합의'에 대한 평가 글쓰기를 할 수 있다.
3. 모둠 토론을 통해 자신이 생각하는 한일 위안부 합의문을 작성할 수 있다.

수업의 전개

수업 흐름

◆ 전시 확인 및 동기 유발
◆ 연표 확인 : 일본군 위안부 관련 사실의 흐름 파악하기
◆ 역사 정보 확인 : 일본군 위안부의 개념, 용어의 의미 확인하기
◆ 영화 내용 확인 : 영화의 줄거리 확인
◆ 영화 시청
◆ 탐구활동
　- '2015 한일 위안부 합의'의 내용과 과정 파악하기
◆ 탐구주제 해결[평가] :
　- '2015 한일 위안부 합의'에 대한 평가글 쓰기
　- 자신이 생각하는 바람직한 합의문 작성하기

▶ (1991년) 일본군 위안부 피해자 김학순 할머니의 기자회견 실제 영상
▶ (1943년 조선) 부모, 친구와 함께 잘 지내던 정민이 갑자기 관원과 군인에게 끌려가 다른 소녀들과 함께 중국 목단강 군부대로 인계됨.
▶ (1943년 중국) 위안소에서 소녀들은 유린당하고 폭력에 익숙해졌으며, 패전으로 일본군이 소녀들을 소각할 때 정민이 죽게 됨.
▶ (에필로그) 일본군 위안부 할머니들이 직접 그린 미술 치료 작품 공개

평가 기준

		평가(채점) 기준	
태도		○ 주제 탐구활동을 한 글쓰기를 제출하였는가? ○ 성실하게 평가 과정에 임하였는가? ○ 적극적인 태도로 평가 과정에 참여하였는가?	
내용평가	기준	○ 주제를 정확히 이해하고 논지를 전개하였는가? ○ 자신의 관점에 일관되게 논지를 전개하였는가? ○ 주장에 대한 논거 및 뒷받침한 역사적 근거가 명확한가?	
	세부항목	1번	○ 근거를 3가지 모두 제시하였는가? ○ 3가지의 내용이 명확하고 타당한가? ○ 주장과 근거의 논리적 정합성 및 일관성이 있는가?
		2번	○ 합의문 내용 가운데 다음 요소가 포함되어 있는가? - 일본의 인정 여부 - 역사적 심리적 (피해자에 대한) 사과 포함 - 재단, 보상, 배상 여부 등 포함 - 향후 문제에 대한 논의(소녀상, 교과서, 국제사회 등)

한국사 연표

연도	일본군 '위안부' 관련 주요 내용
1932	상하이 사변 당시 군대 위안부 모집 시작(오카무라 중장): 주로 직업 매춘부로 충당
1937	중일전쟁 이후 군위안부 정책 본격화: 직업 매춘 여성 기피
1938	- 아소 소위의 〈화류병과 위안부에 관한 의견서〉: '위안부는 어릴수록, 내지인보다는 조선인이 좋음' - 주로 인신매매 수법 이용, 도시 여공이나 식당 종업원 등 (~1938) - 위안소 운영을 형식적으로 민간에 위탁(군의 지시에 따르는 하수인)
1940	군 허가 받은 매춘업자가 특수간호부나 군간호보조원으로 속여 모집함. 경찰/면장의 도움(~1940)
1941 ~ 1945	- 일본 관동군의 특별대 연습 개시로 대규모 병력 집결, 이때부터 강제적 동원 단계로 이행 - 도·군·면에 동원 칙령, 면장 책임 하 동원(간호사, 여공으로 속임), 대대적인 인력 동원 (사람사냥) - 일본 육군성, 해외의 위안시설 총수 400여 곳으로 집계(1942년 기준) (중국북부 100, 중국중부 140, 중국남부 40, 동남아시아 100, 서남태평양 10, 남부사할린 10)
1945	일본 주둔 맥아더 사령부, 150명의 한국인 '위안부' 귀국조치
1948	바타비아 재판(네덜란드 여성 35명의 '위안부'문제 재판)
1988	한국여성단체연합이 '위안부' 진상규명과 배상을 요구하는 성명서 발표
1991	- 국내 최초로 일본군 '위안부' 피해자 김학순할머니(당시 67세) 공식 기자회견 - 김학순 할머니 등 3명, 일본정부 상대로 '아시아태평양전쟁 한국인희생자 보상청구사건' 소송 시작
1992	- 제1차 수요집회 (1.8. 일본대사관 앞, 이후 매주 수요일 실시) - 일본정부, 일본군의 관여 사실 최초로 공식 인정하는 담화발표 - 방한한 미야자와 수상 국회연설에서 사죄와 반성 표명 - 유엔총회 제3위원회에서 종군'위안부'문제 논의
1993	- 제49차 제네바 유엔인권위에서 군대'위안부'문제 논의 - 김영삼 대통령 대일보상 불요구 방침 천명 - '일제하 일본군'위안부'에 대한 생활안정지원법' 국회통과, 의료, 임대아파트 등 지원 실시 - 일 정부 '종군위안부'문제에 대한 관방장관 담화문 발표
1995	유엔인권위원회 군'위안부'문제 공식조사 시작

연도	일본군 '위안부' 관련 주요 내용
1996	제52차 유엔인권위원회, '쿠마라스와미' 보고서 만장일치 채택: 일본정부에 대해 법적 책임을 수락하고, 피해자에 대한 배상 및 서면 사죄, 관련자 처벌을 위한 '특별행정재판소' 설치 요구
2012	국회 '일본 정부의 일본군 '위안부' 피해자에 대한 공식사죄 및 피해보상 촉구 결의안' 통과
2015	'위안부' 문제 해결을 위한 한일 외교장관 회담 개최, 일본군 '위안부' 문제 타결

역사 이해하기

▶ 용어의 의미

정신대는 '어떤 목적을 위해 솔선해서 몸을 바치는 부대'라는 뜻으로 일제가 전쟁을 위해 동원한 인력 조직이었다. 남녀 모두 그 대상이 되었는데, 농촌정신대·보도정신대·의료정신대·근로정신대 등이 있었다. 이 중에서 여성으로만 구성된 경우를 여성정신대라고 불렀다. 그런데 이 여성정신대가 대부분 일본군 위안소로 연행됨에 따라 정신대라는 말은 자연스럽게 일본군 위안부를 지칭하는 용어로 굳어졌다. 과거에는 정신대를 종군위안부라 표현하기도 했다. 그러나 종군위안부라는 뜻에는 '종군기자'처럼 자발적으로 군을 따라갔다는 의미가 내포되어 있고, 나아가 일본 정부가 자신들의 책임을 회피하기 위한 정치적인 목적도 함께 숨겨져 있다. 따라서 기존에 종군위안부라는 용어를 사용하는 것은 부적절하다. 현재 한국 관계법령에서의 공식명칭은 일본군 '위안부'이다. 최근 유엔인권위원회에서는 위안부라는 용어 대신에 '일본군 성노예'라는 표현을 사용함으로써 일본군의 조직적이고도 강제적인 동원 사실을 더욱 명확히 드러내고 있다.

— 한국민족문화대백과사전 —

▶ 일본군 '위안부'

일본군 '위안부'란 일제 강점기에 일본군'위안소'로 연행되어 일제에 의해 조직적, 강제적, 반복적인 성폭행을 당한 여성들을 일컫는 것으로 한국에서는 오랫동안 이들을 정신대라고 불러왔으며 '성노예(sexual slave)', '성폭력 피해자'라는 표현이 일본군 '위안부' 문제의 본질을 잘 드러내주는 용어이지만 현재는 일본군 '위안부'가 그 당시 쓰이던 역사적 용어이기에 사용하고 있다.

일제는 만주사변과 중일전쟁 등을 비롯한 침략전쟁을 일으키면서 전쟁이 확대되고 장기전으로 들어가자, 통제되지 않은 강간에 의한 성병확산을 막고 군 감독 통제 하에 군인과 '군위안부'를 둠으로써 군의 사기 진작 등 효과적인 군사 활동을 꾀하려는데 중요한 목적을 두고 군 '위안부'제도를 만들었다. 일제는 군'위안부' 여성들을 자국민을 비롯해 한국, 중국, 필리핀, 인도네시아, 라바울 등의 여성들을 동원하였으며 적게는 5만에서 30만으로 추정된다.

위안소는 일본군 문서상 '군위안소', '군인클럽', '군인오락소', 혹은 '위생적인 공중변소' 등으로 불렸다. 군'위안부' 여성들의 생활은 기본적으로 위안소 규칙이 적용되었다. 위안소 이용규칙에는 군의 이용시간, 요금, 성병검사, 휴일 등에 관한 세부사항까지 규정되어 있으며, 특히 위생관련 규정이 많았다. 그러나 이 규칙은 기본적으로 군인을 위해 제정된 것으로 군위안소는 위안부로 끌려간 여성들이 기거하며 인권을 유린당한 공간이다.

— 정신대 할머니와 함께하는 시민 모임 홈페이지 발췌 —

▶ 2015 한 일 위안부 합의

1. 일본측 표명사항

일-한간 위안부 문제에 대해서는 지금까지 양국 국장급 협의 등을 통해 집중적으로 협의해 왔음. 그 결과에 기초하여 일본 정부로서 이하를 표명함.

1) 위안부 문제는 당시 군의 관여 하에 다수의 여성의 명예와 존엄에 깊은 상처를 입힌 문제로서, 이러한 관점에서 일본 정부는 책임을 통감함. 아베 내각 총리대신은 일본국 내각 총리대신으로서 다시 한 번 위안부로서 많은 고통을 겪고 심신에 걸쳐 치유하기 어려운 상처를 입은 모든 분들에 대해 마음으로부터 사죄와 반성의 마음을 표명함.

2) 일본 정부는 지금까지도 본 문제에 진지하게 임해 왔으며, 그러한 경험에 기초하여 이번에 일본 정부의 예산에 의해 모든 전(前) 위안부 분들의 마음의 상처를 치유하는 조치를 모색함. 구체적으로는, 한국 정부가 전(前) 위안부 분들의 지원을 목적으로 하는 재단을 설립하고, 이에 일본 정부 예산으로 자금을 일괄 거출하고, 일-한 양국 정부가

협력하여 모든 전(前) 위안부 분들의 명예와 존엄의 회복 및 마음의 상처 치유를 위한 사업을 행하기로 함.
3) 일본 정부는 상기를 표명함과 함께, 상기 2)의 조치를 착실히 실시한다는 것을 전제로, 이번 발표를 통해 동 문제가 최종적 및 불가역적으로 해결될 것임을 확인함. 또한, 일본 정부는 한국 정부와 함께 향후 유엔 등 국제사회에서 동 문제에 대해 상호 비난·비판하는 것을 자제함.

2. 한국측 표명사항
한-일간 일본군위안부 피해자 문제에 대해서는 지금까지 양국 국장급 협의 등을 통해 집중적으로 협의를 해왔음. 그 결과에 기초하여 한국 정부로서 이하를 표명함.
1) 한국 정부는 일본 정부의 표명과 이번 발표에 이르기까지의 조치를 평가하고, 일본 정부가 상기 1. 2)에서 표명한 조치를 착실히 실시한다는 것을 전제로 이번 발표를 통해 일본 정부와 함께 이 문제가 최종적 및 불가역적으로 해결될 것임을 확인함. 한국 정부는 일본 정부가 실시하는 조치에 협력함.
2) 한국 정부는 일본 정부가 주한일본대사관 앞의 소녀상에 대해 공관의 안녕·위엄의 유지라는 관점에서 우려하고 있는 점을 인지하고, 한국 정부로서도 가능한 대응 방향에 대해 관련 단체와의 협의 등을 통해 적절히 해결되도록 노력함.
3) 한국 정부는 이번에 일본 정부가 표명한 조치가 착실히 실시된다는 것을 전제로 일본 정부와 함께 향후 유엔 등 국제사회에서 동 문제에 대해 상호 비난·비판을 자제함.

영화 이해하기

▶ 줄거리(영상내용 중심)

　　[TV를 통해 김학순 할머니의 기자회견이 방송된다] 1943년 거창, 정민은 친구들과의 대화 속에서, 그리고 부모님의 대화 속에서 일본이 강제적인 인력 동원을 하고 있음을 듣게 된다. 어느 날 집에 돌아온 정민은 자신을 기다리고 있던 관원과 군인에 의해 강제로 끌려가고, 기차에 올라 중국 목단강 근처 부대로 인계된다. 그곳에서 정민은 영희를 비롯한 다른 소녀들과 함께 군인들에 의해 유린당한다. 탈출 시도도 실패하고, 병이 든 소녀들은 총살·소각된다. 패색이 짙어지며 위안소의 소녀들을 소각하려던 중에 독립군과의 교전이 벌어지고 영희와 정민은 탈출하지만, 정민은 총에 맞아 사망한다. [7만5천여 명의 후원자 명단과 할머니들이 그린 그림을 보여준다.]

▶ 3W 확인

Who	주요 등장인물은? 14살 소녀 정민, 15살 영희를 비롯한 소녀들
When	주요사건의 배경이 되는 시기는?　1943년 이후
Where	주요사건의 배경이 되는 장소는? 경남 거창, 중국 목단강 인근

수행평가 문항

1　한일 위안부 합의에 대한 자신의 생각을 적되, 그렇게 생각하는 근거를 3가지 이상 적어 봅시다.

2　모둠을 구성하고 모둠 안에서 일본과 한국의 입장이 되어 토론한 뒤, 자신이 생각하는 한일 위안부 합의문을 작성해 봅시다.
(단, 2015 한일 위안부 합의 과정에서 논의된 항목을 포함할 것)

〈작성조건〉

○ 주제를 정확히 이해하고 논지를 전개하였는가?
○ 자신의 관점에 일관되게 논지를 전개하였는가?
○ 주장에 대한 논거 및 뒷받침한 역사적 근거가 명확한가?

미 주

125 본 면담은 대구 지역의 성별, 나이, 경력 등이 각기 다른 역사교사 20명을 대상으로 역사영화를 활용한 수업에 대한 경험과 인식을 조사하였다. 유득순, 「학습 자료로서 역사영화에 대한 역사교사와 학습자의 인식」, 『역사교육연구』 30, 2018a.

126 유득순, 「역사영화의 유형 분류와 효과적인 활용 방안 - 한국사를 소재로 한 역사영화를 중심으로」, 『역사교육논집』 54, 2015.

127 김민환·추광재, 『예비·현직 교사를 위한 수업모형의 실제』, 원미사, 2012. p. 20.

128 김한종, 「역사수업이론의 재개념화」, 『역사교육연구』 5. 2007, p. 10.

129 송상헌은 역사과에서의 수업 모형이 '학습자가 역사적 맥락을 통해 역사이해에 이르는 사고를 경험할 수 있게 체계적으로 제시하는 방법'이라고 하였다. ; 송상헌, 「역사교육에 있어서 역사적 맥락을 통한 '이해'의 문제」, 양호환 외, 앞의 책, 1997.

130 김민환·추광재, 앞의 책, 2012. pp. 23~24.

131 김한종, 앞의 논문, 2007, p. 31.

132 수업 내용 모형은 수업 모형의 초점이 수업 내용을 조직하고 제시하는 방식에 있는 모형을 말하며, 수업의 절차보다는 수업 내용에 관하여 교사의 견해가 분명히 드러나고 실제로 수업 과정에서 내용이 어떠한 방식으로 다루어지는가를 담고 있는 모형이다. 김민환·추광재, 앞의 책, 2012. pp. 23~24.

133 남정우는 비판적 역사교과서 읽기 수업을 위하여 인지 과정 읽기 모형, 사회 인지 과정 읽기 모형, 김혜정의 비판적 읽기모형, 디바인(Devine)의 읽기 모형, 프레슬리(M. Pressley)의 비판적 역사읽기 이해 방안을 참고하여 ① 읽기 전: 스키마 활성화 단계, ② 읽기 중: 텍스트 분석 및 평가 단계(사실 이해 단계, 저자의 의도 이해 단계, 평가하기), ③ 읽기 후: 의미 구성 단계 등으로 수업 모형의 절차를 제시하였다(남정우, 「비판적 역사교과서 읽기를 위한 수업모형 개발」, 『역사교육연구』 11, 2010, pp. 19~34). ; 나미란은 학생들이 인과관계학습을 할 수 있도록 ① 문제 파악하기, ② 원인 확인 및 분류하기, ③ 원인 평가하기, ④ 인과구조 만들기, ⑤ 잠정적 역사지식 공유하기 등의 절차 모형을 제시하였다(나미란, 「초등 역사 인과관계 학습모형 개발」, 『역사교육연구』 25, 2016, pp. 135~136, 152~158). ; 이창호는 기호학적 관점에서 역사 시각자료를 읽기 위하여 롤랑 바르트의 기호학적 분석 모형과 강선주의 역사 텍스트 독해 교수 및 학습을 위한 전략 6단계를 토대로 하여 ① 자료 확인하기 단계, ② 구성 요소 읽기 단계, ③ 맥락적 읽기 단계, ④ 비판하기 단계 등의 절차로 수업 모형을 제안하였다(이창호, 「기호학적 관점에 따른 역사 시각자료 읽기 모형 개발」, 『역사교육연구』 27, 2017, pp. 145~148).

134 정종복은 인지 과정 읽기 모형, 사회 인지 읽기 모형, 토의 중심 읽기 모형, 프레슬리의 비판적 읽기를 위한 이해 방안 등을 토대로 ① 시청전: 배경지식 활성화(영화 정보 확인, 역사적 사실 탐구), ② 시청중/후: 영화 텍스트 분석 단계(줄거리 완성, 주제 찾기, 인물 관점 파악, 사실과 허구 구분), ③ 시청후: 의미구성 단계(역사 쟁점 토론, 역사쓰기) 등의 절차로 모형을 제안하였다. 정종복, 앞의 논문, 2018.

135 남정우는 비판적 읽기를 반성적 회의과정을 통해 글을 분석하는 것, 읽는 과정 중에 끊임없이 회의와 글에 대한 점검을 하는 읽기이며, 기존의 정형화된 틀을 해체하고 텍스트를 다의적, 다층적으로 읽는 방식이라고 보았다(남정우, 앞의 논문, 2010, pp.13~17). 양치구는 비판적 사고력을 역사적 진실 탐구를 목적으로 과거에 대해 합리적 회의에 기초하여 끊임없는 검증을 통해 문제를 인식하고 역사적 판단에 도달하며, 자신의 사고를 점검하려는 의식적인 능력이라고 규정하였다(양치구, 「역사교육에서 비판적 사고력 증진을 위한 논증적 글쓰기 전략의 개발과 적용」, 경북대학교 박사학위논문, 2017, pp.29, 36~37). 정종복은 비판적 읽기를 텍스트에 저자의 관점과 의도가 있음을 알고, 거기에서 탈피하여 자신의 관점으로 텍스트를 해체적으로 읽는 것이라고 하였다(정종복, 앞의 논문, 2018).

136 김한종과 최상훈을 비롯한 여러 연구자의 의견을 종합해보면, 비판적 읽기를 포함하여 이해·분석·해석·판단에 이르는 전 과정을 포괄할 수 있는 개념은 탐구라고 할 수 있다(김한종, 「역사학습에서의 상상적 이해」, 서울대학교 박사학위논문, 1994. ; 최상훈, 앞의 논문, 2000).

137 국립국어원 표준국어대사전(stdweb2.korean.go.kr)

138 (naver 영어사전) : Collins Cobuild Advanced Learner's English Dictionary

139 민윤, 「역사 학습에서 '탐구'의 재고: 실제적 탐구의 가능성」, 『사회과교육연구』14, 2007, p.3.

140 강우철, 「역사탐구기능과 그 발달에 관한 연구」, 이화여자대학교 박사학위논문, 1975.

141 이영효는 역사의 본질은 탐구라고 할 수 있으며, 사고의 과정이 내포된 역사 지식을 바탕으로 문제 인식, 역사 자료 수집 등을 거쳐 자신만의 탐구 활동을 전개하고, 이 과정에서 이해·분석·해석·비판·판단 능력이 작용한다고 하였다(이영효, 「2장 역사교육의 내용」, 최상훈 외, 앞의 책, 2007, pp.66~67).

142 유득순, 앞의 논문, 2017.

143 유득순, 앞의 논문, 2018a.

144 2003년에 개봉한 이준익 감독의 〈황산벌〉은 연개소문, 의자왕, 김춘추, 당 고종이 가상의 회담을 하는 것으로 시작하여 660년 나당연합군이 백제를 공격하는 과정을 그리고 있다. 이 과정에서 백제 내부의 갈등, 신라와 당의 신경전, 김유신과 김춘추의 갈등뿐 아니라 사투리로 인한 백제와 신라의 첩자 발굴, 암호 해독 과정, 반굴과 관창을 비

롯한 화랑의 전사, 신라의 총공격 등을 묘사하고 있다. 그리고 계백의 최후, 사비궁을 점령한 당과 신라가 대립하는 것으로 마무리된다.

145 2014년에 개봉한 윤제균 감독의 〈국제시장〉은 노인이 된 덕수와 영자의 모습을 시작으로 과거의 이야기를 현재와 번갈아가며 보여준다. 1950년 흥남철수 작전 때의 피난과 이산, 부산 국제시장 고모의 가게(꽃분이네)에 정착함, 1960년대 파독 광부에 자원하여 독일 함보른 광산에서 일함, 독일에서 만난 영자와 결혼하고, 1970년대 베트남 파견과 총상 당함, 1983년 KBS 이산가족 찾기 생방송에서 동생과의 만남 등의 내용이다.

146 질문은 ㉠ 주요 등장인물, 주요 사건이 발생한 시기 및 장소는? ㉡ 주요 사건의 전개 과정(줄거리)은? ㉢ 전체적인 주요 사건이 일어난 이유는? ㉣ 가장 공감이 되는 인물과 그 이유는? ㉤ 영화를 통해 새롭게 알게 된 내용은? ㉥ 자신이 알고 있는 역사적 사실과 영화 속 내용을 비교해보면? ㉦ 자신이 생각하는 영화 전체의 핵심 주제(메시지)는? ㉧ 개봉 시점을 고려하여 감독의 제작 목적 및 의도를 추론해보면? ㉨ 영화에 대한 평론 작성 등이다.

147 유득순, 앞의 논문, 2015, pp.140~141.

148 유득순, 앞의 논문, 2015, p.140.

149 '수업목표' 대신 '수업의 목적'이라는 용어를 쓴 것은 교사의 의도가 내포된 교육활동이라는 점을 드러내기 위함이다. (각주 123번 참고)

150 실제 수업의 구성은 과거의 상황과 역사적 사건에 강조점을 두는지, 과거 인물의 행위나 의도에 강조점을 두는지에 따라 여러 가지 방향으로 나타날 수 있다. 교사가 수업의 목적으로 설정할 수 있는 모든 경우의 수는 ① 과거의 사실 이해, ② 과거의 인물 이해, ③ 역사적 평가와 판단, ④ 과거의 사실 이해 + 과거의 인물 이해, ⑤ 과거의 사실 이해 + 역사적 평가와 판단, ⑥ 과거의 인물 이해 + 역사적 평가와 판단, ⑦ 과거의 사실 이해 + 과거의 인물 이해 + 역사적 평가와 판단 등 7가지이다.

151 김한종, 앞의 논문, 2007, p.19.

152 Kieran Egan, op.cit., 1986.

153 Kieran Egan, op.cit., 1986.

154 Alan S. Marcus and Jeremy D. Stoddard, op.cit., 2007, p.318.

155 일반적으로 교수·학습에서 사용하는 질문을 발문이라고 하며, 강현숙은 '질문은 무엇인가에 대하여 모르는 입장의 사람이 아는 입장의 사람에게 던지는 물음'을, 발문은 '학습활동을 조성해 나가기 위하여 학생에게 던지는 문제제기를 의미하는 것'으로 정리하였다. 그러나 필자는 질문(質問, question)이 발문(發問, questioning)보다 넓은 개념으로 행위 및 내용을 포함한다고 보아, 본고에서는 질문이라는 용어로 통일하여 사용하도록 하겠다. 한국교육심리학회, 『교육심리학용어사전』, 학지사, 2000. ; 강현숙, 「발문에 대한 교사와 학습자의 인식 조사」, 이화여자대학교 교육대학원 석사학위

논문, 2003.

156 김한종, 「역사적 사고력의 구성 요소와 역사 수업의 발문」, 『사회과교육』29, 1996. pp.84~87. ; 질문의 제작 및 구성과 관련하여 강선주가 제시한 텍스트 독해를 위한 교수학습 전략 6가지가 좋은 예시가 될 수 있다. 6가지 교수학습 전략은 ① 자료의 증거 능력 확인하기, ② 텍스트 자체를 독해하기, ③ 텍스트를 치밀하게 읽고 교차검토하면서 텍스트의 논리적 구조를 확증하기, ④ 화자(저자)의 동기나 의도 분석 방법 토론하기, ⑤ 배경 지식 활용 및 탐구하여 텍스트를 역사적 맥락에 위치시키기, ⑥ 자신의 편견을 의심하게 하기 등이다(강선주, 앞의 논문, 2013, pp.164~174).

157 남한호는 김한종, 최상훈, 송상헌 등이 제안한 역사교과의 목표에 대한 기존 논의를 종합・정리・발전시켜 〈표 11〉과 같이 정리하였다. 본 연구에서는 이에 기초하여 논의를 진행하고자 한다. 남한호, 앞의 논문, 2010, pp.111~112.

158 2016년에 개봉한 김지운 감독의 〈밀정〉은 의열단원인 김장옥의 의거 및 죽음 이후 조선총독부 경무 이정출이 의열단원 김우진에게 접근하면서 시작된다. 이정출은 의열단 소탕 및 단장 정채산의 체포를 위해 접근했지만 오히려 정채산에게 포섭되어 경성으로의 폭탄 반입을 돕게 된다. 경성역에서 연계순이 체포되는 것을 시작으로 의열단원이 모두 붙잡히고, 김우진의 도주를 돕던 이정출 역시 의열단원과 함께 재판에 넘겨진다. 이 재판에서 이정출은 자신이 밀정이었음을 항변하고 한 달여 만에 풀려난다. 그러나 이는 남은 폭탄을 빼돌려 후일을 도모하기 위함이었으며 결국 의거에 성공하는 것으로 영화가 마무리된다.

159 현대사는 '6단원 대한민국의 발전과 현대 세계의 변화'에 해당하며 정치적 영역(③ 4・19혁명으로부터 오늘날에 이르는 자유민주주의의 발전 과정과 남겨진 과제를 살펴본다.)과 사회・문화적 영역(④ 산업화를 통해 이룩한 경제 발전의 성과와 과제, 사회・문화 전반에 걸친 변화를 이해한다.)을 구분하고 있다. 교육부, 「사회과 교육과정」, 교육부고시 제2015-74호 [별책7], 2015. (NCIC 국가교육과정 정보센터, ncic.re.kr)

160 두산백과(http://www.doopedia.co.kr); 문화예술 〉영화 〉영화작품 〉한국영화작품

161 한국사 과목 성취기준을 보면 (2)고대 국가의 발전: [10한사02-02] 고구려와 수・당과의 전쟁, 신라의 삼국 통일, (3) 고려의 성립과 발전: [10한사03-01] 거란 및 여진과의 전쟁, [10한사03-03] 몽골과의 전쟁, (4) 조선의 성립과 발전: [10한사04-02] 왜란과 호란, (5) 국제 질서의 변동과 근대 국가 수립 운동: [10한사05-01] 병인양요, 신미양요, [10한사05-02] 동학 농민 운동, 청・일 전쟁, [10한사05-03] 러・일 전쟁, 의병 운동(전쟁), (6) 일제 강점과 민족 운동의 전개: [10한사06-02], [10한사06-03] 무장 독립 전쟁, (7) 대한민국의 발전과 현대 세계의 변화: [10한사07-01] 6・25 전쟁 등 전쟁과 관련된 학습 요소가 다수 포함되어 있다. (국가교육과정 정보센터 http://ncic.re.kr: 2015 개정 교육과정〉초・중등학교(2015. 09)〉한국사 과목)

162 노광우・최지희, 「역사 코미디 영화로서의 〈황산벌〉과 〈평양성〉」, 『영화연구』51,

2012, pp. 93-95.

163 영화에 비해 TV 드라마의 경우에는 한국 고대사, 그 중에서도 주로 고구려를 배경으로 한 작품이 다수 제작·방영되었다. 동북공정에 대한 대응 차원에서 집중적으로 제작되었고, 사극에 대한 대중의 높은 관심으로 국가나 소재가 더 다양해진 것으로 보인다. 이와 관련한 연구로 정동준, 「드라마·영화에 나타난 한국고대사」, 『한국고대사연구』84, 2016. 등을 참조할 수 있다.

164 당 고종이 고구려의 연개소문을 향해 '악의 축'이라고 말하는 장면은 2002년 미국의 부시 대통령이 이란, 이라크, 북한을 '악의 축'으로 지목한 상황을 떠올리게 한다.

165 노광우·최지희, 앞의 논문, 2012, p.95.

166 노광우·최지희, 앞의 논문, 2012, p.98.

167 수업을 위한 학습활동지의 연표는 수요역사연구회가 엮은 『곁에 두는 세계사』(석필, 2014)의 내용을 기본으로 작성하였다.

168 영화의 공식 포스터에는 '330척에 맞선 12척의 배'라고 명시하고 있지만, 난중일기(9월 16일)와 관련 연구(노기욱, 「이순신의 수군 정비와 명량해전」, 『지방사와 지방문화』16, 2013) 등에서는 명량 해전 당시 일본 수군을 133척으로 기록하고 있다.

169 영화진흥위원회〉영화관입장권 통합전산망(http://www.kobis.or.kr) 역대박스오피스 1위로 관객 수는 17,615,437명이다(검색일자: 2019. 4. 30.).

170 한영현, 「(한국영화 7선: 2015년 한국영화를 말하다) 영웅의 대중적 호출과 역사적 상상력: 영화 〈명량〉」, 『현대영화연구』20, 2015, p.90. 각주 1번 참고 ; 신원선, 「〈명량〉을 보는 세 가지 방식」, 『현대영화연구』19, 2014, pp. 384-385.

171 이혜인, "[영화 '명량' 흥행 돌풍] 답답한 현실, 참된 리더 열망 … '1000만 대첩' 이순신의 힘", 경향신문, (2014. 8. 12.) ; 제장명, 「영화 「명량」이 주는 사회적 함의와 명량해전」, 『이순신연구논총』22, 2014, pp. 5-8.

172 신원선, 앞의 논문, 2014, pp. 390-396. 신원선은 명량 해전을 '아웃사이더인 이순신과 역시 아웃사이더인 백성들의 수평적 연대로 기득권자인 왜적과 국가권력을 동시에 패퇴시킨 싸움'이라고 하였다.

173 신원선, 앞의 논문, 2014, pp. 401-405.

174 정민아는 〈남한산성〉에 대해 '말의 전쟁'이라는 표현을, 하재근은 '서로 말싸움을 벌이는 구강액션'이라는 표현을 사용한다. 이후 영화 〈공작〉을 통해 '구강 액션'이라는 표현이 보다 널리 쓰이게 된다. 정민아, 「불안사회의 거울, 2017년 한국영화의 경향-〈1987〉, 〈남한산성〉, 〈밤의 해변에서 혼자〉, 〈아이 캔 스피크〉, 〈옥자〉」, 『현대영화연구』31, 2018, pp. 23-24. ; EBS 뉴스 〈하재근의 문화읽기〉 추석 극장가 화제작 남한산성', (방송일자: 2017. 10. 9.)

175 제장명. 앞의 논문, 2014. ; 강경래, 「상상된 문화 "스크린"으로서의 이순신 서사 읽기-영화 〈명량〉과 세월호 참사 보도의 비교 분석을 중심으로」, 『인문논총』73, 2016. ;

정민아, 앞의 논문, 2017.

176   강경래, 앞의 논문, 2016, pp. 215-216.

177   1960년대부터 100여 편을 훨씬 넘는 한국전쟁 소재의 영화가 제작되었다. 김경욱,
      「한국영화에서 한국전쟁이 재현되는 변화과정에 관한 연구 - 내러티브를 중심으로 살
      펴본 사례분석 - 」, 『영화연구』55, 2013, pp. 8-10.

178   황영미, 「영화에 나타난 한국전쟁기 미군과 민간인의 관계 - ⟨작은 연못⟩, ⟨웰컴 투
      동막골⟩, ⟨아름다운 시절⟩을 중심으로-」, 『현대영화연구』18, 2014, p. 164

179   '6단원 대한민국의 발전과 현대 세계의 변화' 중 '② 6 · 25 전쟁의 원인과 과정 및 그
      참상과 영향을 살펴보고, 분단과 전쟁을 겪은 다른 나라의 사례를 찾아본다.'에 해당
      한다. 교육과학기술부, 「사회과 교육과정」, 교육과학기술부고시 제2011-361호 [별책
      7], 2011. 또한 다른 과목과 달리 2020년부터 적용되는 2015 개정 교육과정의 한국사
      (고등학교)의 해당 내용에 대한 성취기준은 '[10한사07-01] 8·15 광복 이후 전개된 대
      한민국의 수립 과정을 파악하고, 6 · 25 전쟁의 발발 배경 및 전개 과정과 전후 복구
      노력을 살펴본다.'이다. (NCIC 국가교육과정 정보센터, ncic.re.kr/2015 개정교육과
      정(2015.09)〉고등학교〉사회과/한국사)

180   문선영, 「한국전쟁과 애도의 수사학: ⟨작은 연못⟩을 대상으로」, 『영화』3, 2010, p. 40.

181   김영일, 「경계 사이의 민족주의와 한계공간 -한국형 블록버스터의 민족주의 담론과
      세계화의 역학에 관한 연구-」, 『현대영화연구』28, 2017, p. 139.

182   서인숙, 「한국형 블록버스터의 혼성성과 비극성에 대한 탈식민적 고찰」, 『한국콘텐
      츠학회논문지』8, 2008, p. 117. ; 김경욱, 앞의 논문, 2013, p. 20.

183   이영민, 「관객동원 기록 갱신하는 반한·반미 영화들⑥ - 국군을 전쟁범죄 집단으로
      묘사한 영화 '태극기 휘날리며」, 『한국논단』209, 2007.

184   김완, "드라마 속 '국뽕'의 향연-대하소설, 영화 곳곳에 스민 국가주의… 역사 부풀리
      는 선동 멈춰야", 『한겨레21』1167호, 2017. 이 외에도 상당수 기사에서 ⟨태극기 휘날
      리며⟩는 흔히 국뽕(국가주의와 히로뽕의 합성어) 영화라는 평가를 받는다.

185   신정아·최용호, 「영화 ⟨고지전⟩과 전쟁의 실재」, 『기호학연구』31, 2012, pp. 202-203.
      ; 방유리나, 「영화 ⟨고지전⟩을 통해 본 분단서사와 그 극복 가능성 전망」, 『통일인문학
      논총』55, 2013, pp. 98-102.

186   영화의 주요 배경이 된 애록고지는 실제로 존재하지 않는 지명이다. 그러나 애록
      (AERO-K)은 KOREA, 즉 한반도를 의미한다. 방유리나, 위의 논문, 2013, p. 110

187   김경욱, 앞의 논문, 2013, p. 24.

188   대통령 직속 3·1운동 및 대한민국임시정부수립 100주년 기념사업추진위원회
      (https://www.together100.go.kr)가 관련 사업을 추진하고 있으며 이밖에도 방송, 광
      고 등에서도 이를 활용한 마케팅을 하고 있다.

189   백희정, 「팩션(faction) 사극 영화의 서사구조와 영상미학: ⟨불꽃처럼 나비처럼⟩의
      기호학적 분석」, 『글로컬창의문화연구』, 2013, p. 48.

190 시간적인 오류를 포함하여 무협영화를 방불케하는 과도한 액션과 CG의 사용, 홍계
　　훈을 모티프로 한 무명의 생애와 명성황후와의 인연, 죽음에 이르는 과정 등은 역사적
　　핍진성과 역사적 개연성이 매우 낮다고 할 수 있다.

191 김응교, 「'명성황후'의 문화콘텐츠와 역사읽기」, 『한국문화연구』18, 2010, pp.94-118.

192 '황옥 사건' 또는 '의열단의 제2차 국내총공격' 등으로 불리는 사건으로, 일본 경찰로
　　활동하던 황옥이 의열단의 김시현을 만나 의열단 단원이 된 후 1923년 의열단 단원과
　　함께 폭탄을 경성까지 운반하다가 다른 단원의 밀고로 인해 검거된 사건이다. 이때
　　재판장에서 황옥은 자신이 의열단원이 아니며 이들을 잡기 위한 밀정이었음을 주장
　　하였으나 징역 10년을 선고받고 1929년 가출옥하였다. pmg 지식엔진 연구소, 『시사
　　상식사전』, 박문각, (www.pmg.co.kr) 발췌 ; 황용건, 「항일투쟁기 황옥의 양면적 행
　　적 연구」, 『안동사학』13, 2009. ; 황용건, 「나혜석과 황옥사건」, 『나혜석연구』6, 2015.

193 황용건, 위의 논문, 2015, pp.117-121.

194 황용건, 앞의 논문, 2009, pp.126-127. 황옥에 대한 연구사 정리를 재인용하였고, 황
　　용건은 일반적인 학계의 주장과 입장을 달리한다.

195 김승경, 「역사와 기억의 사이: 영화〈암살〉」, 『현대영화연구』23, 2016, pp.135-137.

196 비판은 주로 역사 왜곡 논란이나 이념적 경도(傾倒)를 지적하는 것이었다. 예를 들
　　면 1930년대에 김구와 김원봉이 함께 암살단의 조직을 도모하였다는 것은 비역사적
　　가정이며, 지극히 민족주의적이라거나 좌파의 역사관이 반영되어있다는 것 등이다.
　　이 가운데 정창훈과 정수완은 식민지 시대를 재현한 영화들이 오락적 요소, 또는 역동
　　적인 이미지로서의 역사가 구현되는 과정에서 단순히 문화산업 시스템이 확대 재생
　　산되고, 진정으로 이루어져야 할 국가적·민족적 저항과 해방이 이루어지지 못한다
　　는 점을 지적하고 있다(정창훈·정수완, 「식민지시기 배경 영화들의 상품미학 이데올
　　로기 비판-〈암살〉, 〈밀정〉, 〈아가씨〉를 중심으로」, 『인문콘텐츠』45, 2017). 김승경, 위
　　의 논문, 2016, p.155. ; 한국논단, 「공산당원 미화하고 반공우익은 친일파로 영화 "암
　　살"에 열광하는 1천만 한국관객」, 『현상과 진상』, 2015. ; 정병기, 「영화〈암살〉에 나타
　　난 민족주의의 성격과 보수-진보 대결 및 역사 청산」, 『동향과 전망』97, 2016.

197 2015년 후반 역사 교과서의 국정화와 한일 위안부 합의 등으로 정부의 역사관에 대
　　한 반발이 심화되었다. 해당 사안에 대한 문제 인식은 그 전부터 있었기 때문에 2015
　　년 7월〈암살〉이 개봉할 무렵에도 이러한 사회적 분위기가 어느 정도는 영향을 미쳤
　　다고 보아야 할 것이다. 이와 관련하여 정창훈·정수완의 앞의 논문(2017, p.50)을 참
　　고할 수 있다.

198 (김원봉이 간도참변에 대해 이야기를 꺼내자) "저희 어머니도 그때 총을 맞고 돌아
　　가셨습니다. 운이 좋으셨죠. 다른 사람들은 칼에 찔려 죽고, 몽둥이에 맞아 죽고, 목이
　　졸려 죽고, 불에 타서 죽고, 생매장 당해 죽고, 솥에 삶기도 하고. 그렇게 3,469명을 죽
　　였습니다. 27일 동안" - 영화〈암살〉안옥윤의 대사

199 (조선군 사령관과 강인국을 죽인다고 독립이 되냐고 묻는 하와이피스톨에게) "우리

만주에선 지붕에서 물이 새거나 벽이 부서져도 고치질 않았어. 곧 독립이 되면 고향으로 돌아갈 텐데, 뭐 하러 고치겠어. 둘을 죽인다고 독립이 되냐고? 모르지. 그치만 알려줘야지 우린 계속 싸우고 있다고." - 영화 〈암살〉 안옥윤의 대사

200 안옥윤 어머니의 죽음이나 쌍둥이와 관련된 내용들은 영상에 포함하지 않았다. 그러나 편집된 영상을 제대로 이해하려면 앞뒤 상황에 대한 이해가 선행되어야 한다. 그래서 영화의 줄거리나 인물을 설명할 때 영상에서 생략된 내용을 부연 설명해주는 것이 좋다.

201 김승경, 앞의 논문, 2016, pp.151-153. ; 정창훈 · 정수완, 앞의 논문, 2017, p.47.

202 서미정, 「[씨 뿌리는 사람들] 위안부 소재 다룬 영화 〈귀향〉 조정래 감독-13년의 시간, 집념으로 만든 영화」, 『월간샘터』548, 2015, p.82.

203 서미정, 위의 글, 2015, p.83.

204 최은주, 「'위안부'=소녀이야기와 국민적 기억」, 『일본학보』107, 2016, p.306. ; 채희상, 「영화 〈귀향〉의 세 겹의 현재(triple present)에 관한 연구」, 『정치커뮤니케이션연구』45, 2017, p.104.

205 채희상, 위의 논문, 2017, pp.105-107.

206 서미정, 앞의 글, 2015, p.83. 참고로 귀향의 영어 제목은 Spirits' Homecoming이다.

VI. 나가며

이 책의 시작은 현장의 역사 수업에 대한 고민에서 비롯되었다. 역사 수업의 현장은 역사교육의 모든 논의가 집약되는 곳이자 역사교육이 실질적으로 이루어지는 곳이다. 교과 내용과 관련하여 무엇을, 어떻게, 왜 가르칠 것인가라는 내재적 문제, 시수 부족과 진도 및 평가라는 현실적 문제, 그리고 붕괴되어가는 교실 속 학생들은 역사교사가 맞닥뜨린 현실이자 해결해야 할 과제이다. 현재의 교실 상황을 한꺼번에 개선할 수 있는 방안은 없을지도 모른다. 그러나 '한 부분에 하나씩' 바꾸어간다면 한 단계씩 나아질 수 있을 것이라는 희망이 역사교육 연구의 동력이 되어왔다고 할 수 있다. 수많은 역사교육의 연구 성과들은 '한 부분에 하나씩' 바꾸어 가기 위한 노력이었던 것이다.

필자의 '한 부분'은 바로 수업에서 학습자들이 역사적으로 사고할 수 있도록 하는 것이었으며, '하나씩'은 역사영화라는 학습자들이 흥미 있어 하는 학습 자료의 활용이었다. 주먹구구식으로 역사영화를 활용하는 것이 아니라, 또 연구를 위한 연구로 인해 실제 수업 현장을 충분히 고려하지 못하는 것이 아니라, 체계적이면서도 실제적인 역사영화 활용 수업에 대한 연구를 진행하고자 하였다.

이를 위하여 "이론 속으로"에서는 '역사영화'의 개념을 정의하고, 그 특성과 교육적 유용성을 살펴보았다. 그리고 일반적인 역사영화와 역사 학습에 적합한 역사영화, 즉 '역사학습영화'를 구분하고 그 요건을 정리하였다. 또한 '역사학습영화'를 효율적으로 파악·활용하기 위하여 역사영화를 4가지로 유형화하고, 이에 따라 개봉된 작품들을 분류한 뒤, 수업의 목적에 따라 유형별 역사영화의 활용 방법을 정리하였다.

다음으로 "수업 속으로"에서는 실제 수업에서 '역사학습영화'의 활용을 위한 수업 모형을 개발하였다. 수업의 주체인 역사교사와 학습자의 인식을 조사하여 참고하고 교사의 교수내용지식이 최대한 발휘될 수 있도록 최소한의 수업 절차를 마련하였다. 이를 적용하여 '전쟁'과 '근대' 시기라는 두 주제 아래 12편의 역사영화로 8가지 수업 사례를 제시하였다.

보다 면밀한 연구를 통해 학습 자료의 내용과 효과, 학습자의 인식 결과 등을 검토해야 하지만 부족함이 많았다. 또한 현장에서의 수업 개선을 위해서는 평가 문항에 대한 구체적인 채점 기준까지 제시되어야 하지만, 역량과 시간의 부족으로 그 부분까지 다루지 못했다. 그럼에도 불구하고 현장 적합성을 높이고자 한 수업 모형의 개발이라는 측면에서 의미를 찾고자 하며, 이를 실천하고 보완·개선하는 연구들이 지속되기를 바란다.

역사영화는 유용한 학습 자료이지만, 역사영화만으로 모든 역사 수업을 진행할 수는 없다. 이를 뒷받침하기 위한 자료와 질문의 개발, 수업 절차의 개선 등이 필요하다. 뿐만 아니라 학습자의 흥미를 유발하면서도 역사적 사고를 자극할 수 있는 다양한 학습 자료를 연구하고 이를 수업에 활용하려는 노력이 이어질 필요가 있을 것이다.

역사 과목이 중요하다는 것을 알면서도 학습자들이 역사 수업을 외면하는 것은 학습자만의 문제는 아닐 것이다. 그렇다고 하여 역사교사가 정해진 교육과정과 교과서, 대학수학능력시험을 비롯한 각종 평가라는 현실과 압박에서 자유로울 수만도 없다. 궁극적인 역사과 교육과정의 개정을 비롯한 거시적 차원에서의 연구와 수업을 중심으로 한 현장 연구가 함께 이루어져야 할 것이다. 그리고 이 책이 이러한 움직임에 작은 돌 하나를 보태는 일이기를 바란다.

참고문헌

〈영화자료〉

YMCA 야구단(2002), 감독 김현석, 제작사 ㈜명필름·CJ엔터테인먼트, 제공 ㈜명필름

황산벌(2003), 감독 이준익, 제작·배급사 ㈜씨네월드

태극기 휘날리며(2004), 감독 강제규, 제작사 강제규필름, 배급사 ㈜쇼박스

고고 70(2008), 감독 최호, 제작사 ㈜보경사, 배급사 ㈜쇼박스

불꽃처럼 나비처럼(2009), 감독 김용균, 제작사 ㈜싸이더스, 배급사 ㈜쇼박스

작은 연못(2010), 감독 이상우, 제작사 유한회사 제이필름, 제공 유한회사 제이필름

고지전(2011), 감독 장훈, 제작사 ㈜TPS Company, 배급사 ㈜쇼박스

최종병기 활(2011), 감독 김한민, 제작사 ㈜디씨지플러스·㈜다세포클럽, 배급사 롯
　　　데쇼핑㈜롯데엔터테인먼트

평양성(2011), 감독 이준익, 제작사 ㈜영화사 아침·㈜타이거픽쳐스, 배급사 롯데쇼
　　　핑㈜롯데엔터테인먼트

명량(2014), 감독 김한민, 제작사 ㈜빅스톤픽쳐스, 배급사 CJENM㈜

국제시장(2014), 감독 윤제균, 제작사 ㈜제이케이필름·CJENM㈜, 배급사 CJENM㈜

암살(2015), 감독 최동훈, 제작사 ㈜케이퍼필름, 배급사 ㈜쇼박스

귀향(2016), 감독 조정래, 제작사 주식회사 제이오엔터테인먼트 코리아, 배급사 ㈜와
    우픽쳐스

밀정(2016), 감독 김지운, 제작사 ㈜다크서클픽쳐스·워너브라더스 코리아㈜·㈜영
    화사하얼빈, 배급사 워너브라더스 코리아㈜

남한산성(2017), 감독 황동혁, 제작사 ㈜싸이런픽쳐스, 배급사 CJENM㈜

〈단행본〉

강성률,『영화는 역사다-한국 영화로 탐험하는 근현대사』, 살림터, 2010.

김기덕,『영상역사학』, 생각의 나무, 2005.

김기봉,『팩션시대, 영화와 역사를 중매하다』, 웅진씽크빅, 2006.

김민환·추광재,『예비·현직 교사를 위한 수업모형의 실제』, 원미사, 2012.

김부식 저, 이재호 옮김,『삼국사기(나랏말싸미)』1~3, 솔, 1997.

김정미,『한국사 영화관』, 메멘토, 2014.

김한종,『역사교육과 역사인식』, 책과 함께, 2005.

수요역사연구회,『한 권으로 보는 곁에 두는 세계사』, 석필, 2014.

류시현 외,『미래를 여는 한국의 역사(5) 일제강점기』, 웅진지식하우스, 2011.

양호환 외,『역사교육의 이론과 방법』, 삼지원, 1997.

양호환 외,『역사교육의 이론』, 책과 함께, 2009.

역사학연구소,『함께 보는 한국근현대사』, 서해문집, 2004.

연동원,『영화 대 역사-영화로 본 미국의 역사』, 학문사, 2001.

연세대미디어아트연구소,『공동 경비 구역 JSA』, 이가서, 2002.

_____,『수취인 불명』, 이가서, 2002.

_____,『박하사탕』, 이가서, 2003.

유재원,『신화로 읽은 영화, 영화로 읽는 신화』, 까치, 2005.

윤진효,『영화를 보면 세상이 보인다』, 계명대학교 출판부, 2011.

이종호,『영화 속 오류: 감독의 속내 엿보기』, 과학사랑, 2015.

이재광 · 김진희,『영화로 쓰는 세계 경제사-15세기에서 19세기까지』, 한국역사문화
　　　연구소 · 혜윰, 1999.

일연 저, 이재호 옮김,『삼국유사(나랏말싸미)』1~2, 솔, 2007~2008.

장병원,『영화로 세상읽기』, 세상여행, 2011.

정선영 외,『역사교육의 이해』, 삼지원, 2001.

정숭교,『미래를 여는 한국의 역사(4) 개항에서 강제 병합까지』, 웅진지식하우스,
　　　2011.

최상훈 외,『역사교육의 내용과 방법』, 책과 함께, 2007.

한국교육심리학회,『교육심리학용어사전』, 학지사, 2000.

한국문학평론가협회,『문학비평용어사전』, 2006.

한용환,『소설학사전』, 문예출판사, 2012.

마크 C. 칸즈 외, 손세호 외 옮김,『영화로 본 새로운 역사』1 · 2, 소나무, 1998.

메리 리치, 이종인 옮김,『영화로 철학하기』, 시공사, 2004.

안톤 캐스, 김지혜 옮김,『히틀러에서 하이마트까지-역사, 영화가 되어 돌아오다』, 아
　　　카넷, 2013.

조셉 보그스, 이용관 옮김,『영화 보기와 영화 읽기』, 제3문학사, 1991.

〈논문〉

강경래, 「상상된 문화 "스크린"으로서의 이순신 서사 읽기-영화 〈명량〉과 세월호 참사
　　　보도의 비교 분석을 중심으로」, 『인문논총』 73, 2016.

강선주, 「고등학생과 역사가의 역사 텍스트 독해 양상과 텍스트 독해 교수학습 전략」,
　　　『역사교육』 125, 2013.

강성주, 「중학교 국사 교과서 사진 자료의 성격과 기능 연구」, 한국교원대학교 석사학
　　　위논문, 2004.

강우철, 「역사탐구기능과 그 발달에 관한 연구」, 이화여자대학교 박사학위논문, 1975.

강태웅, 「역사의 재현과 '역사영화' 제작운동-미조구치 겐지의 〈겐로쿠 츄신구라〉를
　　　중심으로」, 『한림일본학』 17, 2010.

강현숙, 「발문에 대한 교사와 학습자의 인식 조사」, 이화여자대학교 교육대학원 석사
　　　학위논문, 2003.

김경욱, 「한국영화에서 한국전쟁이 재현되는 변화과정에 관한 연구 - 내러티브를 중
　　　심으로 살펴본 사례분석 - 」, 『영화연구』 55, 2013.

김대호, 「영화를 활용한 역사 글쓰기 교육」, 계명대학교 석사학위논문, 2010.

김민정, 「영화의 역사서술과 역사교육의 가능성」, 『역사교육』 94, 2005.

＿＿＿, 「역사 수업 이론의 진전과 적용상의 도전」, 『역사교육』 131, 2014.

＿＿＿, 「근래의 역사 수업 연구 경향과 연구 방법에 대한 검토」, 『역사교육연구』 22,
　　　2015.

김순미, 「영화를 활용한 역사수업의 이론과 실제」, 『역사교육논집』 41, 2008.

김승경, 「역사와 기억의 사이: 영화 〈암살〉」, 『현대영화연구』 23, 2016.

김영일, 「경계 사이의 민족주의와 한계공간 -한국형 블록버스터의 민족주의 담론과 세계화의 역학에 관한 연구-」, 『현대영화연구』 28, 2017.

김응교, 「'명성황후'의 문화콘텐츠와 역사읽기」, 『한국문화연구』 18, 2010.

김중락·유경아, 「7차 교육과정에 따른 고등학교 국사 교과서 비문자 자료의 제시 실태와 개선 방안」, 『중등교육연구』 52, 2004.

김한종, 「역사학습에서의 상상적 이해」, 서울대학교 박사학위논문, 1994.

_____, 「역사적 사고력의 구성 요소와 역사 수업의 발문」, 『사회과교육』 29, 1996.

_____·이영효, 「비판적 역사 읽기와 역사쓰기」, 『역사교육』 81, 2002.

_____, 「역사수업이론의 재개념화」, 『역사교육연구』 5, 2007.

_____, 「사료내용의 전달방식에 따른 고등학생의 역사이해」, 『역사교육』 125, 2013.

김형록, 「영상역사교육의 가능성과 방향」, 『역사와 역사교육』 30, 2015.

나미란, 「초등 역사 인과관계 학습모형 개발」, 『역사교육연구』 25, 2016.

남정우, 「비판적 역사교과서 읽기를 위한 수업모형 개발」, 『역사교육연구』 11, 2010.

남한호, 「역사 교육목표의 구성 원리와 체계 연구」, 경북대학교 교육대학원 박사학위논문, 2010.

노광우·최지희, 「역사 코미디 영화로서의 〈황산벌〉과 〈평양성〉」, 『영화연구』 51, 2012.

노기욱, 「이순신의 수군 정비와 명량해전」, 『지방사와 지방문화』 16, 2013.

문선영, 「한국전쟁과 애도의 수사학: 〈작은 연못〉을 대상으로」, 『영화』 3, 2010.

민윤, 「역사 학습에서 '탐구'의 재고: 실제적 탐구의 가능성」, 『사회과교육연구』 14, 2007.

박순준, 「역사교육에 영화를 자료로 활용하기-영화 〈세익스피어 인 러브〉를 중심으로」, 『인문연구논집』 6, 2001.

_____, 「역사와 영화: 교과목 개발을 위한 선행연구」, 『역사와 경계』 74, 2010.

박주현, 「역사 재현의 수정에 대한 중등학생들의 이해-역사영화를 중심으로」, 『역사교육』 113, 2010.

박천기, 「초등학교 사회과 역사 수업에서의 삽화 자료 활용 방안」, 한국교원대학교 석사학위논문, 1999.

방유리나, 「영화 〈고지전〉을 통해 본 분단서사와 그 극복 가능성 전망」, 『통일인문학논총』 55, 2013.

방지원, 「최근 역사수업에서 '학생 활동'의 양상 : '탐구'에서 '만남'으로-민주시민을 기르는 역사교육의 관점에서」, 『역사교육논집』 65, 2017.

백희정, 「팩션(faction) 사극 영화의 서사구조와 영상미학: 〈불꽃처럼 나비처럼〉의 기호학적 분석」, 『글로컬창의문화연구』, 2013.

서미정, 「[씨 뿌리는 사람들] 위안부 소재 다룬 영화 〈귀향〉 조정래 감독-13년의 시간, 집념으로 만든 영화」, 『월간샘터』 548, 2015.

서유석, 「영화리뷰: 〈암살〉 3천불! 우리 잊으면 안돼!」, 『통일한국』 381, 2015.

서인숙, 「한국형 블록버스터의 혼성성과 비극성에 대한 탈식민적 고찰」, 『한국콘텐츠학회논문지』 8, 2008.

선주원, 「동화에 나타난 핍진성 이해를 위한 동화교육 방법 연구」, 『청람어문교육』 51, 2014.

송상헌, 「역사교육의 원리 논고」, 『역사교육논집』 50, 2013.

송인주, 「영화 포스터 읽기와 역사교실수업」, 『역사교육논집』 51, 2013.

신원선, 「〈명량〉을 보는 세 가지 방식」, 『현대영화연구』 19, 2014.

신정아·최용호, 「영화 〈고지전〉과 전쟁의 실재」, 『기호학연구』 31, 2012.

양치구, 「역사교육에서 비판적 사고력 증진을 위한 논증적 글쓰기 전략의 개발과 적용」, 경북대학교 박사학위논문, 2017.

양호환, 「내러티브의 특성과 역사학습에서의 활용」, 『사회과학교육』 2, 1998.

연동원, 「소설과 영화를 통한 교양 역사교육 연구-존 스타인벡의 『분노의 포도』를 중심으로」, 『교양교육연구』 5, 2011.

오연미, 「역사수업에서의 역사영화 활용의 일례-〈도마 안중근〉을 중심으로」, 단국대학교 교육대학원 석사학위논문, 2009.

오은진, 「영화를 활용한 이슬람사 수업방안」, 이화여자대학교 석사학위논문, 2015.

유득순, 「역사영화의 유형 분류와 효과적인 활용 방안-한국사를 소재로 한 역사영화를 중심으로」, 『역사교육논집』 54, 2015.

_____, 「역사 수업을 위한 역사영화 활용 방안 모색-영화 〈국제시장〉에 대한 학습자의 수용 양상 분석을 중심으로」, 『역사교육논집』 62, 2017.

_____, 「학습 자료로서 역사영화에 대한 역사교사와 학습자의 인식」, 『역사교육연구』 30, 2018a.

_____, 「질문을 중심으로 한 역사영화 탐구수업의 모형 개발과 실제 - 한국전쟁 소재의 역사영화를 중심으로」, 『역사교육논집』 68, 2018b.

_____, 「역사가처럼 사고하기 - 역사영화 시놉시스 작성 수업의 개발과 실제」, 『역사교육연구』 33, 2019.

유아영, 「역사교육에서 영상자료 활용의 실태에 관한 연구」, 연세대학교 교육대학원
　　석사학위논문, 2007.

윤계한, 「영상에 의한 역사서술의 특성과 교육적 활용」, 경희대학교 교육대학원 석사
　　학위논문, 2007.

원윤경, 「영화를 활용한 중국사 수업 모형-학업 성취도 비교 분석을 중심으로」, 성신
　　여자대학교 석사학위논문, 2010.

원진섭, 「역사영화 내러티브를 활용한 다층적 관점의 이해-〈화려한 휴가〉를 중심으
　　로」, 서강대학교 석사학위논문, 2013.

이영민, 「관객동원 기록 갱신하는 반한·반미 영화들⑥ - 국군을 전쟁범죄 집단으로 묘
　　사한 영화 '태극기 휘날리며」, 『한국논단』 209, 2007.

이윤정, 「대중매체를 통한 한국 근대사 교육의 실제와 효과-영화 '암살'을 활용한 수업
　　결과를 중심으로」, 서울시립대학교 교육대학원 석사학위논문, 2017.

이종승, 「한국영화 DB를 활용한 역사교육의 가능성-고등학교 한국사 교과서 분석을
　　중심으로」, 『씨네포럼』 22, 2015.

이지수, 「역사콘텐츠를 활용한 수업 활동지 및 수업 모형 개발」, 연세대학교 석사학위
　　논문, 2015.

이창호, 「기호학적 관점에 따른 역사 시각자료 읽기 모형 개발」, 『역사교육연구』 27,
　　2017.

이하나, 「반공주의 감성 기획, '반공영화'의 딜레마-1950~60년대 '반공영화' 논쟁을 중
　　심으로」, 『동방사학』 159, 2012.

이학로, 「역사교육에 있어서 영상자료의 활용-EBS 다큐멘터리 "상인의 나라, 중국"의

분석을 중심으로」, 『대구사학』 76, 2004.

이해영, 「역사수업에 대한 학생들의 흥미연구」, 『역사교육』 127, 2013.

장지혜, 「영화를 활용한 역사 수업 모형 개발연구: 역사적 이해 신장을 위한 교수학습
　　　방안」, 이화여자대학교 석사학위논문, 2003.

전병철, 「역사수업 구성의 원리와 함의」, 『역사교육』 126, 2013.

전진성, 「시학에서 시각적 이미지로-역사학적 범주로서의 미적인 것」, 『서양사론』 126,
　　　2015.

정동준, 「드라마·영화에 나타난 한국고대사」, 『한국고대사연구』 84, 2016.

정민아, 「불안사회의 거울, 2017년 한국영화의 경향-〈1987〉, 〈남한산성〉, 〈밤의 해변
　　　에서 혼자〉, 〈아이 캔 스피크〉, 〈옥자〉」, 『현대영화연구』 31, 2018.

정병기, 「영화 〈암살〉에 나타난 민족주의의 성격과 보수-진보 대결 및 역사 청산」, 『동
　　　향과 전망』 97, 2016.

정종복, 「역사영화의 비판적 읽기 수업모형 개발」, 한국교원대학교 석사학위논문,
　　　2018.

정창훈·정수완, 「식민지시기 배경 영화들의 상품미학 이데올로기 비판-〈암살〉, 〈밀
　　　정〉, 〈아가씨〉를 중심으로」, 『인문콘텐츠』 45, 2017.

제장명, 「영화 「명량」이 주는 사회적 함의와 명량해전」, 『이순신연구논총』 22, 2014.

주경철, 「해빙기 초기 소련의 영화와 역사 인식의 변화」, 『러시아연구』 14, 2004.

진성철, 「사극을 근간으로 하는 한국영화의 역사 재현에 관한 연구-역사의 재해석과
　　　역사 왜곡의 경계에서」, 『동서언론』 15, 2012.

채희상, 「영화 〈귀향〉의 세 겹의 현재(triple present)에 관한 연구」, 『정치커뮤니케이

선연구』45, 2017.

최상훈, 「역사적 사고력의 학습 및 평가방안」, 서울대학교 박사학위논문, 2000.

_____, 「『역사교육연구』 게재논문의 동향과 전망」, 『역사교육연구』22, 2015.

최영심, 「역사영화를 활용한 역사적 사고력 신장 방안」, 부산대학교 교육대학원 석사
　　　학위논문, 2002.

최용찬, 「영화를 활용한 역사교육 : 「불을 찾아서」(1981)에 나타난 인류의 진화와 영
　　　화적 상상력을 중심으로」, 『역사교육』124, 2012.

최은주, 「'위안부'=소녀이야기와 국민적 기억」, 『일본학보』107, 2016.

최지현 · 김민정, 「역사교과서 그림 삽화의 유형과 평가 기준-현행 중학교 세계사 교
　　　과서를 중심으로」, 『역사교육논집』45, 2010.

최진성, 「역사-영화로서 전기 영화의 성찰적 재현-〈아임 낫 데어〉, 〈라스트 데이즈〉,
　　　〈블루〉, 〈거짓의 F〉를 중심으로」, 연세대학교 커뮤니케이션대학원 박사학위
　　　논문, 2011.

최호근, 「내러티브와 역사교육-역사 내러티브의 구조 이해와 활용을 위한 시론」, 『역
　　　사교육』125, 2013.

한국논단, 「공산당원 미화하고 반공우익은 친일파로 영화 "암살"에 열광하는 1천만
　　　한국관객」, 『현상과 진상』, 2015.

한영현, 「(한국영화 7선: 2015년 한국영화를 말하다) 영웅의 대중적 호출과 역사적 상
　　　상력: 영화 〈명량〉」, 『현대영화연구』20, 2015.

황영미, 「영화에 나타난 한국전쟁기 미군과 민간인의 관계 - 〈작은 연못〉, 〈웰컴 투 동
　　　막골〉, 〈아름다운 시절〉을 중심으로-」, 『현대영화연구』18, 2014.

황용건, 「항일투쟁기 황옥의 양면적 행적 연구」, 『안동사학』 13, 2009.

_____, 「나혜석과 황옥사건」, 『나혜석연구』 6, 2015.

Alan S. Marcus and Jeremy D. Stoddard, "Tinsel Town as Teacher: Hollywood Film in the High School Classroom", *The History Teacher*, 40(3), 2007.

John Passmore, "Narratives and Events", *History and Theory*, 26(4), (Wiley: Wesleyan University), 1987.

Nancy Zeller, "Narrative Rationality in Educational Research", In H. McEwan and K. Egan (eds.), *Narrative in Teaching, Learning and Research.* (New York: Teachers College, Columbia University, 1995)

Philip W. Jackson, "On the Place of Narrative in Teaching", In H. McEwan and K. Egan (eds.), *Narrative in Teaching, Learning and Research.* (New York: Teachers College, Columbia University, 1995)

Kieran Egan, "Narrative and Learning-A Voyage of Implications", In H. McEwan and K. Egan (eds.), *Narrative in Teaching, Learning and Research.* (New York: Teachers College, Columbia University, 1995)

Kieran Egan, "Stories, Metaphors and Objectives", *Teaching as Story Telling*, (University of Chicago Press, 1986)

Scott A. Metzger, "Maximizing the Educational Power of History Movies in the Classroom", *The Social Studies*, 101(3), 2010.

Sigrun Gudmundsdottir, "The Narrative Nature of Pedagogical Content

Knowledge", In H. McEwan and K. Egan (eds.), *Narrative in Teaching, Learning and Research.* (New York: Teachers College, Columbia University, 1995)

Scott A. Metzger, "Maximizing the Educational Power of History Movies in the Classroom", *The Social Studies*, 101(3), 2010.

〈교과서 · 교육과정 및 사이트〉

교육인적자원부, 『고등학교 국사』, 2002.

도면회 외, 『고등학교 한국사』, 비상교육, 2015.

교육과학기술부, 「사회과 교육과정」, 교육과학기술부고시 제2011-361호 [별책7], 2011.

교육부, 「사회과 교육과정」, 교육부고시 제2015-74호 [별책7], 2015. (NCIC 국가교육과정 정보센터, ncic.re.kr)

한국교육과정평가원, 『창의교육 학생평가 내실화를 위한 2018학년도 시 · 도교육청 담당자 워크숍 자료』, 2018.

국가교육과정 정보센터 (http://ncic.re.kr) : 2015 개정 교육과정

국립국어원 표준국어대사전 (stdweb2.korean.go.kr)

대통령 직속 3·1운동 및 대한민국임시정부수립 100주년 기념사업추진위원회 (https://www.together100.go.kr)

두산백과 (www.doopedia.co.kr)

법제처 국가법령정보센터 (www.law.go.kr)

(사)정신대 할머니와 함께 하는 시민 모임 (www.1945815.or.kr) : 할머니와 시민모

    임〉일본군 '위안부' 문제란?

안전보건공단 블로그 (blog.naver.com/koshablog) : 산업안전〉사례로 배우는 안전

영화관입장권 통합전산망 (http://www.kobis.or.kr) : 공식통계 역대 박스 오피스

영화진흥위원회 (www.kofic.or.kr)

외교부 (www.mofa.go.kr) : 영사·국가〉국가/지역 정보〉동북아시아〉일본군 위안부

    문제 합의 관련 Q&A

한국대중가요연구소: Naver 지식백과 (terms.naver.com/list.nhn?searchId=pv456)

한국민족문화대백과사전 (encykorea.aks.ac.kr)

Naver 영어사전 : Collins Cobuild Advanced Learner's English Dictionary

pmg 지식엔진 연구소, 『시사상식사전』, 박문각, (www.pmg.co.kr)

propagada, 『영화사전』, 2004.